おもちゃ博士・清水晴風

郷土玩具の美を発見した男の生涯

吉徳資料室学芸員　林　直輝
郷土玩具文献研究家　近松義昭
日本郷土玩具の会会長　中村浩訳

社会評論社

目次

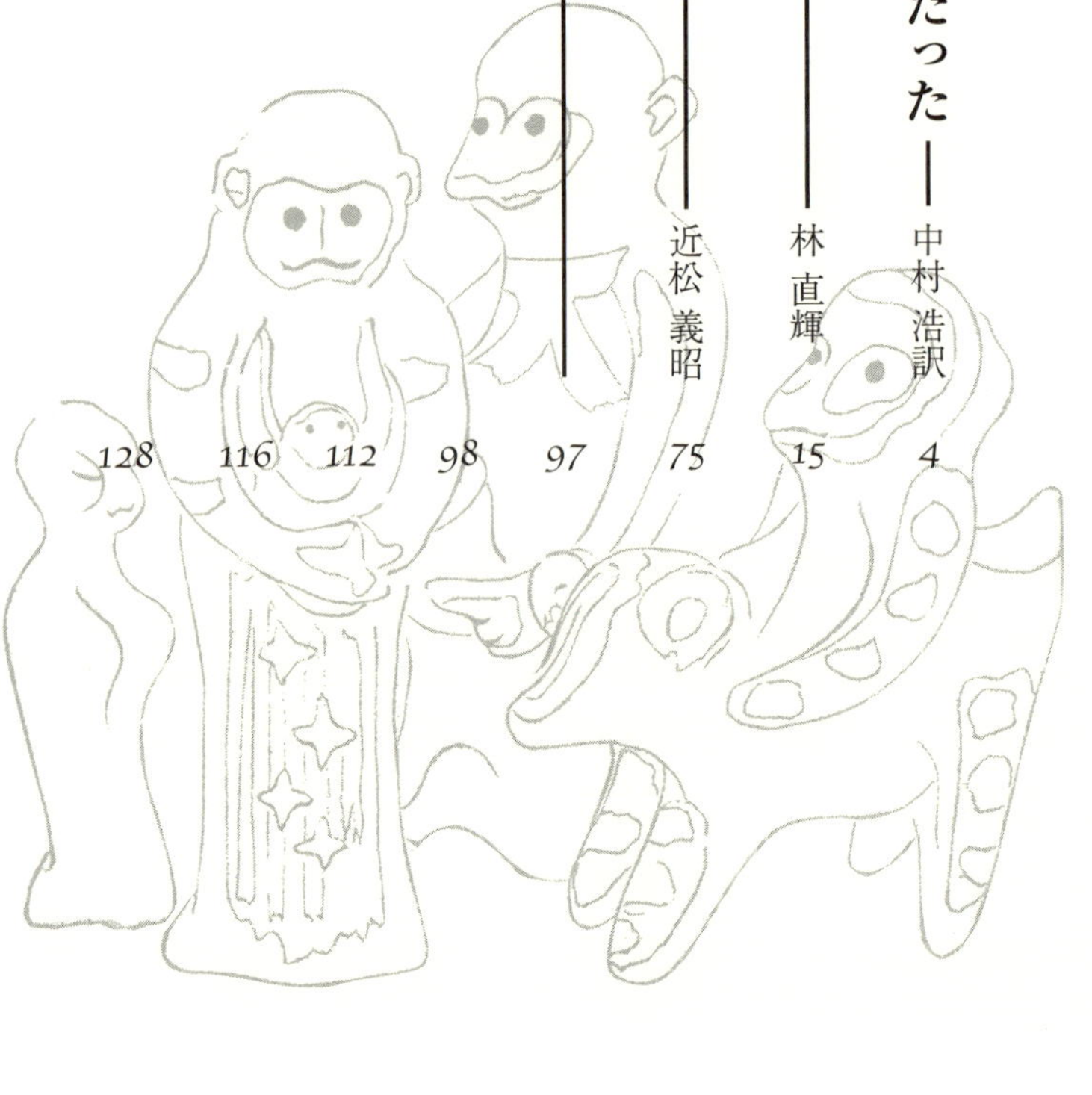

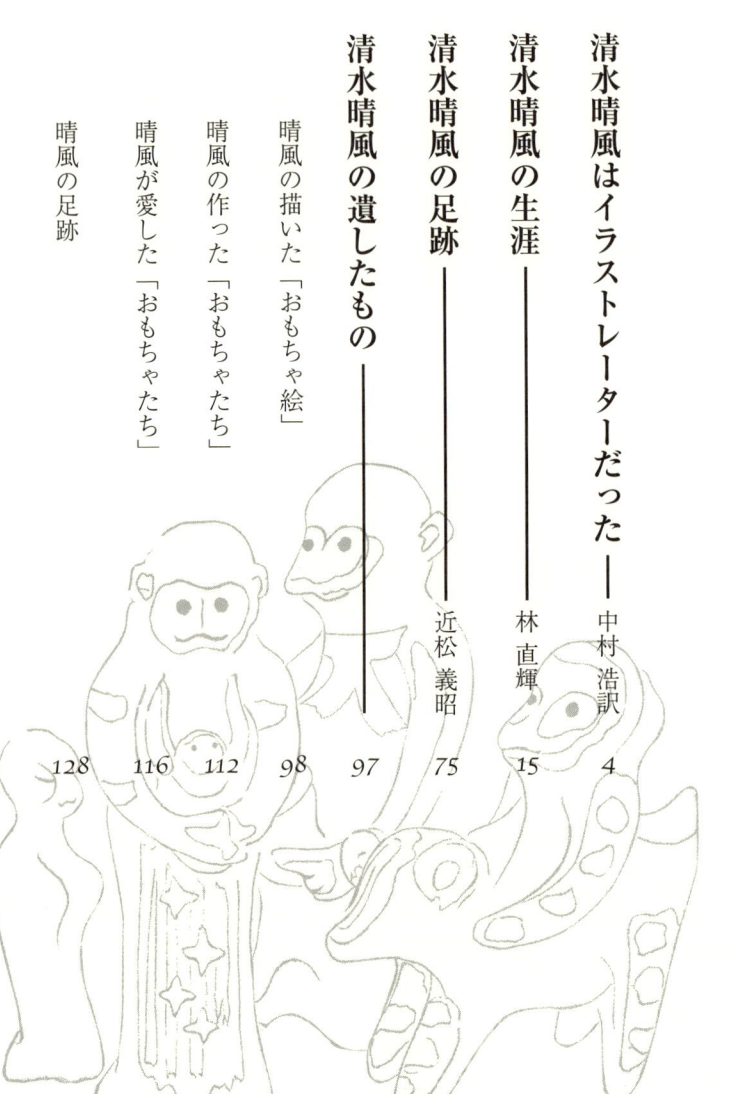

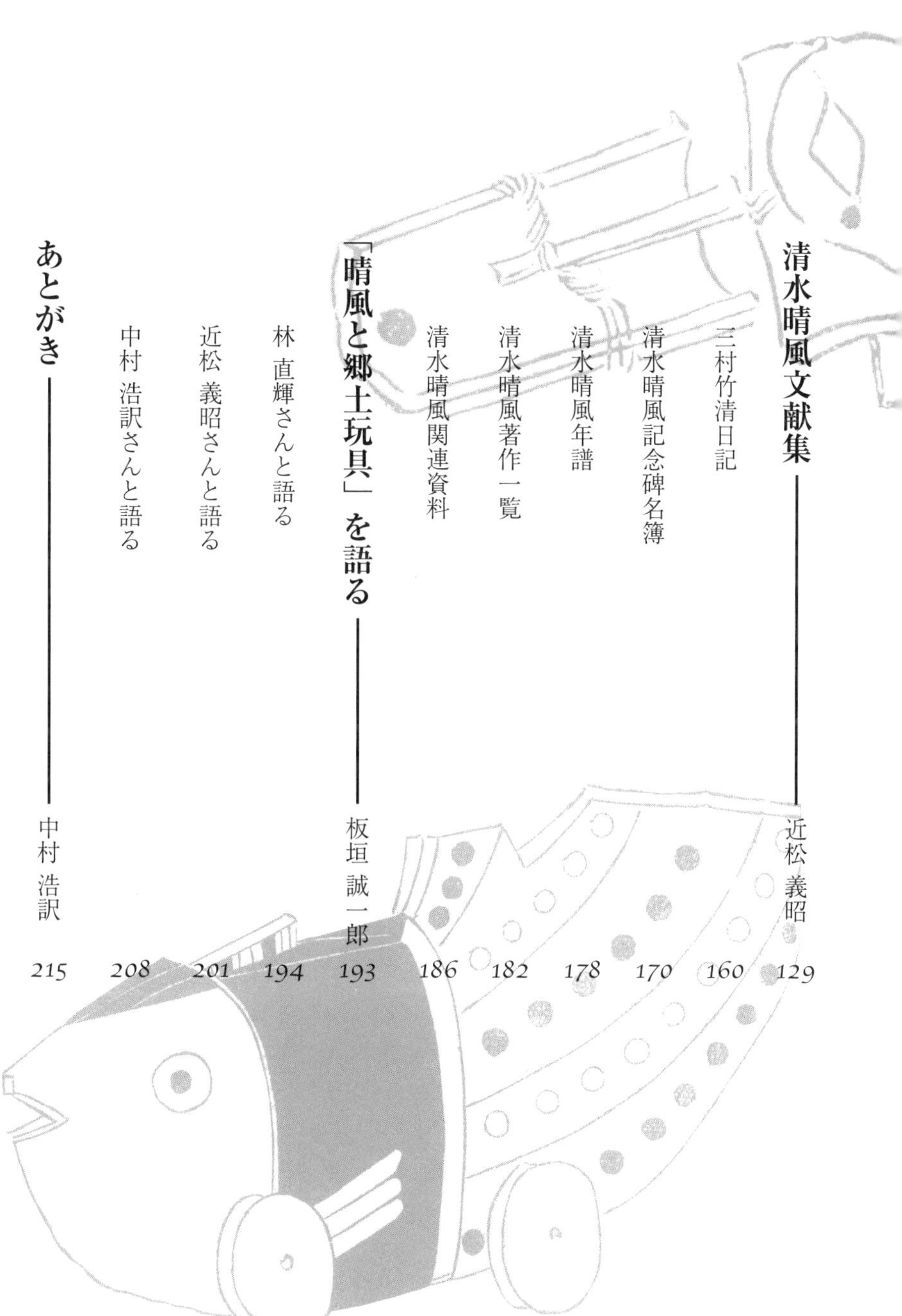

清水晴風はイラストレーターだった

中村浩訳

ここにひと綴りの画帖があります。郷土玩具の画集です。表紙には「うなゐの友」の墨書。数年前にインターネットオークションで求めました。オークションの画面では郷土玩具が掲載されている数ページが紹介されているだけでしたので、応札はしたものの、ただ郷土玩具の好事家が描いた画集としか思っていませんでした。ところが落札して届いてみると、表紙には「うなゐの友」の文字が躍っているではありませんか。これぞ、清水晴風が『うなゐの友』のために描いた幻の原画かとドキドキしました。が、筆跡から晴風の描いたものではないことが後で分かり、少々がっかりしたものです。しかし、この画帖が醸し出す魅力は、見る者を圧倒し、郷土玩具が日本人の暮らしの中で生きていた、いにしえのひとときに浸らせてくれます。

私が入手したものは、郷土玩具を収集する者にとってバイブルのごとき一冊『うなゐの友』を模写したものでした。おそらく戦前に模写されたもので、和紙に墨線の達者な筆遣い、一つひとつの絵には実際に玩具に使われた色名も丹念に記してあります。これを模写した人は『うなゐの友』を誰かから借りたのでしょうか？　熱狂的な郷土玩具マニアだったのかもしれません。顔も知らない、どんな人だったのかさえも知らないのに、当時『うなゐの友』を手にしていたというだけで羨ましく、興味がつきない一冊です。

この人にとっては『うなゐの友』は、郷土玩具へと誘う一冊であると同時に、満足感をもたらしてくれる画集でもあったはずです。それほど、著者の清水晴風は画家としても優れていたのです。

模写『うなゐの友』

今から四十数年前。私はふとしたことから出会った「郷土玩具」にカルチャーショックを受け、やみくもに収集を始めていました。当時の私は、数少ない郷土玩具の本をたよりに、作者を訪問して直接購入したり、作者に手紙を出して注文したりしていました。家には荷物が毎日届くほど、熱中していました。でも郷土玩具と名が付けば何でもよかったような気もします。収集する数が大切だと思っていたからです。収集した数の多さが雄弁に熱意を表し、他者を圧倒してくれると思っていたのです。うわべの知識も増えていくばかり。少しはは き出さないといけないと思ったのか、郷土玩具の本で聞きかじったうんちくをいかにも自説のように自慢気に周りの人たちに語っていました。思い出すだけで赤面の至り、今だから語れる思い出です。

そんな時、芸艸堂《うんそうどう》という出版社から『うなゐの友』が復刊されました。確か一冊一八〇〇円と記憶しています。比較のため当時の物価の一例を出すと、国電の初乗り運賃が十円でした。

定期購読になっていて、申し込むと自動的に毎回配本される仕組みでした。しかし、高校生だった私にはとても手が届く金額ではありません。そこで、家族に無理を言って購入してもらうことにしました。

注文から数日後、『うなゐの友』が私の手元に届きます。更なるカルチャー

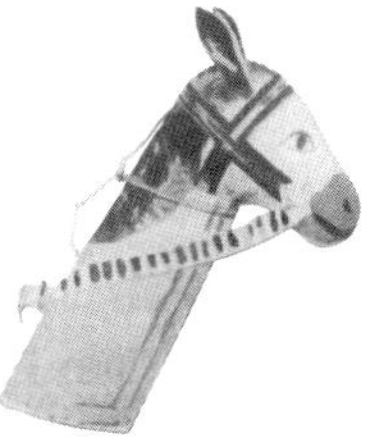

ショックが訪れました。郷土玩具が生きていた当時の姿で描かれていることに衝撃を受け、郷土玩具一つひとつに生い立ちがあり、意味があることに感動したのです。いちばんの驚きは、本物の郷土玩具を知ったことでしょう。ついに私は古い郷土玩具（私達は「古玩」と呼んでいます）の存在を知り、新しい郷土玩具を手に入れる傍ら、骨董店や同好会に足繁く顔を出し「古玩」も入手していくようになりました。それは誘惑にも似ています。「お前が手にしていたものは本当の郷土玩具じゃないんだよ。郷土玩具の本質を見てみたいだろう」と……。

それでも、まだまだ数を集めることに熱中してばかりの「熱中人」でした。『うなゐの友』を見たときの感動はどこへやら。本物の郷土玩具への大望も隅に押しやられ、目先の収集の成果に一喜一憂していました。

ましてや『うなゐの友』の著者である清水晴風、その人については、何の関心も抱くことがありませんでした。

四十数年後、人生の機微を少しは知る齢にいたり、改めて『うなゐの友』をひもといてみると、当時と違い、「絵」としてこの本を見ている自分に気付きます。まったく心のあり方が違うのです。当初はまだ所蔵していない郷土玩具があると、「それを入手しなくては……」という焦りにも似た気持ちばかりだったのに、今は少し心に余裕ができたため、「絵」として観賞する心が生じたのかも知れません。

版元の芸艸堂さんは本社が京都にあり、趣味家に応える本の企画としてや、着物の絵柄のデザインソースとしても『うなゐの友』を刊行したとお聞きしたことがあります。対象を捉える清水晴風の目は確かであり、無駄を省いた、優雅な線は郷土玩具の垣根を越えていたのです。

清水晴風その人については本文をお読みになればお分かりのことでしょうが、彼は浮世絵師さながらの技量を持ち、現在のポスターに当たる「絵びら」を描くことを余業としていました。今で言う「売れっ子イラストレーター」でもあったわけです。こうした目で今改めて『うなゐの友』を再読すると、描かれている郷土玩具が一層深みを持ったものに見えてくるから不思議です。レイアウトにも優れ、一流のイラストレーターの成せる技といったところでしょうか。

『うなゐの友』の多くは、「廃絶した郷土玩具を見るため」「現在の郷土玩具との比較のため」などの目的で、郷土玩具愛好家が蔵書しています。私もその

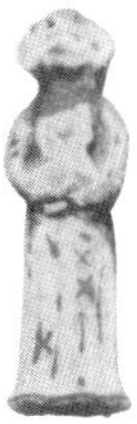

一人でした。そんな訳ですから、著者の清水晴風が何者かなど知る由もありませんし、知ろうともしませんでした。

この本の刊行は、林さんや私が所属する「全日本だるま研究会」に、清水晴風のお孫さんにあたるＫ夫人が入会されていたことに端を発しています。清水晴風という人はどんな人だったのか、少しでも話を聞いてみたい、お孫さんなら何か知っているのでは……、絵を描いているときの後ろ姿でもいいから語ってほしい、その想いは憧れにも似たものがありました。あれも知りたい、これも知りたい……。しかし残念ながら私たちの喉の渇きは満たされることはありませんでした。Ｋ夫人がお生まれになった頃には晴風はすで鬼籍に入っており、何の記憶も思い出もＫ夫人にはありません。遺品もありませんでした。

そこで、それなら逆にこのような本を完成させることが大切な使命ではないかと考えるようになりました。Ｋ夫人のためにも清水晴風を本の中に生き生きと蘇らせてあげよう。晴風の生い立ちを調べることは、郷土玩具人としての責務でもあるはずだと。

この本が刊行できたのは、ひとえに書き手である人形玩具研究家の林直輝さん、郷土玩具文献研究家の近松義昭さんの存在があってこそです。郷土玩具の研究家としての晴風をはじめ、画家としての晴風、文化人としての晴風、人間としての晴風など、新発見がたくさんありました。晴風が描いた絵でこれまでに知られていないものの発見もありました。これまでたった一枚とされていた晴風を写した写真を発見したことも大きな喜びでした。

〝おもちゃ博士〟の異名をとった清水晴風の生い立ちという、売れそうもない（?）本の刊行にＯＫを出し、巻末のインタビューでは、私たちの「郷土玩具」への熱い思いを更にかき立ててくれた、版元の社会評論社の板垣誠一郎さんの編集者魂に感謝します。

それでは、清水晴風、唯一の伝記といわれ、これまで何度も孫引きされた『神田の伝説』に掲載された「清水晴風翁小伝」からお読みください。西の玩具絵の大家・川崎巨泉と双璧をなす清水晴風の、新たに発見された資料から明らかにされる『うなゐの友』だけではない新しい世界をお楽しみいただければ幸いです。

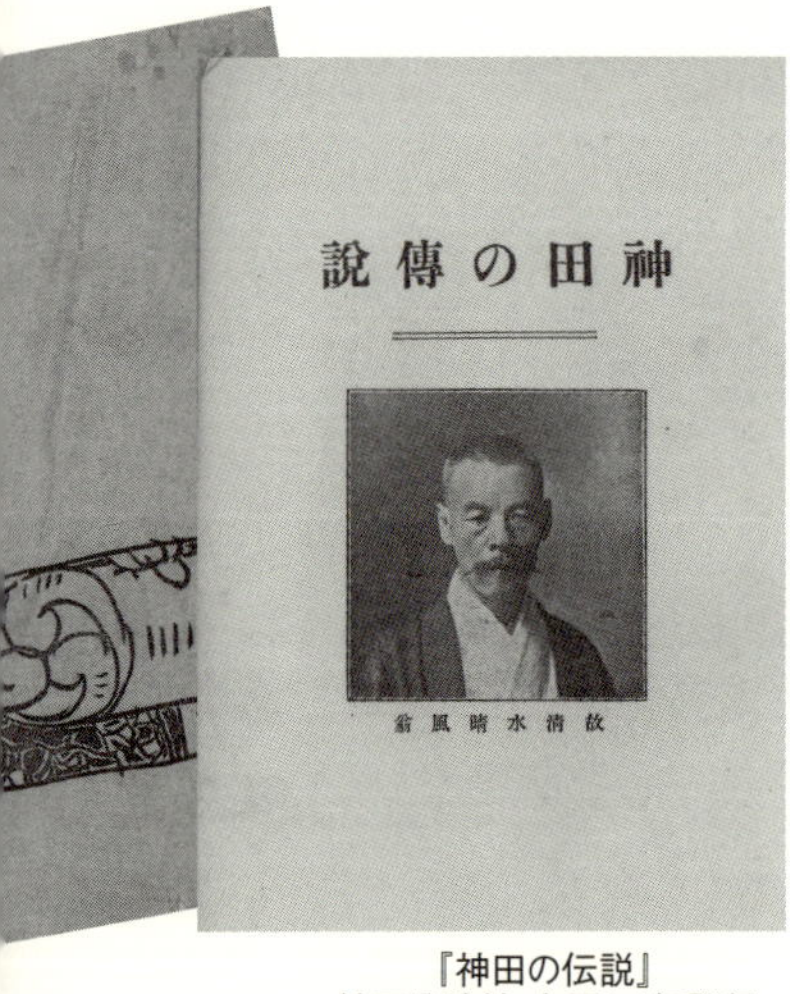

『神田の伝説』
神田公論社・大正14年発行

清水晴風翁小傳

凋落の江戸趣味を双手に支へて玩具博士の名を天下に轟かした晴風清水仁兵衛翁は、純粋チヤキ〱の神田ッ子である。翁の家は元祿年間から今日にいたるまで二百十餘年引續いて居る旅籠町草分の舊家で、代々清水仁兵衛と稱し大名諸侯の人夫請負を業として居た。翁は其十一代目の仁兵衛で、嘉永四年正月十日を以て此世に生れた。幼少の頃から他に抽んでて寺小屋にあつても八十餘名の同門中一二と呼ばれて異彩を放つたものである。十二歳のとき日本橋富澤町の關岡長左衛門といふ能裝束屋へ年季奉公に住込み、十五の年に歸つて先代仁兵衛の家督を相續した。當時年若い身を以つて七八十人の荒くれ男を自由自在に働かせるは容易の業でなかつた。そこで膂力の必要を感じて、十六七歳から十八九まで專心力技を練り、二十歳の頃には上達して米二俵位ゐは片手で自由に差上げる呼吸を覺えた。そして力といふものに興味を感じて屢々力持の興業に加はり、遂に二十七八の頃には力持番附の幕の内にまで列するにいたつた。其後神田昌平河岸の三河屋彦右衞門といふ米屋で十俵の米を三度に運んで過つて負傷し、大に悟る處があつて全く力持と遠ざかつた。それから俳諧の門に遊び芳華堂主人と號し、また廣重の畫を學んで其眞髓を會得した。晩年『うなゐの友』を出だし『晴風式繪びら』を書くに至つたのは此廣重に負ふ處が多いと思ふ。當時遊食會といふ風雅な集まりがあつた。それは題を出して一品づゝ食物を持寄つて批評しながら賞味するもので、會員には假名垣魯文、竹內久一、幸堂得知、談洲樓燕枝等の名人大家が揃つて居た。晴風翁が此會合に列したのは明治十三年の三月六日向島言問で竹馬會の名を以つて開かれたときである。この時の遊食會は互に子供の時分に返つて一日を無邪氣に送るといふ趣旨の下に、食物の外餘興として玩具を一品づゝ持寄つたのである。晴風翁は當日席上の玩具を見て、その産地の風習人情宗教又は歴史にいたるまで皆玩具に現はれて居ることを發見し非常に興味を感じた。これが翁の玩具を採集し研究する動機となつて、爾來熱心に全國各地の代表的玩具三千五百餘個六百餘種を集め、玩具の兒童に及ぼす影響、教育と玩具との關係、また衞生の上より見たる玩具等の研究を續けて『玩具博士』の綽名は天下に響いたのである。そして後年市俄古大學教授哲學博士スタール氏をして日本の風俗研究並に東洋思想の研究は玩具博士の許に行くのが最も便宜であるとまで叫ばしむるにいたつた。また人類學者の故坪井博士も平生翁を推賞して止まなかつた。明治二十六年翁は玩具の研究を網羅した『うなゐの友』第一篇を發行し、二十八年祖先傳來の家業を他に讓つて號を晴風と改ため悠々として『玩具』と『故實有職』と『結びら』とに耽つた。其他公共の事業にも携はつて神田公正會の爲めには最も力を盡し、また江戸趣味の名殘を惜むで『千社札展覽會』『富籤供養』『江戸ッ子會』等の奇拔な會合を發企して江戸の爲めに萬丈の氣焔を吐いた。大正二年の二月翁は病を押して江戸ッ子會に出て卒倒し、それ以來再たび起たず、七月十六日『今の世の玩具博士の晴風も死れば子供に歸る故郷』との辭世を詠んで六十三歳を一期として永い眠りに就いた。翁の一生は實に江戸趣味の權化ともいふべきもので、其信仰も氣質も智識も江戸趣味を土臺としたものであつた。翁の著書は『うなゐの友』六篇と遺稿『神田の傳説』とである。その他出版に及ばずして上野の圖書館に保存されて居るものが二三ある。

清水晴風の生涯

林　直輝

これまで『神田の伝説』でしか知られていなかった晴風の生涯を、新たに発掘した資料に基づいてたどる。

なお、文中の引用文は、仮名遣いをはじめ、使用漢字、用語等、原文通りに記載いたしました。

生い立ち

晴風《せいふう》こと清水仁兵衛《しみずにへえ》は嘉永四年（一八五一）一月十日、江戸神田旅籠町《はたごちょう》一丁目に生を享《う》けた。生家は江戸初期から続いた旅籠町の草分けともいわれる旧家で、通称は「車屋」、主人は代々仁兵衛を襲《しゅう》名《めい》し、多くの人足を雇って運送業（車力《しゃりき》）を営んでいた。その先祖は駿河《するが》の清水《しみず》（現・静岡県静岡市清水区）の出身で、明暦《めいれき》年間に江戸に上り、神田筋違御門《かんだすじかいごもん》外に居を構えて運送業を始めたという。神田川周辺はさまざまな問屋が軒を連ねて物資輸送の需要も多かったためであろう、清水家は次第に繁栄して、加賀・前田家をはじめ、近辺の諸大名の御用を承《うけたまわ》るに至った。

晴風の店先を描いた可能性のある
「夏の夕暮　煙花あそびの図」
（『江戸府内　絵本風俗往来』
菊池貴一郎著　明治38年　東陽堂）

神田旅籠町一丁目
現在の湯島横町あたりに、旅籠屋が多かったので旅籠町といった。天和二年（一六八二）の大火で焼け、神田に替地となった。

石原おこし
江戸のショッピングガイドブックともいえる『江戸買物獨案内』によれば、本所石原町の菓子屋・美濃屋善兵衛が「名物　石原おこし」を商っていた。晴風の父の実家である戸崎家の屋号が「美濃屋」であった可能性が高い。

葛飾北斎（一七六〇～一八四九）
浮世絵師。本名・中島鉄蔵。安永七年頃に勝川春章に入門し、以後、八十九歳で没するまでの約七十年、錦絵、版本、肉筆画と幅広く作画に勤しんだ。代表作に「富嶽三十六景」、『北斎漫画』などがある。

柳亭種彦（一七八三～一八四二）
戯作者。本名・高屋知久、通称・彦四郎。代々の旗本で、若い頃から絵画、俳諧、狂歌、川柳等をよくし、また歌舞伎を好んで、趣味的生活を送った。代表作に『偐紫田舎源氏』がある。

晴風はその十一代目の仁兵衛にあたる。母のいわは九代目の養女で、父の元次郎はその婿《むこ》であった。父の実家（戸崎家）は本所石原の菓子屋で、そこの「石原おこし」は江戸名物として知られていた。父方の祖父は無類の風流人でもあり、「文志」と号して狂歌《きょうか》をよくし、浮世絵師の葛飾北斎《かつしかほくさい》や戯作者《げさくしゃ》の柳亭種彦《りゅうていたねひこ》らとも親交があった。北斎没後にその作品や書簡を売却したところ、思いがけず高値に売れたので、生涯墓参を欠かさなかったという。

晴風は元次郎の三男で、幼名を半七といい、のちに半次郎と改めた。幼少の頃から秀才の誉高く、寺子屋時代は同門八十余名のうちでも一、二を争うといわれた。文久二年（一八六二）三月、十二歳の時、日本橋馬喰町《ばくろちょう》の装束師《しょうぞくし》・関岡長右衛門《せきおかちょうえもん》方へ年季奉公に上がった。それ以前から何事にも器用であり、特に絵や字をかくことが好きであった晴風は、ここで能装束の文様の下絵などを模写することを楽しみとし、宿《やど》入《いり》の折にも筆や絵具や絵手本を買って、手慰《てなぐさ》みにしていたという。また、主人の弟に狂歌師の梅《うめ》の家《や》鶴寿の弟子であり、浮世絵師の歌川国《うたがわくに》芳《よし》を援助した非常に風流な人があり、晴風もこの人に可愛がられて感化され、風流を解するようになったといわれる。

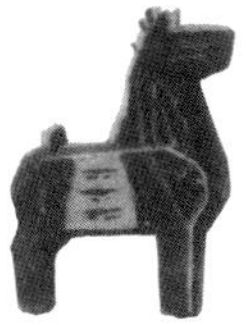

関岡長右衛門
能装束師。日本橋富澤町で能装束を扱っていた関岡家の主人。「長右衛門」は代々の襲名らしく、晴風奉公時の主人が何代目かは不明。江戸後期の当主・安良（一七七二～一八三二）は野洲良、花月斎と号し、歌人として名高く、地理学を修め、考証にも精通して多くの著作を残した。その子、安躬は風雅にして豪放な性格で、隅田川で盃流しを行ったこともあるという。明治三年版行の著名人番付「東京諸先生高名方獨案内」には「装束 ヤゲンボリ 関岡長門」とあり、関岡家は装束司として名高かったことがわかる。

梅の家鶴寿
狂歌師。本名・諸田亦兵衛。狂歌堂真顔の門人。神田佐久間町に住し、秣（まぐさ）（馬の飼料）を商う。浮世絵師の歌川国芳を支援した。

歌川国芳（一七九七～一八六一）
浮世絵師。一勇斎、朝桜楼と号す。本名・井草孫三郎。幼少期より絵を好み、十五歳で歌川豊国に入門。美人画、風景画、戯画と幅広く描き、とりわけ武者絵を得意とした。

関岡方への奉公は父の命であったというから、晴風の父も祖父の血をひいて趣味が豊かで、家業とは直接関係のない装束師のところへ息子を遣ったのだろうか。あるいは晴風自身が語る如く、本当に「父は古物などが嫌であった」とすれば、息子の素質を見抜いての計らいだったのかもしれない。

この父はいわゆる放蕩者《ほうとうもの》で、お金を湯水のように使い、宵越《よいご》しの金は持たないという主義であった。遊里《ゆうり》に半月ほど滞在して帰らないことさえあり、ゆえに相当に収入のあるはずの家計も常に火の車という状況であった。その遊びがたたり、経済的に苦しくなると、諸大名御用達《ごようたし》の名目で帯刀《たいとう》して東海道を馬に乗り、ひとり京都へ逃げてしまった。ところが、ちょうどその頃、徳川慶喜《よしのぶ》に供奉《ぐぶ》して上洛中の新門辰五郎《しんもんたつごろう》に出会い、その子分となって、四条河原に「紫紅《しこう》亭《てい》」という江戸風の茶屋を開くとこれが大繁盛、しばらくするとまた江戸へ戻りたくなり、茶屋の株を高値で売って帰ってきた。これが非常に幸運であったのは、その直後に鳥羽伏見の戦いが起き、茶屋のあった四条河原のあたりは壊滅的な状態となってしまったからである。また、江戸に帰ると大名諸侯が国許《くにもと》へ引き揚げるために、運送業は人手が足りないほどの盛況ぶりであった。

新門辰五郎（一八〇〇～一八七五）
侠客、町火消。江戸下谷の鋳職人の子として生まれ、上野輪王寺の家来で浅草寺新門番の町田仁右衛門の養子となった。浅草十番組町火消頭を務め、任侠の人としても名高く、幕府に召されて十五代将軍・徳川慶喜の信任を得、身辺警護に奔走した。その侠気は講談・芝居等で語り継がれている。

鳥羽伏見の戦い
慶応四年（一八六八）一月三日、幕兵および会津、桑名などの藩兵が徳川慶喜を奉じ、薩摩藩討伐を名目に大坂から京都へ入ろうとして、薩長その他の藩兵と鳥羽・伏見で戦った。幕府軍の大敗により、維新の大局を決した一戦である。

しかし、景気が良くなるにつれ再び放蕩三昧、ついにはまたどこかへ逃亡してしまう始末で、晴風は仕方なく慶応元年（一八六五）十一月、主家の関岡方を辞し、車屋の家督を相続。後に十一代目仁兵衛を襲名することになる。時に十五歳、いかに主人といえども何十人という車力の荒くれ男らを統率するのは甚だ困難である。そこで晴風は、人を使うからには主人自らその力量を示さなければならないと考え、重い物を自在に扱う力技の稽古に励んだ。そして日夜修練を積んだ結果、驚くべき力持ちとなり、二十歳の頃には、米二俵位は片手で軽々と持ち上げることができるようになった。当時、浅草や両国には見世物興行《みせものこうぎょう》のひとつとして力技を競う「大力《だいりき》」があり、その興行は素人の飛び入り参加も歓迎したので、彼もこれにしばしば加わり、やがて力持ち番付の幕内に入るほどに上達したのである。しかし、熟練の年長者と競争するには、単に大力だけでは勝ち目がないため、いかにすれば効率よく力を発揮できるかを深く考え、その技術も研究したという。

ところがある時、神田・昌平河岸《しょうへいがし》の三河屋彦右衛門なる米屋において、米十俵を三回で運ぼうと得意技を披露したところ、誤って大

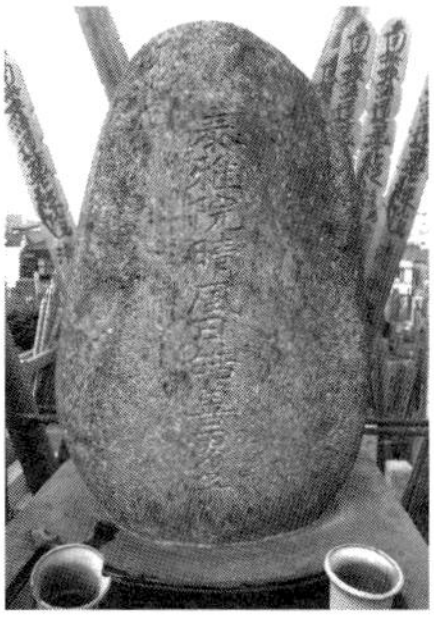

晴風の墓
巣鴨・本妙寺にある晴風の墓には、晴風が持ち上げた「さし石」が使用されている。

怪我をしてしまった。これに大いに悟るところがあって、以後まったく力技から遠ざかったのである。そして何を思ったか一転して風雅の道に進んでいったのである。

まず、俳諧を孤山堂山月《こざんどうさんげつ》に学び、「車人《しゃじん》」と号してこれに没頭、ほどなく上達して号も「芳華堂《ほうかどう》晴風」と改めた。ここに初めて清水晴風の名が生まれたのである。また同じ頃、俳人の手跡《しゅせき》をはじめとして古書画を愛好し、筆法《ひっぽう》等の研究にもいそしんだが、なかんずく浮世絵師の初代歌川広重の絵を手本として真髄を独修、その技がのちに『うなゐの友』や「晴風式絵びら」として花開くのである。

晴風は生涯、特定の師について絵を習うことはなく、玩具や人形の模作なども全くの自己流であったが、ある時、三代目・歌川広重がやって来て、ぜひ一門に加わってほしいと申し出た。晴風は承諾し、「重晴」という号をもらった。それからは、錦絵などに広重門下として重晴の名が見られるようになったが、実は三代広重が一門の盛んなことを吹聴したいがために、わざわざ晴風に号を与えたのであった。

晴風が描いた「写楽模写」。
『あつまの花』(国立国会図書館蔵)より

絵びら
店の開店などに際し、贈物の目録として作られたびら。現在のポスターのように掲示し、宣伝をかねて用いた。

三代目・歌川広重
(P53を参照)

風雅の道とはいえ、晴風は父のような遊びに耽《ふけ》ることはなかった。ある時、知人から博覧会を見がてら遊里の吉原へ行こうと誘われた。晴風は快諾したが、条件をつけ、なるべくさびしい土地を通って行く約束をした。昼間も追いはぎが出そうな佐竹ッ原を皮切りに、「狸が石の雨を降らせる」といわれるひと気の少ない阿部川町を通り、立花家下屋敷跡の太郎稲荷から田圃《たんぼ》を抜けてようやく吉原へ入った。しかし、晴風は仕事着のボロ半纏《はんてん》を着て、鐚《びた》一文も持ってこなかったので、誘った人もさすがに呆れ、帰りも同じ道を通るという晴風に同行することを拒むと、しめたとばかり、晴風はひとりでさっさと帰ってしまった。

またある時、吉原へ灯籠《とうろう》を見に行こうと誘われた。連れの男はだいぶ吉原に馴染みがあるようで、早々に灯籠を見終わると大門口の引手茶屋へ晴風を引っ張り込もうとしたが、晴風は「灯籠を見に来たのであって、遊びに来たのではない」と、頑として承知せず、連れを置いて帰ってしまった。

さらに矢場《やば》へ誘われた時のこと、さんざん好き勝手に弓を射り、勘定は自分に任せるように連れに言ってから、店の女に訊くと「思し召しを」という。少しでも多くお金を貰いたい女の真意は十分知

吉原
江戸における官許の遊郭。元和三年（一六一七）に庄司甚右衛門が江戸市中に散在していた遊女屋を日本橋葺屋町に集めたのに始まる。明暦の大火で全焼したため、現在の台東区浅草北部に移し、新吉原と称した。

引手茶屋
遊郭内にあって、客を遊女屋へ案内する茶屋。

矢場
小型の弓を用いて矢を射る遊戯場。楊弓場。盛り場などに店を設け、美女を店頭に置いて客を呼んだ。ひそかに売春させる店もあった。

りながら、わざと言葉のままに文久銭でひとり二文ずつを払ったので、女はプゥと頬っぺたをふくらまして、ありがとうともいわない。連れの男は思いもよらぬ不面目を被り、「仁兵衛さんを誘うのはもう懲《こ》り懲《ご》りだ」と引き下がった。

こうして晴風は近所に悪い友人をつくらず、遠くても本当に気の合った友人だけと深くつきあうようにしていったのである。

終生の友との出会い

ところで、父の親しい友人に竹内善次郎という人物があり、浅草・田町《たちょう》一丁目で上総屋《かずさや》という提灯屋《ちょうちんや》を営んでいた。善次郎で十代目になるというから古い提灯屋である。田町に住んでいるので通称を「田長《たちょう》」また「田蝶」といい、浮世絵師の歌川国芳の門下で画号を「芳兼《よしかね》」と称していた。大変器用な人で俳諧もやれば三題噺《さんだいばなし》なども演じ、晩年は剃髪して「梅月《ばいげつ》」とも号し、いろいろな方面に知友があった。ある時、その友人のひとりである左松という人が、善次郎と晴風の父とに向かって、両人の子息はともになかなかの変わり者だから二人を会わせてみたら面白いのではないかといった。両人は直ちに承諾し、折をみて二人を会わせようということになった。

文久銭
文久三年(一八六三)以降に鋳造した「文久永宝」のこと。裏面に波文様があるので波銭ともいった。

三題噺
落語の一種。客から任意に三つの題を出させ、これをおもしろおかしく構成して即興の落語を演ずるもの。

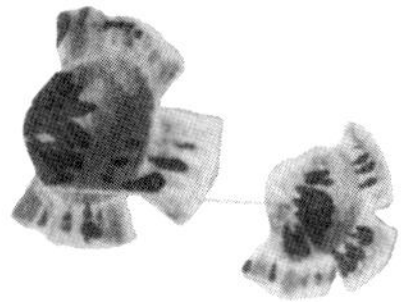

しばらくして、晴風が善次郎を訪ねてきた。それ以前にも父の伝《つ》手《て》であろう、晴風は善次郎から書画の方法を教わるなどしていたようだが、この日、善次郎は息子の兼五郎とともに晴風を近所の鰻屋《うなぎや》へ連れて行き、いわば男同士の見合いをさせたのである。その場でどのようなやりとりがあったのかは定かでないが、意気投合した二人はそれ以降、親しく交わることになる。鰻屋での帰り際、晴風は竹内父子が気付かぬうちに支払いを済ませておいた。若いのに世故に長けた晴風の振舞いに驚いた善次郎は、後で兼五郎に「お前は一生あの人と交際するのだぞ」といい含め、さらに「父親の元次郎よりも利口な子だ」と続けたという。この兼五郎はのちに明治を代表する彫刻家として大成した竹内久一《たけのうちひさかず》である。かの平櫛田中《ひらくしでんちゅう》は、明治以降の彫刻家のなかで誰が一番優れているかという問いに対して、「一に竹内久一。一がなくて三が森川杜園《もりかわとえん》」と、彼を称賛している。

竹内兼五郎は安政四年（一八五七）七月九日生まれ、晴風より六歳年下であった。兼五郎の名は、父の善次郎が浅草の侠客《きょうかく》・新門辰五郎の子分であったよしみで、辰五郎が命名したものという。

　二人が出会う前、明治二年（一八六九）に兼五郎は十三歳で堀内《ほりうち》龍仙《りゅうせん》という象牙彫刻師に弟子入りしたが、翌年、師が亡くなったた

竹内久一（一八五一〜一九一六）
彫刻家。幼名・兼五郎、号・久遠。堀内龍仙、川本州楽に象牙彫刻を学ぶ。奈良に遊学して古彫刻を研究、古仏の修復や模刻も手掛けた。東京美術学校教授。帝室技芸員。

平櫛田中（一八七二〜一九七九）
彫刻家。岡山県井原市生まれ。本名・倬太郎。はじめ大阪の人形師・中谷省古に師事し、のち上京して高村光雲に学ぶ。東京美術学校教授。文化勲章受章。

森川杜園（一八二〇〜一八九四）
一刀彫奈良人形師。はじめ内藤其淵に絵を学び、のち独学で彫技を修め、奈良人形を美術品として大成させた。古器物の精巧な模造でも知られる。

め、人形師である三代目・原舟月《はらしゅうげつ》の門人で、象牙彫刻を得意とした川本州楽《かわもとしゅうらく》に入門、晴風と出会った明治十一年（一八七八）に「川《せん》州《しゅう》」の号を与えられて独立している。その修業中、兼五郎は神経衰弱にかかり、医者の忠告によって、一時彫刻から遠ざかり、実家に帰って父の手伝いをしていた。そして、父子ともに骨董好きであったことから、浅草の森下町に骨董屋を開き、のんきに暮らしはじめた。森下町に妙な骨董屋ができたという噂はたちまち広がり、類は友を呼んで、店には一風変った人たちが訪れるようになった。おかげでいろいろな世界の人と知り合い、趣味も豊かになった。その内、だんだんと健康も回復してきたので、骨董屋を営むかたわら、再び彫刻を手掛けるようになったという。晴風と出会ったのは、ちょうど独立したこの頃であったろうか。しかし、この出会いがやがてまさしく運命的なものになろうとは、まだ二人とも知る由もなかったのである。

玩具との出会い

竹内久一の父、善次郎は毎月一回位、自宅に友人たちを招いて語り合うことを楽しみにしていた。しかし、ただ漫然と集まるだけで

三代原舟月（一八二六〜一八九九）
人形師。本名・金五郎。別号・古今斎。二代舟月の子として江戸に生まれ、父に師事。日本橋十軒店に店を構えて雛人形、五月人形、山車人形のほか、根付や象牙彫刻なども手掛けた名工である。

は面白くないと、その晩年、「遊食会《ゆうしょくかい》」を創《はじ》めた。これは毎回、題を出して各自が一点ずつの食べ物を持ち寄り、みんなで批評しながら賞味するというものである。これは善次郎の死後まで七年間続き、「遊食連」といえば当時の粋人の集まりといえるほどであったといわれる。晴風は明治十二年（一八七九）一月十六日に竹内宅で開かれた第一回の遊食会「地獄会」から参加し、以降毎回出席していた。

　明治十三年（一八八〇）三月六日、河合寸洲《かわいすんしゅう》と竹内久一が会主となり、向島の言問《こととい》ヶ岡《がおか》にある業平堂のそばの貸席《かしせき》「植半《うえはん》」で「竹馬《ちくば》会《かい》」を開催した。この日は天神の祭礼日にちなみ、子どもの時分にかえったように楽しく過そうという企画だったので、参加者は子どもの扮装をして、料理もしんこ細工風に摺《す》り芋《いも》を平たく延べたものに山葵《わさび》などで色をつけたり、たんきり飴風に奈良漬を切って出したりした。その余興として、各自、玩具を一品持参することになっていたため、会場には全国各地に昔から伝わるさまざまな玩具（特に天神様が多かったらしい）が陳列されたのである。晴風はこれらの玩具を見て、「美術とはこのようなものをいうのではないか」と深く感じ入り、早速、当日の参加者たちに持ち寄った玩具とそれまで

植半
江戸文学や落語にも登場する割烹料理店。

しんこ細工
大道商人による細工菓子のひとつ。白米を天日で乾かして粉にしたもの（しんこ）を用いて花や鳥、人物などをかたちづくる。

たんきり飴
大豆・胡麻・生姜などを混ぜた飴を引き伸ばして小さく切ったもの。痰をとめる効があるとされる。

自分の収集した古物とを交換してくれるよう頼んだのであった。これが晴風のその後の人生を決定づけた玩具とのなれそめである。時に二十九歳であった。

晴風はそれらの収集と研究とを志した動機を、書画骨董類は値も高く、偽物を掴まされる危険性もあるが、玩具にはその心配がなかったからとし、さらに、世の中で美術とされているのは絵画や彫刻をはじめいろいろあるが、いずれも高尚に過ぎて自分ごときが真に理解できるものではない。しかし玩具は天然の古雅を備え、土で造ったものもあれば木を刻んだものもあり、土地土地の風土やそこに暮らす人びとの心のありさまをもみることができるだろうと考えた、と述べている。

当時、好古の士が数多くいた東京だが、玩具に専念したのは晴風ひとりであったという。江戸時代から玩具を趣味や研究の対象とした事実はたしかにあり、山東京伝の『骨董集』（文化十二年・一八一五）や、喜多村信節《きたむらのぶよ》の『嬉遊笑覧《きゆうしょうらん》』（文政十三年・一八三〇）、喜田川守貞《きたがわもりさだ》の『守貞謾稿《もりさだまんこう》』（嘉永六年・一八五三頃）などにはさまざまな古今の玩具についての記述があるし、文政年間に国学者の山崎美成《やまざきよししげ》を中心に谷文晁《たにぶんちょう》や滝沢馬琴《たきざわばきん》ら、好古趣味の人々

山東京伝（一七六一～一八一六） 戯作者。本名・岩瀬醒。通称・京屋伝蔵。北尾政演の名で浮世絵師としても活躍。黄表紙、洒落本、合巻、読本と幅広く執筆し、『骨董集』など、すぐれた随筆を著した。

喜田川守貞（一八一〇～？） 大坂生まれ。元姓は石原氏。北川家の養子となり、姫路酒井家の御用を勤める。『守貞謾稿』は、江戸後期から末期にかけての京坂と江戸における風俗見聞を詳述したもの。

山崎美成（一七九七～一八六三） 国学者。江戸下谷の薬種商。通称・長崎屋新兵衛。国学者の小山田与清の門下となり、著述に耽るあまり家産を失った。

谷 文晁（一七六三～一八四〇） 画家。松平定信の著『集古十種』の編纂をたすけ、その挿絵を描いた。

滝沢馬琴（一七六七～一八四八） 読本作者。本名・解。通称・清右衛門。別号・曲亭。幕府の下級武士の家に生まれ、履物商・伊勢屋に婿入する。代表作に『椿説弓張月』、『南総里見八犬伝』。

が集った耽奇会《たんきかい》の記録である『耽奇漫録《たんきまんろく》』にも、古書画などに混じって少なからぬ玩具が見られる。また、天保十三年（一八四二）と嘉永六年（一八五三）に大坂の岩永鍾奇齋《いわながしょうきさい》が主催した「人形会」は、古今東西の人形を持ち寄り展観した点で、竹馬会に先んずること三十八年である。しかし、古物のひとつに玩具を含むのと、玩具を強く意識してそれを収集するのとでは、自ずと成果も異なるはずである。その意味で、やはり晴風は玩具に着目した最初の人といってよいだろう。

そんなわけで、晴風が玩具を集め始めた頃は、面白いものが安価で容易に入手できたのである。古物商なども、たまたま古い玩具が入荷すると、晴風が集めていることを知っていてわざわざ持ってきてくれた。晴風自らも京都、大阪、奈良その他の地方を訪ねたり、あるいは友人が旅行に出掛けると聞けば、その土地の玩具を頼んだりして、収集品は十年ほどの間に百余種、三百点あまりに及んだ。

苦心の収集談

集める物に違いはあっても収集という行為には、何かしら余人には思いもよらない苦労を伴うものである。ある時、晴風は京都の伏見

岩永鍾奇齋（一八〇二〜一八六六）
外科医。本名・文楨。京都に生まれ、文恭の娘婿となり、養父の跡を継いで大坂道修町心斎橋筋東に住し、医業に従事。山本亡羊の門下となり、本草学を修め、同志とともに集芳社を設けて毎年、物産会を開いた。

伏見
京都と大阪の中継地として栄えた商業港都市。全国の稲荷神社の総本社である伏見稲荷神社の参道では、古くから土人形が売られていた。

へ行った。土人形《つちにんぎょう》を求めようと何軒も見て歩くうちに、一軒の古い人形屋があったので、その主人に「床下にある人形を見せてくれ」と申し入れた。突然のことに相手は驚き、「なぜ当家の床下に人形があると判るのか」というので、「このように古い人形屋なら、必ず古い人形を床下に放り込むに決まっている」と答え、さらに「もし床下から発見されたら、店で売っている新品と同じ値段で買うから」と約束して、車夫と二人で床下に這入《はい》り込んだ。すると、予想通り、彩色したのもしないのも含め山ほど出てきた。江戸時代の面白いものも数多く含まれていたという。同じ伏見の東福寺門前では老婆がちょうど土人形に彩色を施していたので、「その着色前のものをくれ」といって怒鳴りつけられたが、ここでも完成品と同じ値段で買うからと納得させて、どうにか入手することができた。

しかし、こうした苦心の末に求めた大切な人形も、旅先から無事に持ち帰ることは容易でないのである。伏見で買い込んだ沢山の土人形はひとまず旅館の床の間にずらりと並べ、それから柳行李《やなぎごうり》と古綿を求めて梱包し、東京へ送ったのだが、帰京して包みを開けると、残念なことにみな割れてしまって完品はひとつもなかったという。

その後、京都の壬生寺《みぶでら》の大念仏の際、催される狂言にちなんで境

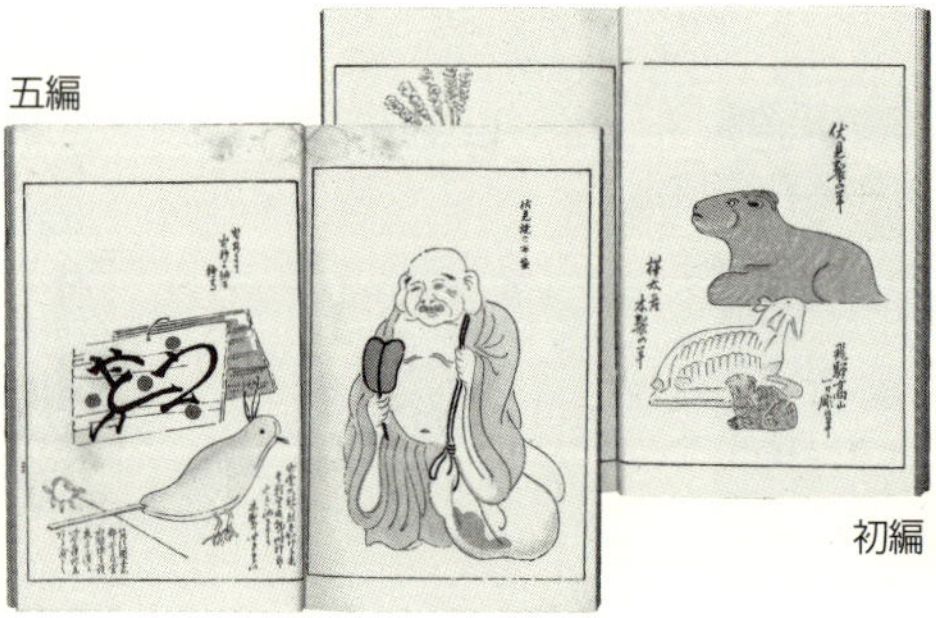

『うなゐの友』に描かれた伏見人形。

内の露店で売られる張子《はりこ》の面を買った時のこと。なかなか面白いものもあるので、晴風は三十種類ほどを求めた。先例を教訓に、滞在中も旅館の女中に壊されては大変と、外出の折には柳行李に入れて背負っていた。京都から伊勢を経て名古屋へ入り、山田屋という旅館に泊まったが、その翌朝、いざ出発しようとすると大切な行李が見当たらない。慌てて番頭に訊くと、女中が気を利かせて他の荷物と一緒に汽車で送ったとのこと。驚くやら弱るやら、この上はただただ無事に到着するようにと、晴風は神仏に祈りながら帰京した。しかし、荷物が着くのを待ち兼ねて開けてみれば、神も仏も力及ばず、やはり大破していたという。

収集には珍談もつきものである。明治二十年頃、仙台あたりに出掛けた時、夕方、躑躅岡《つつじがおか》の町を人力車に乗って通ると、道具屋の店先に雛人形が並んでいるのが目についた。晴風は「しめた」と思って、旅館で夕食を済ますとすぐに件《くだん》の道具屋に向かった。ところが、初めて来た土地で一向に方角が分からない。幸い、通りかかった婦人に「お雛さんを売る所はどこにありますか？」と訊ねると、「こっちへおいで」といいながら晴風を小路のほうへ連れていった。こんなところではなかったはずとは思ったが、土地不案内ゆえいわれる

壬生寺
京都市中京区にある律宗の寺。正暦三年（九九一）創建と伝えられる。壬生狂言は正安二年（一三〇〇）に創始された無言劇。

『日本の家庭』に描かれた壬生面
明治三十五年・同文社館刊

躑躅岡
現在の地名は「榴ケ岡」と書かれる。

ままについていくと、婦人はとある家のなかに「おひなさん、お客様！」と声をかけ、逃げるようにどこかへ行ってしまった。すると、奥から二十二、三歳位の若い女性が出てきて「どうぞこちらへ……」という。いよいよ煙に巻かれて「お前の家ではお雛様を売るのか？」と訊くと、「私がおひなでございます」と返されたのでびっくり。旅館に帰って番頭に事の次第を話すと、「そりゃ淫売屋のおひなという有名な女です」といわれて大笑いしたという。

さらにまた、群馬の高崎に出掛けた時のこと。旅館に着くとすぐ女中を呼んで、「何か面白いおもちゃはないか？」と訊くと、「ありますから呼びましょう」といわれた。しばらくすると一人の芸者が現れたので呆気にとられて見ていると、遠慮なくズンズンと座敷に三味線を運び込むので、これはまた失敗したなと、いろいろと訳を話してようやく帰ってもらったという。

晴風はこのようにして玩具の収集に励んだが、それらを徒《いたずら》に秘蔵することはなく、数が集まるにつれてその沿革を調べ、生産地の風土や神仏の迷信についても研究した。つまり、玩具の民俗学的研究を試みたのである。また、美術的な視点からは造形や描彩上の特色を明らかにしようとし、さらに子供の心理と玩具との関係や、教育

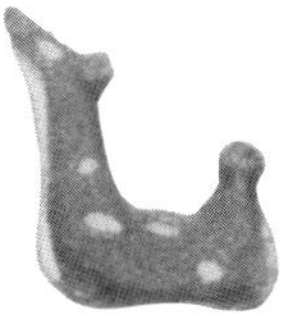

と玩具との関係など、幼児教育や児童学の範疇《はんちゅう》にまで及んだというから、ほとんど、ありとあらゆる角度から玩具というモノを考究したのであった。こうした研究の姿勢は、今日では当然のことと思われるかも知れないが、民俗学にしろ児童学にしろ、晴風存命の当時にあっては、必ずしも学術研究として確立されていたわけではないのだから、かような状況下での苦闘を慮《おもんぱか》るべきであろう。

晴風はその生涯に、総数三千五百余点、種類にして六百余種もの玩具を収集したという。収集品は自ら画帖に写生して記録し、実物は自宅が手狭であったことから茶箱に詰めてしまっておき、時には惜しみなく人に譲ってしまったというから、収集家には珍しく、モノに執着しない淡泊な一面もあったようだ。もちろんそれは、絵に描くなどしてすっかり味わいつくしたものだけに限られていたのだろう。そして、収集品を譲って得たお金はすぐさま、予《か》ねて欲しいと思っていたものを求めるのに充てられたのだった。また、愛娘の嫁入り支度の際には、茶箱何杯分かの玩具にすべてその写生図を添えて、さる好事家《こうずか》に譲ったという。

晴風が最期まで手許に置いていた、「過眼録《かがんろく》」ともいうべき人形

玩具の写生帖は、美濃版で五十冊以上にのぼった。これを実見した大阪のだるまや書店主人・木村旦水によると、晴風は晩年に至って自分の葬式の費用が賄《まかな》えればと、この写生帖を誰かに有償で譲るべく、懇意にしていた二、三の知己に相談した。これには面白い条件があって、すぐさま譲渡するのではなく、いわば死後の予約を受け、その代金は貯金しておいてもらう、そして画帖は晴風の手許に置き、存命中は従来通りに写生を続けるので、長生きするほどにだんだんと数が増えていく、という仕組であった。その金額は詳《つまび》らかでないが、ごく妥当なものだったという。

しかし、すぐに応諾する人はなかったので、上京の折に晴風から話を聞いた木村は、他に希望者がなければ譲り受けたいと申し出た。晴風としてはありがたかったが、すでに自ら話を持ちかけた人たちの手前、彼らの承諾を得なければ失礼と、その場での返答は保留とした。結局後日、「大阪に持っていかれてしまうのは如何なものか」という東京勢の意見から、林若樹《はやしわかき》が譲り受けることになった。のちに林から安田《やすだ》善《ぜん》之《の》助《すけ》（二代善次郎、松廼舎《まつのや》、椎園《しいえん》）に渡ったというが、現在、残念にもその五十冊の写生帖は行方不明である。

木村旦水（一八六七〜？）
大阪の出版社「だるまや」の主。本名・助次郎。郷土玩具の絵を得意とした川崎巨泉の著作等の出版も手掛けた。

林 若樹（一八七五〜一九三八）
収書家。若吉とも称した。陸軍軍医総監・林研海の子として東京に生まれる。祖父は幕府御典医の林洞海。幼くして両親を亡くし、祖父に養育されたという。身体が弱かったため、旧制一高を中退し、生涯を趣味に生きた。大蔵流の狂言を嗜み、狂歌をよくし、また、多分野にわたる優れた収集をなした。

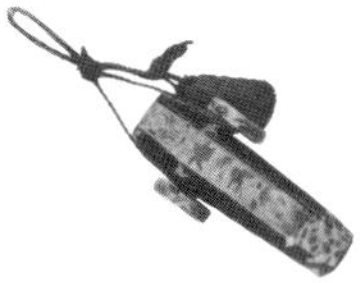

『うなゐの友』出版

明治十三年（一八八〇）の竹馬会で玩具の真価に目覚めて以降、晴風のもとには十年程の間に百余種、三百点あまりの玩具が集まっていた。晴風が普段から収集品を画帖に写生していることは、趣味家仲間でも広く知られていたようだ。明治二十四年（一八九一）の春のある日、たまたま近所の木村徳太郎という人が晴風を訪ねてきて、写生図の存在を知り、その出版を強くすすめた。木村曰く、「全国各地の玩具を集めて、ただひとりの楽しみとするよりも、これを多くの人びとに知らせることができれば、こぞって美術を愛好する今日においては、世に尽くすところも大きいでしょう、ぜひ出版するべきです。」とのことだった。木村は優れた木版彫刻師であったから、晴風の絵を見て、これならと思うところがあったのだろう、二人は共同して、利益は考えずに出版することにした。晴風が版下を描き、木村が版木を彫ること数ヶ月、そして同年秋、ついにその本が完成した。古今の玩具を木《もく》版《はん》多《た》色摺《しょくずり》の写生図で紹介した豪華本、『うなゐの友』の誕生である。

『うなゐの友』とは、まことに良い題を付けたものである。ここに描かれた品々は、現在では「郷土玩具」と呼ばれることが多いの

木村徳太郎（一八四二〜一九〇六）
彫刻師。木村嘉平に木版、梅村翠山に銅版を師事。文部省彫刻係、内閣官報局御用をつとめる。

だが、実は玩具―おもちゃ―とひと括りにするにはあまりに多種多様なものが含まれている。なかなか一言でいうのが難しいそれを、「うなゐ（幼い子ども）の友」と的確に表現したのである。この題については、画家で蒔絵師《まきえし》の柴田是眞《しばたぜしん》がやはり晴風と同じように各地の玩具を収集し、写生もしていたため、交流のあった晴風がその写生帖を借りて模写したことがあり、その際、是眞の画帖に記されていた題が「うなゐの友」であったことから、そのまま用いたともいわれるが定かではない。晴風自身によれば、前田香雪《まえだこうせつ》の命名で、題僉《だいせん》の文字は佐野常民《さのつねたみ》によるもののことである。

初版は日本橋通一丁目の書肆《しょし》「大倉孫兵衛《おおくらまごべえ》」から販売し、一冊六十銭であった。わずか百部程度で、木村徳太郎と二人、採算度外視で臨んだだけに用紙も良く、版画も綺麗であったが、これが飛ぶように売れたわけではなかった。二人の落胆ぶりは如何ばかりであったろうか。そこで、ほどなく京都の書肆「芸艸堂《うんそうどう》」に版木《はんぎ》を譲ることになった。芸艸堂は『うなゐの友』が東京で出版された明治二十四年に創業したばかりの新進の出版社であったが、古来、染織業の盛んな土地柄ゆえ、着物の図案の参考となるべき木版多色摺の本を次々と出し、好評を博していた。それゆえ、玩具画集の『うなゐの友』にも図案・意匠の参考書としての大きな

柴田是真（一八〇七～九一）
蒔絵師、画家。漆芸を印籠蒔絵師の古満寛哉に、絵を円山派の鈴木南嶺と四条派の岡本豊彦に学ぶ。浅草上平右衛門町に住し、対柳居と称した。帝室技芸員。

前田香雪（一八四一～一九一六）
東京美術学校教授。新聞記者。小説家。国学者・前田夏蔭の子として江戸下谷御徒町に生まれる。本名・夏繁、通称・健次郎。鶯園とも号す。書画の鑑定を得意とし、自らも書をよくした。

佐野常民（一八二二～一九〇二）
佐賀生まれ。海軍伝習士官となって長崎に学び、欧州視察後、藩の兵制を改革。明治政府の大蔵卿、枢密顧問官、農商務大臣等を歴任。日本赤十字の創始者。

大倉孫兵衛（一八四三～一九二一）
実業家。実家の絵双紙屋を経て大倉書店、洋紙店を創業。ノリタケの前身・日本陶器の設立に参加した。

価値を見い出したのである。やがて京都で出版された芸艸堂版は、定価一円五十銭で、羽が生えて飛んでゆくような売れ行きであったという。

芸艸堂の倉庫に保管されている、『うなゐの友』初編の版木。（写真／芸艸堂提供）

明治二十八年（一八九五）、晴風は先祖伝来の家業であった運送業の株と荷車を従業員であった堀部徳兵衛に譲った。この家業譲渡については一風変わった逸話がある。

かつて力持ちを誇った晴風もその頃、寄る年波のため（といっても当時四十四歳であるが）、家業に精を出すことがだんだんと困難になってきていた。その上、時勢は大きな変化を遂げ、江戸時代のようではなくなった。汽車があり、汽船があり、馬車も電車もある世の中で、人間が牛馬の如く荷車を曳《ひ》くというのは未だ文明が開け

芸艸堂

京都に本社がある、日本唯一の木版和装本出版社。大倉版『うなゐの友（初編にあたる）』の版木は、現在でも芸艸堂に大切に保存されている。

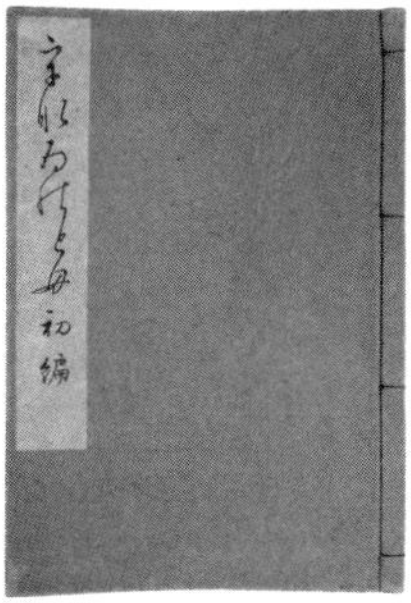

芸艸堂から刊行された『うなゐの友』初編

ていない時代の遺風であって、何としても車屋を廃したいと晴風は考えた。しかし一方で、先祖代々の生業であるため自分の代で閉めることは好ましくないとも思っていた。そこで、自ら進んで廃業するのではなく、時代の趨勢《すうせい》によって車力の需要が減じるままの状況を放置していればやがて自然と滅びるに違いない、そうすれば自分が家業を廃したことにはならないだろうと、衰えるに任せようとしたのである。同業の組合で晴風を組頭にしようと推薦しても、また得意先が資本提供を申し出ても、これを一切承諾せず、晴風はただひたすら自滅の時を楽しむように待っていた。

結局、この風変わりな廃業計画は、運送業に関する株を従業員である堀部徳兵衛に譲ったことで未遂に終わったが、生活が懸かっている家業の衰微を悠然と待ち望む姿勢は、常人にはちょっと理解しがたいところである。単純に恬淡《てんたん》な性格がなせる業というよりは、文明開化を迎えて変わりゆく世の中へのささやかな、しかし強烈な抵抗ではなかっただろうか。

『うなゐの友』刊行から十一年後の明治三十五年（一九〇二）、続編が出版されることになった。収集した玩具も膨大な数となり、続編の刊行を晴風自らも望んではいたが、出版事業は希望したからと

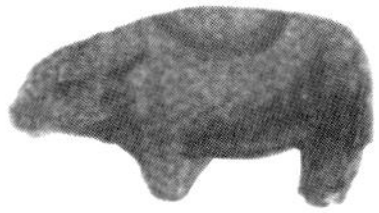

て容易になし得るものではない。そうした時に、芸艸堂の主人が訪ねてきて、続編の原稿を要請したのである。初編の版木が芸艸堂に渡ってのち、出版された『うなゐの友』は予想以上の好評を博したが、その出来栄えに関して晴風は必ずしも満足していなかった。しかし、続編の企画はかねての望みが叶えられる絶好の機会であり、晴風も喜んでこれを請けたのであった。そして、芸艸堂もまた、初編の成功に続くべく、彫刻師と摺師《すりし》を厳選し、初編に優る美しい造本に努めて晴風の期待に大きく応えたのである。

この続編の出版を契機にしてか、晴風は『うなゐの友』を三編、四編と重ね続けることを生涯の計画としたらしい。明治三十九年（一九〇六）に三編が、四十年（一九〇七）に四編が、四十四年（一九一一）に五編が出版された。四編の成る頃、晴風に面会した大阪のだるまや書店主人・木村助《きむらすけ》次郎《じろう》（且水）によれば、その一冊

『うなゐの友』二〜五編

の原稿料は二十円（現在の約二万五千円）で、序文を書いてくれた人への謝礼は晴風の負担であったという。当時の貨幣価値から推して、この金額は非常に安いようだが、それは晴風が元来寡欲《かよく》な性格であったのに加え、やはり長年の収集と研究の成果を公刊することを第一義とし、原稿料の多少など問題にしなかったためであろう。

五編が成った年、晴風は還暦を迎えている。その還暦祝賀会が神田連雀町《れんじゃくちょう》の金清楼《きんせいろう》で開催されたのは、同年四月十六日である。この日は往古《おうこ》、清水家の先祖が駿河の清水から江戸に上ったという記念日でもあった。林若樹、西澤仙湖《にしざわせんこ》、竹内久一、坪井正五郎《つぼいしょうごろう》、久《く》留島武彦《るしまたけひこ》、木村助次郎らが発起人となり、還暦にちなんで参会者を六十一人に限って募集した。林若樹はその勧誘書に次のように記している。

外神田のほとりに住める人あり。古びたる雛を得てはおつむてん〱をなして笑ひ、珍らかなる人形を得てはてうち〱をなして欣ぶ。常におもちゃの山に遊びて老の至るを知らず。人綽名して玩具博士の名を以てす。これを誰とかなす問はずして清水晴風なることを知る。此翁こん年は還暦の寿に当り給ふ。こゝに翁の遊び友達い

金清楼
東京・神田にあった日本料理屋。谷崎潤一郎の作品にも登場する、当時有名な料理屋。

西澤仙湖
（P51参照）

坪井正五郎（一八六三〜一九一三）
人類学者。東京帝国大学教授。幕府奥医師・坪井信良の子として江戸浜町に生まれる。モースの大森貝塚の発掘に刺激されて考古学、人類学に興味を持ち、東大理学部生物学科在学中に人類学会を創設、また本郷にて発掘した土器を弥生式土器と命名した。第五回万国学士院連合大会に出席するため赴いたペテルブルグで客死。「コロボックル論」で知られる。

久留島武彦（一八七四〜一九六〇）
児童文学者。旧豊後森藩主・久留島家に生まれる。はじめ尾上新兵衛のペンネームで雑誌『少年世界』に執筆、のち巌谷小波に師事してお伽噺の創作に励み、また全国各地の幼稚園や小学校で童話の口演を盛んに行なった。日本のボーイスカウト運動の基礎をつくった一人。童謡「夕やけ小やけ」の作詞者。

さ、か翁の為に祝意を表さんとす。願くは大供仲間のたれかれ同じく小供にかへりて仲よく遊び、此翁の寿をことほぎ給へ集るものは年に因みて六十一の数を限れり。時に遅れ空しく指を喰わへて仲間はづれの悔をのこすことなかれ。

又もとの小供にかへる翁をば　てうち〳〵で祝ひはやさん

祝賀会当日は講武所《こうぶしょ》芸妓連《げいぎれん》の踊りや一龍齋貞水《いちりゅうさいていすい》の講談、晴風作品の抽選などの余興があった。参会者には晴風自筆の絹本尺二寸の玩具図と、夫人の出身地・飛騨高山の名産、一位一刀彫《いちいいっとうぼり》の亥の印材《いんざい》（江黒亮聲《えぐろりょうせい》作）が配られた。

「おもちゃ博士」の名声高まる

晴風の玩具収集歴は三十年を過ぎ、その研究の成果は新聞や雑誌、博覧会等で広く紹介され、世に「おもちゃ博士」の名は轟《とどろ》くばかりであった。すでに『うなゐの友』三編の跋文《ばつぶん》において、「玩具の出生地其由来変遷等に関することを研究し傍ら風俗工芸或は、歴史教育等につき、いささか学理の存するところを知得し、昨日の是とすることは今日その非なることを覚り、年を遂ひ月を重ねて、益々

講武所
江戸末期に幕府が設けた、旗本や御家人のための武術修練所。安政元年（一八五四）、築地鉄砲洲に講武場を設けたのが始まりで、のちに神田小川町に移転、さらに慶応二年（一八六六）、陸軍所に吸収された。周辺には、そこへ通う男性をターゲットにした飲食店が多く、彼らを相手にする芸妓は特に「講武所芸者」と呼ばれて、気風の良さに定評があった。

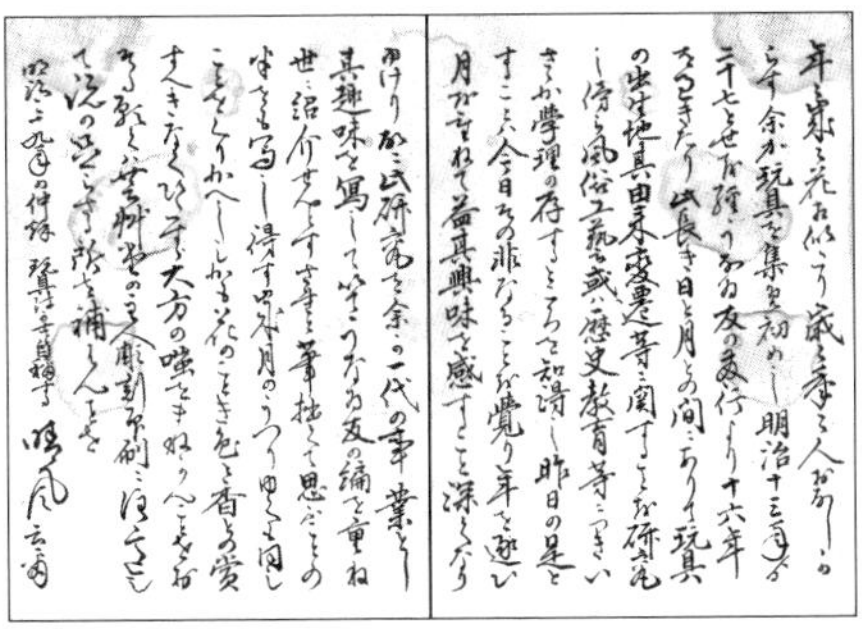

『うなゐの友』三編の跋文

其興味を感ずること深くなりゆけり、故に此研究を余が一代の事業とし、其趣味を写して以てうなゐの友の編を重ね世に紹介せんとす」と述べ、「玩具博士と自称」していることからも並々ならぬ覚悟と自負とがうかがえるが、事実、明治三十年代半ばから四十年代にかけての晴風の活躍ぶりは目覚しいものである。

明治三十四年（一九〇一）七月、松平伯爵家《はくしゃくけ》からの懇請により、所蔵の玩具各種を華族会館に出品陳列、同時に華族の子女方に雛に関する講話を数回行った。また、翌年十月には、東京市四谷小学校女子部の第五回同窓会から招かれて婦女子に関する玩具について講話を行った。玩具・人形研究家としての晴風の存在は趣味仲間のみならず、広く市民の間に知られるところであった。

博覧会や博物館への所蔵品貸出も多く、明治三十六年（一九〇三）七月の京都古美術品展覧会、三十八年（一九〇五）の日本女子大学校紀念日、三十九年（一九〇六）五月の帝室博物館の展覧会、同年十一月の京都こども博覧会、四十年（一九〇七）五月の滋賀県彦根町こども博覧会、四十一年（一九〇八）の一月の帝室博物館特別展覧会、四十三年（一九一〇）七月の富山市教育会主催児童博覧会、四十四年（一九一一）三月の第二回こども博覧会（大阪）、同年五月の帝室博物

華族会館
明治七年に発足した、華族の親睦団体。現在の霞会館。

館特別展覧会、同年六月の三越呉服店第二回児童博覧会、四十五年（一九一二）五月の岡山市児童博覧会など、枚挙《まいきょ》に暇《いとま》がない。

そして、明治四十三（一九一〇）年十二月に刊行された三省堂の『日本百科大辞典』では、「御伽這子《おとぎほうこ》」、「天児《あまがつ》」、「こけし這子《ほうこ》」、「玩具（我国の玩具）」等の項目を執筆、おもちゃ博士・晴風は、玩具・人形研究の第一人者として、もはや揺るぎない地位を得るに至ったのである。

「集古会」発足

竹内久一主催の遊食会は竹馬会のほかにも「元禄会《げんろくかい》」や「古物《こぶつ》会《かい》」などが開催され、年を経るにしたがって盛大になり、参加者は珍品を持ち寄ってお互いに楽しんでいたのであるが、ある時から中絶してしまった。それは会が盛んになったかわりに、俳優なども加わってきたため、仲間の義理で芝居見物に出掛けるなどして出費がかさむようになり、趣向を凝らした食べ物も自宅で用意せずに料理屋の仕出しを取る人が出てきて、だんだんと本来の趣旨から逸脱した方向に向かってしまったからであった。それでも、中途で脱退するのは面白くないと思った晴風らは、三代・歌川広重宅で会を催し

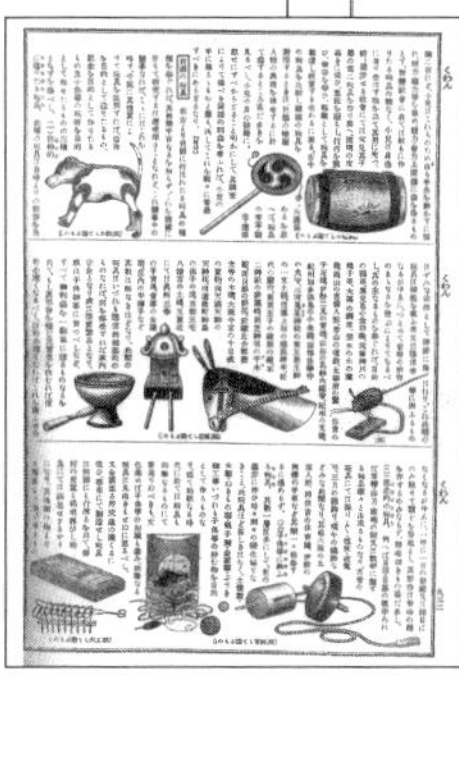

『日本百科大辞典』（三省堂）
明治四十一年から大正七年にかけて全九巻刊行。玩具・人形は清水晴風、食物は奥村繁次郎が執筆を担当した。

上段右から2人目が清水晴風。

た折に解散してしまうことにした。
そして、明治二十九年（一八九六）に新たに有志が「集古会《しゅうこかい》」を組織した。その会誌『集古会誌』第一輯《しゅう》に掲載の略則によれば、「本会は談笑娯楽の間に古物に関する智識を増進するを以て目的とし隔月一回神田仲丁大時計前、青柳亭に於て午後一時より開会し時々会誌を発行して会員に頒つ」、というもので、発起人は佐藤傳藏、大野延太郎、八木奘三郎、林若吉（若樹）、田中正太郎の五名であった。さらに同誌には「今回我々の発起にて集古懇話会と云ふ者を設立せり会の目的は其名に示すが如く凡ての古器物を集めて彼我打ち解け話し合ふと云ふにあり即ち汎く世の同好者を会し各自所有の古物を携帯して互に品評を下し傍ら経験を語り考説を述べ以て談笑の間に智識を交換するを旨とす」とあり、遊食会がその名の通り、食べ物をひとつの柱としていたのに対し、集古会は古物がその柱であった。その第一会は「集古懇話会」の名で明治二十九年一月五日、上野公園大仏前の韻松亭《いんしょうてい》で開かれ、第二会以降は「集古会」と改められた。ちなみに会員名簿に竹内久一の名がみられるのは明治三十二年（一八九九）六月発行『集古会誌』の第三輯からであるから、集古会は遊食会から直接発展したものというわけではなさそうである。

集古会誌
明治二十九年一月より昭和十九年七月迄発行。誌名は『集古会誌』、『集古会記事』、『集古会志』、『集古』、『集古会報』と変遷し、戦争により百八十九冊で中絶した。

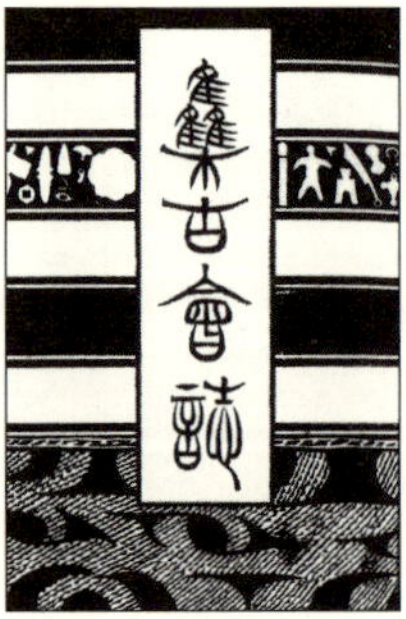

『集古会誌』（第一輯・表紙）

韻松亭
明治八年創業の日本料理店。現在も上野公園大仏前で営業中。

昭和十七年（一九四二）三月発行の『集古会報』（通巻百八十二号）に掲載されている、三村清三郎（竹清）の「集古会昔話」によれば、この会の最初は人類学者の坪井正五郎が、「人類学会は学問的で堅過ぎる」ので、もっと趣味的な会をと思って創めた。ゆえに初会は全く人類学会の分家のようであった。そこで、市中の好事家をも加えては、ということになり、晴風や奥村繁次郎《おくむらしげじろう》（芋繁《いもしげ》）らを勧誘したようである。

晴風はこの集古会に第三会（明治二十九年四月二十六日開催）から参加している。第三会は五月の予定であったが都合により繰り上げられた。当日の出席者は十七名、晴風は北海道函館より採集の石匙一個と「小児玩具（雛形）　数十種」を出品した。その記録（『集古会誌』第一輯・第三会記事）に「当日は諸氏何れも有益なる談話のみなりしが清水氏の玩具談殊に趣味深かりしなり」とあるのをみると、どうやら晴風は最初から人気の的だったようだ。次の第四会（七月四日開催）にも「玩弄人形　数十種」を出品、これは前回とは違う品々であろう。そして第四会記事には「当日来会諸氏の談話皆面白かりしが就中清水晴風氏の玩弄談例によりて趣味深かりき」とあって、参加二回目にしてもはや恒例といえるほど晴風の談話は

三村竹清（一八七八～一九五三）
本名・清三郎。三田村鳶魚、林若樹と並んで、江戸通の三大人。東京京橋で竹屋を営む。集古会、玉屑会、三古会に参加。『集古』、『風俗』、『江戸趣味』等に考証や随筆を寄稿した。

奥村繁次郎（一八七九～一九一九）
号・殘跡庵、通称・芋繁。御徒町の焼芋屋の主人、後に古書肆。食通で自ら「食物博士」と称した。

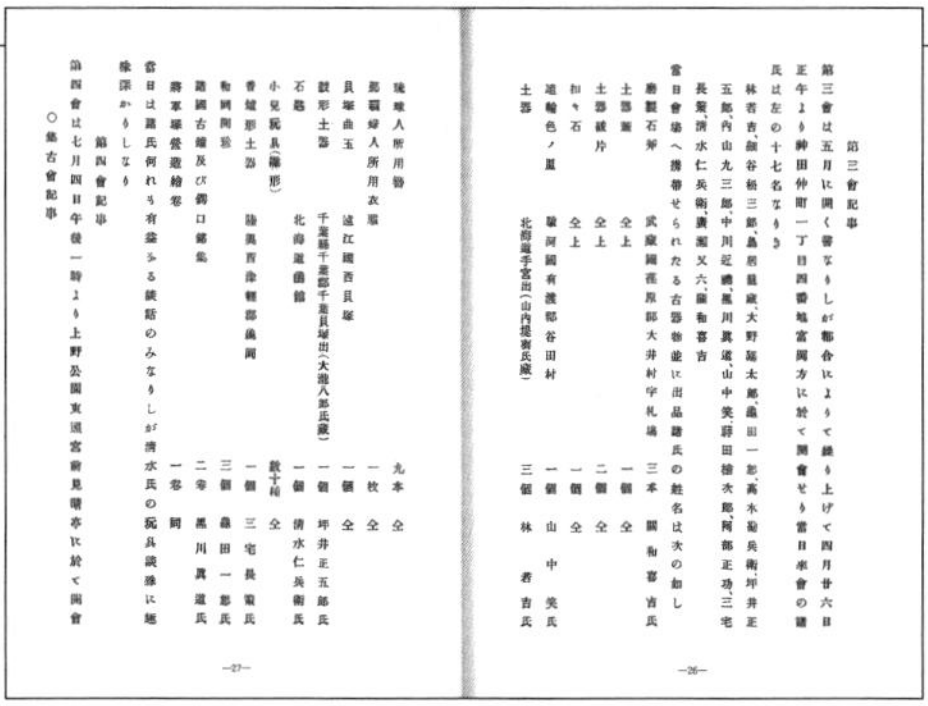

第三會記事
第三會は五月に開く筈なりしが都合によりて繰り上げて四月廿六日正午より神田仲町一丁目四番地富岡方に於て開會せり當日來會の諸氏は左の十七名なりき
林若吉、關谷栢三郎、鳥居龍藏、大野延太郎、蟲田一彭、高木捨兵衛、坪井正五郎、内山九三郎、中川近禮、黒川眞道、山中笑、蒔田鎗次郎、阿部正功、三宅長策、清水仁兵衛、廣瀬又六、關和喜吉
當日會場へ携帯せられたる古器物並に出品諸氏の姓名は次の如し
磨製石斧　武藏國荏原郡大井村字札場　三本　關和喜吉氏
土器蓋　仝上　一個　仝
土器破片　仝上　二個　仝
加々石　仝上　一個　仝
遮輪色ノ皿　駿河國有渡郡谷田村　一個　山中笑氏
土器　北海道手宮出（山内提雲氏藏）　三個　林若吉氏

—26—

琉球人所用物　丸本　仝
那覇婦人所用衣服　一枚　仝
貝塚曲玉　遠江國西貝塚　一個　仝
設形土器　千葉縣千葉郡千葉貝塚出（大野八郎氏藏）　一個　坪井正五郎氏
石匙　北海道函館　一個　清水仁兵衛氏
小兒玩具（雛形）　數十種　仝
香爐形土器　陸奥國西津輕郡龜岡　一個　三宅長策氏
和蘭陶盌　三個　蟲田一彭氏
諸國古錢及び錢口錢集　二帖　黒川眞道氏
將軍塚發掘繪卷　一卷　同
當日は諸氏何れも有益なる談話のみなりしが清水氏の玩具談殊に趣味深かりしなり
第四會記事
第四會は七月四日午後一時より上野公園東照宮前見晴亭に於て開會
○集古會記事

—27—

『集古会誌』（第三会記事）

人びとの心を捉えたようである。

晴風自身も収集品を披露することが嫌いではなかった、いや、確実に見せたかったほうだろう。つづく第五会（九月二十六日開催）にも「玩弄人形　拾数種」を出品し、『集古会誌』第一輯には早くも「玩弄物達摩考」を自画の諸国玩弄達摩の図とともに発表している。晴風の収集は人形玩具類ばかりではないから、第六回（十一月二十八日開催）には「諸国神社佛寺より出す御守類　数十点」ならびに「清蘭諸国商牌張交帳　一冊」を出品している。年を越して、第七回（明治三十年一月五日開催）には正月にちなんで「古製ぶり〳〵　一個」、「新古羽子板　十三枚」、「古版寿語六《すごろく》」四点、「骨牌《かるた》集　一冊」を出品し、またお年玉として出席者に自作の「烏箸」を配布した。さらに、次回は三月開催なので所蔵の古代雛を陳列して会員の縦覧に供しようと約束したのである。

その第八回（三月二十八日開催）に、晴風は約束通り古今東西の雛人形を出品した。『集古会誌』掲載の目録によれば出品物は次の通りである。

室町雛。室町時代遺制の雛。寛永時代の雛。享保時代の雛。享保時代治郎左衛門のキメコミ雛。奈良雛。古式奈良雛（森川杜園作）。

集古会の会合
最初「第〇会」と称し、六回目から「第〇回」と改めている。

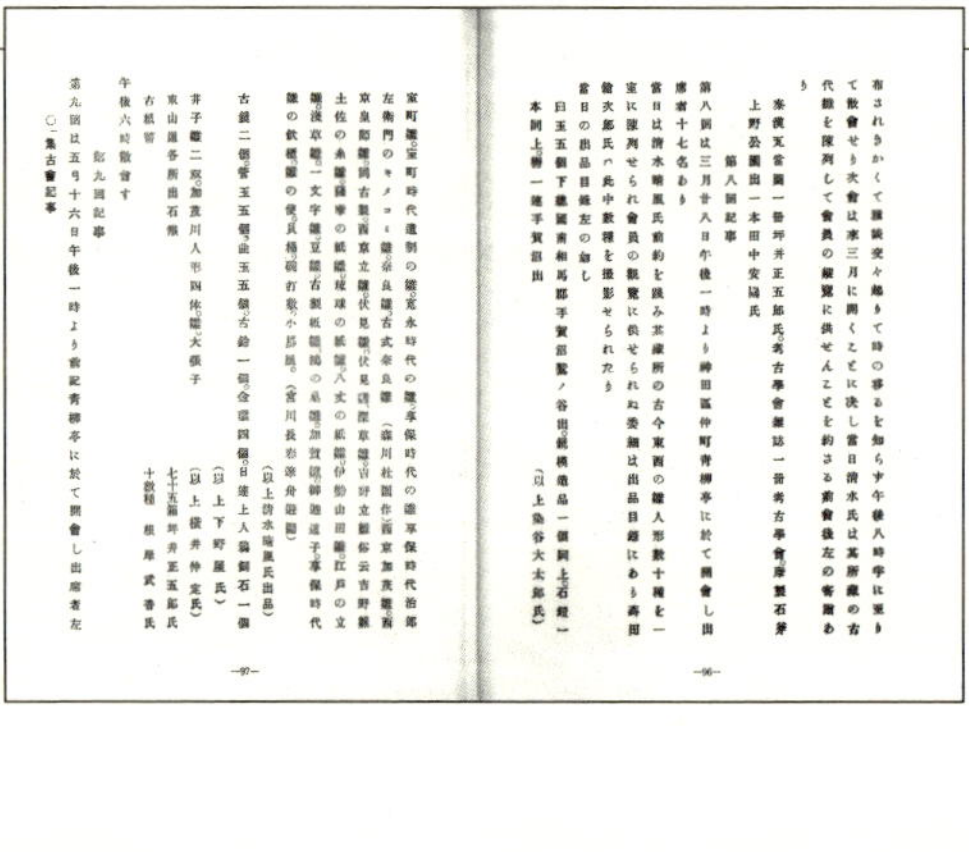

『集古会誌』（第八回記事）

西京加茂雛。西京皇師雛。同古製。西京立雛。伏見雛。伏見雛。深草雛。吉野立雛俗云吉野雛。土佐の糸雛。薩摩の紙雛。琉球の紙雛。八丈の紙雛。伊勢山田雛。江戸の立雛。浅草雛。一文字雛。豆雛。古製紙雛。鴻の巣雛。加賀雛。御伽這子。享保時代雛の飲櫃。雛の使。貝桶。碗打敷。小屏風（宮川長春筆「舟遊図」）。

当日の出席者は十七名で、観覧者は集古会会員に限られてはいたものの、これは晴風収集の雛人形を展示した最初と考えられる。同時に、雛人形という括りでの本邦初の展示かもしれない。驚かされるのは、その出品物が、雛人形の歴史的変遷（縦のつながり）と地域的差異（横のひろがり）とをよく示していることである。現在では、全国各地の美術館・博物館などにおいて昔の雛人形を展示公開する催事が盛んであり、そうした史資料が紹介されることも珍しくないし、それを、この時の晴風の出品物が不足なく網羅しつくしているわけでもない。しかしながら、いつ、どこで、どのような雛人形が作られ、用いられていたのかを知ることができるような書籍はもちろん、まとまった資料も皆無であった当時、かくも充実した収集を一民間人が成し遂げた事実は正しく評価されなければならないだろう。

明治三十一年（一八九八）九月二十五日は第十七回で、かつ集古会始まって以来の「大会」であった。実はこれより前に、従来、「元禄古物《げんろくこぶつ》」を持ち寄って集会を開いていた一派の十数名が、晴風の尽力によって集古会に入会することになった。そこで、会のますますの隆盛を願って大会を催し、特に元禄時代を中心とした婦女子に関する品々をテーマとして展示公開しようということになったのである。会場は神田区仲町一丁目四番地の「富岡」で、会員の出品数は無慮数百点、あいにくの雨天となったが、うわさを聞いて訪れる人びとは多く、大変盛況であった。そして、これ以降の集古会には毎回課題が設けられることになった。

このあたりの様子を三村竹清は、先の「集古会昔話」のなかで「晴風翁の一党が多勢入会すると、その方が面白いので、所謂石器派から元禄党に転向する人もあり、とう〳〵今の集古会になつてしまつた。（中略）課題を設ける事は、恐らく晴風翁あたりの発案であらう、従来江戸では聯合せ茶番其他料理など題を設けて趣向をこらす慣があつた。これを集古会でも襲つたので、今の百貨店の展覧会の先をなしたと謂つてゐゝ。」と述べている。つまり、最初は人類学会の分科会的であったのが、晴風らの参加によって次第にかつての遊食会のような風雅な趣きへと変わっていったというのである。

聯合せ
聯は連と同義で、仲間の意である。歌舞伎役者の贔屓仲間であったり、狂歌仲間であったりする連中が、ある主題のもとに寄り集まり、互いにそれについてのはなしを競い合った。

茶番
江戸後期に流行した素人の遊芸。口上を述べ、落をつけ、それにちなんだ景品を客に与えた。ほとんどが素人の旦那芸であった。

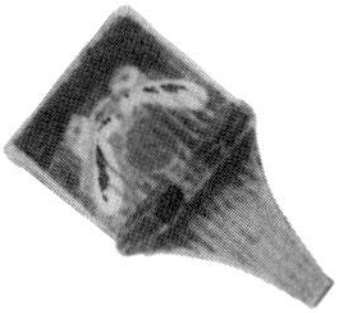

しかし、中途参加者である彼ら元禄党の面々が幅を利かせてもこの会が分裂崩壊しなかったのは、そもそも集古会が「談笑娯楽の間の知識交換」を目的とした「同好者」の集いであったからだろう。好きであることを共通項とした仲間たちの行為は、傍目には容易に理解しがたく、時に滑稽にも、度を過ぎた遊びにも映ったことであろう。また仮に集古会が学術研究を標榜する学会であったなら、晴風らは「同好者＝好事家＝遊び半分」というレッテルを貼られて、追い出されてしまったのではないか。社会的な地位や名誉、貧富を問わず、同好の士の交わりの場でありつづけたのが集古会である。その特長を三村竹清はまた、「私の願ふ所は集古会がどう新陳代謝してもどこ迄も趣味家の会として立ち、学者ぶらぬ事である。学者方の会は自ら世間にあるのだから」という言葉で表現している。

仲間内の結束を強固にするばかりでなく、晴風は集古会の門戸をさらに開放しようと努めてもいたようだ。第十八回の折のこと、従来、非会員の参加者からは臨時会員として二十銭の会費を徴収していたが、それを会員と同じく十五銭にするよう発議している。これは多数の賛成者を得て議決した。所蔵品の多数の出品や論考の発表をはじめ、こうした活躍によって晴風は、集古会に会長・幹事・評議員の役員制度ができると同時に評議員に推され、これを務めている。

明治三十三年（一九〇〇）三月十日の第二十六回の課題は「人形」であった。出品者は二十三名、出品件数は百十八件の多きにのぼったが、この時の一件には二点以上の組物《くみもの》も少なくなく、甚だしいのは五十躯などというのも三件含まれている。無論、晴風の出品数は破格であった。江戸時代の天保十三年（一八四二）と嘉永六年（一八五三）に大坂の医師・岩永鍾奇齋（文楨）が主催した「人形会」は、知己が古今東西の人形を持ち寄って展観するものだったが、その再現ともいえる企画である。当時、晴風ら集古会のメンバーが人形会のことや、その出品目録たる『人形会前記・後記』の存在をすでに知っていたかどうかは分からない。林若樹によって人形会および人形会記が集古会誌に発表されるのは明治四十三年（一九一〇）

明治29年7月15日の集古会集合写真。晴風は後列、左から2人目で当時45歳。武蔵野会『武蔵野』17巻1号（昭和6年6月10日刊）

のことであるから、この時点ではまだ知らなかったのではないか。にもかかわらず、これに匹敵する成果を挙げたことに、単なる偶然ではない「精神の系譜」を感じるのは、彼らの系譜の末葉に列なることを私的な、しかし大きな誇りとする筆者の身贔屓《みびいき》であろうか。

晴風と集古会の関係は最期まで変わらなかった。その最後の出席となったのは大正二年（一九一三）三月八日に開催された第九十二回である。この日の課題は「武士に関するもの」、「寺子屋並に天神様に関するもの」、「神田区赤坂区に関するもの」で、晴風は病中にもかかわらず例によって多くの所蔵品を出品した。

「大供会」発足

明治四十二年（一九〇九）五月、有志が集まって新たに「大供会《おおどもかい》」が組織された。この会は、「どのような人も、楽しい思い出が最も多いのは幼い頃であろう。貴賤にかかわらず、誰一人として無邪気な子どもの時代を経験しない者はない。幼い時の遊戯、唱歌、玩具、その他何でも、幼時に関することを語りあい、研究しようではないか。」という趣旨のもと、第一回の会合が五月七日に西澤仙湖宅で開かれた。参加者は仙湖、久留島武彦、水谷幻花、石倉米豊、久保佐四郎《くぼさしろう》、

大供会会誌『大供　一』

久保佐四郎（一八七二〜一九四四） 人形師。日本橋八丁堀生まれ。胡粉地に彩色を施す嵯峨人形の技法を復活させ、小品を中心に趣味的な人形を多数製作。分業を常とする人形職人界において、すべての工程を一人で手掛ける手法は珍しく、また作品に落款を入れたことから、近代的な作家意識を持った最初の人形師ともいわれる。

磐瀬玉岑、そして晴風の七名であった。その日の議事録に「人形の類別を正し、各地の名称を調査して兼ねて同趣味間に於ける一定の名義を立つる事」とあるのは、当時の人形研究上の課題を示して興味深い。

第二回は同年十一月二十九日に晴風宅で開かれ、参加者は仙湖、久留島、幻花、米豊、晴風、廣瀬辰五郎《ひろせたつごろう》、宮沢朱明《みやざわしゅめい》、林若樹の八名で、当日の談話の内容はのちに『集古会誌』に掲載されている。

この第二回大供会は、今日の人形研究にも関係する意義深い内容であった。まず、第一回会合の折の課題を受けて、それまで様々な呼称があった、ほぼ三頭身の童子の裸身をあらわした胡粉塗りの人形に対して、「御所人形《ごしょにんぎょう》」をその正式（？）な通称として議決した。この人形は従来、御土産《おみやげ》人形、大内《おおうち》人形、いづくら人形、白肉《しらじし》人形などと呼ばれていたのであるが、今日それを「御所人形」と呼んで、誰もが共通の理解を得られるようになったのは、実にこの日の決定に起因しているのである。

また、「衣裳人形《いしょうにんぎょう》」として一括されるものに製作技法の相違があることを指摘し、「加茂川人形（木目込《きめこみ》人形）」や「嵯峨《さが》人形（置上《おきあげ》人形）」について、その創始や名称の発生に関して論議されるなど、今日なお未解決の人形史上の課題に対しても、積極的な取り組みが認められる

三代　廣瀬辰五郎（一八七八～一九四六）
元治元年（一八六四）創業の江戸千代紙、おもちゃ絵の版元「伊勢辰」の三代目。初代の三男で幼名は鐘三郎。別名は菊雄。浮世絵収集家としても知られたが、所蔵品の大半は関東大震災で焼失したという。

宮沢朱明（一八八六～一九一六）
俳人。浅草銀行員。本名・宮沢録一郎。岩本梓石とともに『新撰俳諧辞典』を編集。西澤仙湖のもとで人形研究に励み、仙湖没後、雑誌『東都』などにその成果を執筆したが惜しくも早世した。

のである。そして、その主導的な立場にあったのは西澤仙湖であった。

西澤仙湖は元治元年（一八六四）四月、滋賀で生まれた。本名・米次郎。琵琶廼舎《びわのや》、雛舎《ひなのや》、雛仙《ひなせん》とも号す。浅草銀行支配人を務めるなど、実業界で活躍したのち、書画骨董、とりわけ人形の収集・研究に熱中して、優れたコレクションを形成した。また、煙管の収集でも知られた。集古会には晴風の紹介で明治三十七年（一九〇四）に入会しているから、最も親しい間柄の一人であったのだろう。大正三年（一九一四）四月九日に本所横網の自邸で没している。人形玩具研究家としても名高い日本画家の西澤笛畝《てきほ》はその娘婿である。

明治四十四年（一九一一）十一月、大供会の主催する人形展、第一回「人形逸品《いっぴん》会」が神田の青柳亭で行われた。これは会員が一人一品ずつ、自慢の名品・珍品を持ち寄るというもので、まさしく江戸時代に大坂で催された「人形会」と同趣の企画であった。ちょうど前年、明治四十三年六月発行の『集古会誌』第四十四輯には林若樹によって、人形会のあらましと出品目録が紹介されているので、大供会の面々も当然、この会については知っているばかりでなく、憧れにも似た思いで強く意識していたはずである。

西澤笛畝（一八八九～一九六五）
日本画家。人形玩具収集家。浅草生まれ。本名・昂一。旧姓・石川。清水晴風の没後、『うなゐの友』を引き継いで七編から十編を芸艸堂より刊行。人形と玩具に関する著作多数。

『人形逸品集』第一輯

青柳亭
東京・外神田にあった貸席。

この企画は好評であったとみえ、第二回は大正元年（一九一二）十二月一日、日本橋三越の三階竹の間にて開催され、時代的にも地域的にも広範な人形が約百五十点展示された。一日限りの企画ではあったが、地の利がよく、出品物も優品が揃っていたため、非常に多くの来場者があった。その展覧会に対する西澤仙湖の略評が翌年一月発行の『三越』に載っている。それぞれに当を得た、辛口な批評がなかなか楽しく、図らずも仙湖の優れた鑑識眼が知られる。晴風は若衆立姿《わかしゅうたちすがた》の人形を出品しているが、それは晴風自身が古裂《こぎれ》などを用いて時代物らしく作ったものだった。よほど良く出来ていたのであろう、仙湖の評は「晴風翁得意の作、巧みに廃物を利用して出来かした所は驚くべきものです、近来鵜の真似をする烏供が盛んに変なものを拵へて押廻して居るのは閉口です、晴風翁もいくら結構なりとは云へ、こんな類はあまり沢山拵へない方が宜しからうと存じます。」と、その出来栄えを褒めつつも、ために贋作《がんさく》まがいの品々が巷《ちまた》にはびこることへの警鐘を鳴らしている。

　人形一品会はその後、第三回が大正二年（一九一三）十一月に日本橋倶楽部において、第四回が新築なった三越において三年（一九一四）十月に開催され、大正八年（一九一九）まで八回を重

日本橋三越
五階建ての新店舗は大正三年に完成。晴風が人形を出品した当時（大正元年）の三越は、新店舗建築のため本店裏の三階建ての仮店舗（左写真）であった。「今日は帝劇、明日は三越」という有名な宣伝コピーが盛んにいわれていた時代である。

日本橋倶楽部
明治二十三年に日本橋浜町に創設された親睦社交機関。

ねた。また大正七年（一九一八）には会誌『大供』を創刊するなど、大供会は明治末から大正にかけての人形玩具研究の中枢《ちゅうすう》をなした。

江戸っ子「晴風」

自他共に「おもちゃ博士」と称したことからも、玩具といえば晴風、晴風といえば玩具、という図式が成り立つのは当然である。しかし、晴風の足跡をみることができるのは決して玩具や人形の世界だけに限らない。

晴風の画技《がぎ》が独学であることは前にも記した。ただし、歌川広重（初代）の作品に多くを学んだためか、後に三代目・広重から一門に加わることを請われて承諾、「重晴」の号をもらっている。それゆえ、直接の師弟関係にはないものの系譜上、初代・広重門下として扱われることがある。

三代目・広重は天保十三年（一八四二）、深川の船大工の子として生まれた。本名・後藤寅吉。幼時より絵が好きで、安政二年（一八五五）頃、初代・広重に入門した。はじめ重政《しげまさ》と号していたが、慶応元年（一八六五）に初代・広重の養女・お辰と、婿であった二代目・広重とが離婚したため、後夫として婿入りし、広重を襲名す

初代歌川広重（一七九七～一八五八） 浮世絵師。幕府定火消同心の安藤源右衛門の子として生まれる。幼名は徳太郎。幼少時より絵を好み、十五歳で歌川豊広に入門。役者絵、武者絵、美人画と何でも描いたが、特に風景画に傑作を遺した。代表作に「東海道五拾三次」、「名所江戸百景」がある。

ることとなった。このため、二代目・広重を自称しているが、実際は三代である。明治二十七年（一八九四）三月、五十三歳で没した。

晴風はこの三代目・広重について、「少し困難な絵になると何時も私のところへ知恵を借りに来るつまり活きた粉本に私はされたのです」（『集古』所載「会員談叢 三 清水晴風談」）と自ら語っているし、また「生活の逼迫から、初代の肉筆物や、遺愛品を、故・清水晴風（重晴）の手を経て、大分売却してゐる」（『浮世絵志』第十五号所載「天童藩内の広重肉筆（上）」小島烏水）ともいわれるように、何かと頼りにされていたらしい。さらに、三代目・広重の没後には一時その印を預かり、未亡人の八重子（お辰没後の後妻）と相談して、菊池貴一郎に四代を襲名させるのにも尽力したという。

実際、晴風は浮世絵について一家言を持っていた。晴風自製の浮世絵版画貼込帖《はりこみちょう》『あつまの花』（国立国会図書館蔵）の序文には、浮世絵に寄せる熱意と愛情とがよくあらわれているので、長くなるが全文を翻刻《ほんこく》しておく。

世の事物の進歩には必ず其沿革あり、況して江戸絵に於てはや。元録の昔し墨一編の麁絵に起りしも爾来、丹絵、色合絵、又は紅絵、うるしゑと種々さまざまに工風を重ね、遂に東錦絵と賞さるゝ東都

菊池貴一郎（一八四八〜一九一五）
浮世絵師。幼少時より書画を好み、絵を菊池容斎に学んだとも、二代広重に学んだともいう。養家の菊池家に、売り出す前の初代広重が出入りしていた関係により、明治末から大正初年に四代広重を襲名することになったという。『江戸府内絵本風俗往来』の著者（蘆の葉散人）としても知られる。

唯一の名物品とはなりぬ。
而して内外の人に貴重され声価を益々高めしは故なきにあらず。能其時の状態を写し風俗の如何を後世に伝るの栞となればなり。さればにや、近年殊に外国人優を愛し古きを好み価の高きを不問購求し、皆本国に持返り他人に誇り最も重愛浅からずとぞ。蓋し維日本美術の一端なれば也。

其処で予も外人に一歩譲らぬ思想を憤起し、なけなしの金庫をはたき聊か貯へ蔵せし（こと）ありしも高価売買といふ魔物に心を動かされ無一物とまでに売飛せり。然ども未だ執着の念覚やらず更に集るの念（愈）再発し、却て元に弥増、深みへ惑溺す。嗚呼、好事は貧するの因か。先に手放せし時に批すれば当今その三倍強の高価をあらわし、随て品まで乏しく既に摸造の偽物世に現出せり。

茲に於て予再び思ふ様、仮令図柄悪く汚れ古びるも絵紙の体にかわりなし。外国人のノヲ〱扱結構也。外国人のへケ〱も又幸也。外国人のノヲへケに依ざれば予が平素の目的を達する事を得んや。予は徒に古錦絵を集め好事に誇るものにあらず。其沿革の部類を集め、説明を附記して以て後の参考の一助とせん

而云　清水晴風燈下にしるす

『あつまの花』（国会国立図書館蔵）

晴風は、資料として後世に残すべく、外国人とは違った視点で浮世絵を収集したのである。そこには、高価をものともせず優品の多くを国外へ持ち去ってしまう外国人に対するやるせない思いもあったろうが、ただ指をくわえて見ているのではなく、彼らが興味を持たない、欲しない物に資料的価値を見出すことでささやかな抵抗を示したのは、さすが晴風一流の見識である。

江戸趣味を象徴するアイテムとして、浮世絵とともに欠かせないものに千社札《せんじゃふだ》がある。晴風と千社札との関係については、私はいまだ十分に知らないが、その交友関係から推してもこれに関与しなかったはずがない。そもそも晴風が趣味の世界に生きるきっかけを与えたのが「田蝶」こと竹内善次郎であるし、その友人で、晴風と同じ旅籠町一丁目に住み、年少の晴風を「半坊《はんぼう》」と呼んで可愛がっていたのが「馬具兼」こと三河屋兼吉である。二人はともに幕末から明治にかけての千社札界における代表的な人物であった（滝口正哉著『千社札にみる江戸の社会』による）。

また、明治末から大正期にかけて日本文化を欧米に紹介したアメリカの人類学者、フレデリック・スタールは「お札《ふだ》博士」と呼ばれるほどに千社札に熱中したことで知られるが、彼が明治四十二年

千社札
神社仏閣に貼る、自分の名前入りの参拝記念の札。

晴風と交友があった人びとの千社札

両国高橋藤の千社札

『納札大名集』より（宮城県図書館蔵）

東都いせ万の千社札

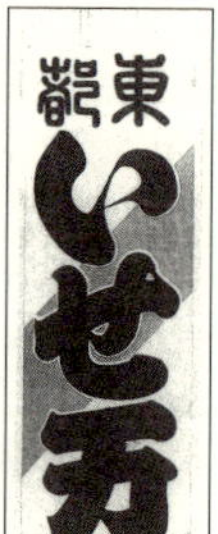

『東都納札睦』より（宮城県図書館蔵）

田てうの千社札

『納札面全』より（宮城県図書館蔵）

（一九〇九）に二度目の来日をした際、その道の指南役《しなんやく》を買って出たのも晴風であったという。スタールは「日本の風俗研究並に東洋思想の研究は玩具博士の許に行くのが最も便宜である」とまで晴風を高く評価した（『神田の伝説』所載「清水晴風翁小伝」による）。

このほか、「千社札展覧会」を企画したともいうし、没後の大正三年（一九一四）十月二十七日から二十九日までの三日間、日本橋三越において開催された「坪井正五郎氏 清水晴風氏 西澤仙湖氏 追悼記念展覧会」（大供会主催）の会場に設けられた晴風の祭壇《さいだん》（左の写真）の背景が千社札の貼《は》り交《ま》ぜであったこと、さらには巣鴨の本妙寺《ほんみょうじ》にある「清水晴風記念碑」に刻まれた交友者のなかに、「いせ万《まん》」こと大西浅次郎や、二代「高橋藤」こと高橋長之助といった千社札界の大物がみられることも、晴風と千社札との浅からぬ縁を物語っていよう。

フレデリック・スタール（一八五八～一九三三）
人類学者。シカゴ大学教授。明治三十七年の来日以後、三十年間に十五回も日本を訪れた親日家。日本の風俗・趣味・習慣をこよなく愛し、特に千社札の研究に努めて「お札博士」の愛称で知られた。論文「日本の玩具と玩具蒐集家」（一九二六）では、晴風、寒月、仙湖、若樹らを紹介。著書に『御札行脚』などがある。十六回目の来日中に病没し、富士山麓に葬られた。

スタールの千社札

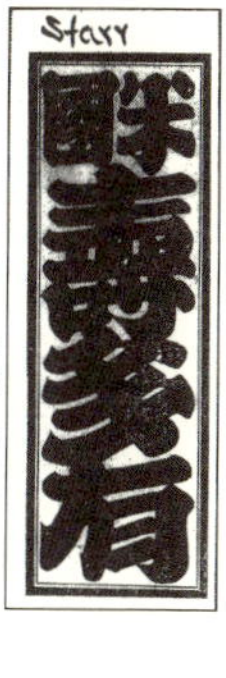

『集古会誌』より

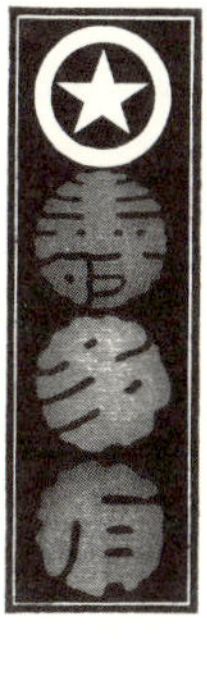

『横浜納札会』より

さてまた、浮世絵とも千社札とも通ずる江戸の情趣にあふれたものに「絵《え》びら」がある。絵びらとは、文字通り「絵入りのびら」であり、視覚に訴える広告的な紙媒体《かみばいたい》であるところから、それは現在のポスターやチラシに近いといえるかもしれない。とりわけ開店や催事などを祝う贈り物に添えて掲示する絵びら（進上《しんじょう》びら）は、単なる目録を超えて、贈り主と相手との親交の程を世間に示す恰好《かっこう》のものであった。なればこそ、絵びらの趣向—絵や文字の巧みさ、優れたデザイン、洒落《しゃれ》をきかせた文言《もんごん》など—に、江戸っ子はたいそう気を遣い、その出来栄えを競ったのである。

晴風はこの絵びらの製作においても名高かった。明治七年（一八七四）の秋、晴風は浅草寿町の宗吾《そうご》神社境内の池畔《ちはん》に住む竹内田蝶を訪ねて絵びら一枚の揮毫《きごう》を依頼した。その時、田蝶は何を思ったか、「以後は私が書く必要はない。自分で書くがよい。」といって、絵筆を二本と、絵具の覚え書を与えた。無論、晴風はそれまで絵びらを書いたことなどなかった。そこで翌日、試みに小さなびらを一枚書いて田蝶に見せたところ、「ものになる。勉強するがよい。」といわれたので、絵具の調合方法を質問すると、「別に決まった方法はない。方法がないから伝授する必要もない。研究を積むに従い

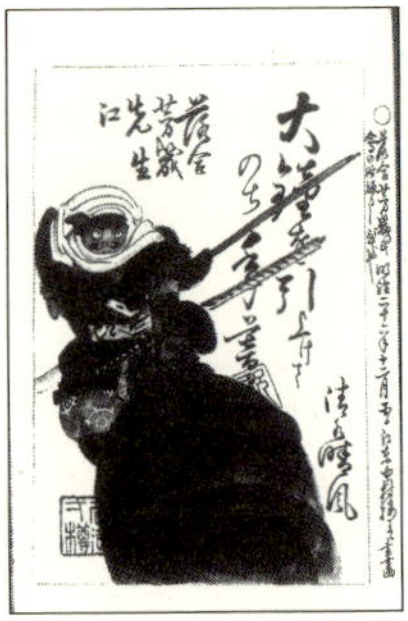

晴風の肉筆本『繪比良圖考』（国立国会図書館蔵）

自得するものであり、教えることはない。」との答が返ってきた。これがきっかけで晴風は絵びらを書くようになったのである。

一枚の絵びらを書くのに一日を費やし、その価格が二十五銭とすると、材料の裂代《きれだい》と絵具代とを差し引いたら、これはまったく商売にならない。しかし、晴風はもとより絵びら書き業者ではなく一種の道楽であるから、一日はおろか時には二、三日を費やしても少しも意に介さなかった。さらに進んで研究すると一作ごとに上達して、晴風に絵びらを依頼する人も多くなり、最初は一枚一日がかりであったのが、日に五、六枚、造作なくできるまでになった。そして、四、五年を過ぎる頃にはそれが毎月相当の収入になったのである。

明治六、七年から三十年頃までの間、東京では絵びらが大層流行し、浅草の梅素亭玄魚《ばいそていげんぎょ》、竹内田蝶の二大名人をはじめ、売れない絵師の転業組や町の提灯屋に至るまで、多くの絵びら書きが活躍していた。しかし、両巨匠の亡き後（玄魚は明治十三年没、田蝶は明治十五年没）は見るべき趣向もこれという意匠もなく、愚《ぐ》にもつかぬ絵びらが氾濫《はんらん》し、またそうしたものを得意然《とくいぜん》と手掛ける「先生」が跋扈《ばっこ》していた。技術的に優れる者はあったが、趣味趣向の点で十分とはいえなかったのである。そこで晴風は何とか再び絵びらを発展

梅素亭玄魚（一八一七〜一八八〇）
本名・宮城喜三郎。別号・整軒、呂成など。日本橋本石町四丁目の大経師の子として生まれ、浅草三次町に住み、筆耕を業とした。書画ともによくし、合巻や錦絵の袋、千社札、双六、絵びら等にその才を発揮したほか、文筆にも秀で、読本の序文や錦絵の詞書などを手掛けた。千社札特有の文字を創始したとされ、自らも「田キサ」の題名で活躍した。

させたいと思ったが、やはり書画人としてはあくまで素人であるため、巧拙はともかく、意匠（デザイン）本位で一機軸を打ち出そうと考え、それを以て世間に「晴風式絵びら」と謳《うた》われるよう努めたのであった。

そうして晴風は絵びら以外の材料―古今の書画など―を応用して独自の作品を作ることを試みた結果、斬新な絵びらを生み出すことに見事成功した。その特長は一枚一枚が変化に富んでいることであった。たとえば、依頼者があって、その贈り先が清元《きよもと》や常磐津《ときわづ》、長唄《ながうた》等のお浚《さら》い会であれば、それぞれの流派に当て込む、特に舞踊などの場合はその出演の役に当て込んだデザインにしたのである。依頼に応じて個別に製作するわけであるから、当然十枚が十枚みな異なり、百枚書けば百枚がみなオリジナルデザインである。そこには決まりきった様式がないので、専業者もそれを真似することが困難であったという。

晴風の絵びらの価格は世間の相場よりずっと安かったが、「びら書きの先生」を気取るのではなく、自らを職工《しょっこう》と心得て取り組んだので、仮に終日びらを書けば三十枚でも五十枚でも出来、高価に設定せずともそれなりの収入になった。もっとも専業ではなく、絵び

清元
浄瑠璃節の一派。清元延寿太夫を祖とし、江戸後期、文化頃に始まった。

常磐津
浄瑠璃節の一派。常磐津文字太夫を祖とし、半ば語り、半ば唄い、江戸の生活に適合して広く庶民に親しまれた。舞踊の地にも適して歌舞伎とも密接に結びついた。

長唄
歌舞伎踊唄・上方唄などを基とし、これに大薩摩やその他の浄瑠璃の節調も加味して、江戸音曲の中心として発達した長編の三味線歌曲。

ら書きを一種の「手習い」と考えていた晴風にとっては、むしろ勉強ついでに副収入が得られる、これほど割が良い仕事はないのであった。

「江戸趣味の権化」とも評される晴風ゆえ、特に趣味に限らずとも生活万般、江戸っ子の心意気に貫かれていたであろうことも想像に難くない。

明治三十六年（一九〇三）二月八日、神田多町《たちょう》の青物《あおもの》市場の創立二十五年を記念した大懇親会が行なわれた。これはもとより同業組合の宴会ではあったが、同年三月に大阪において内国博覧会が開催される予定であったことから、それにちなんで趣向を凝らし、この機に神田っ子の心意気を示そうということになったのである。そして、余興の考案は江澤菜魚《えざわさいぎょ》を主任として、晴風と栗原素骨《くりはらそこつ》（かなめや主人）とが補助を依頼された。三人には神田っ子の威信をかけた一大プロジェクトが委ねられたのである。

事前に新聞発表されたその趣向のいくつかを記すと、まず入場券を汽車の切符を模したものとする。会場である連雀町の金清楼の門前を新橋停車場に擬し、改札口で駅員役の男が入場券を切る。庭の

神田青物市場
江戸時代からの青物市場が、明治初年の社会的混乱を背景に一時衰微したため、その再興を目的として、東京府は明治十年六月に「魚鳥並青物市場及問屋仲買営業例規税則」を布達し、市場の許可制をしき、青物の問屋・仲買に鑑札を与えて同業組合を組織させた。これにより、神田青物市場は組織的な問屋集合市場として発展した。

栗原素骨
本名・金蔵。神田区末広町（のち下谷区東黒門町）の美術小間物店「かなめや」主人。明治後から昭和初期にかけて彫刻家や画家を起用して木彫彩色等による趣味的な人形玩具類を各種考案、発売した。主として日本橋三越に卸していたらしく、三月五月節句品販売の時期には、毎年「変わり物」と称する新案の人形類を発表した。

池の橋を渡って玄関口に至るとそこは大阪停車場のプラットホームである。一階の廊下には東海道線各駅の名産名物を寄せた細工物を陳列し、湯殿には「水力電気場」の額が掛っている。抽選会の景品とする菓子は籠に盛り、銀紙で覆って噴水をあらわす。ある一室は「水族館」として、座敷内にガラス窓を設け、なかに浪《なみ》の幕《まく》を張り、そこへアセチレンガスの光線を応用して魚が泳ぐ有様を演出する。また一室は「美術館」として、芸者衆二十五名が集まっている。何かと思えば、それぞれの胸には「出品人」の芸名と本名とを掲げ、帯には「品物に手を觸るべからず」の札が付いている、といったところである（『読売新聞』明治三十六年二月六日朝刊四面・下参照）。

　何とも入念かつ大掛りな遊びで、当日はさぞかし賑ったことだろう。なかでも「水族館」の企画は晴風と栗原の寄付によるものだった。スタッフの立場にあったとはいえ、彼らもまた神田っ子のひとりとして一肌脱がずにはいられなかったに違いない。気の利いた趣向は遊食会などでお手のもの、みんなの楽しみのためならばと、たとえ余裕はなくとも持ち出しを厭わない江戸っ子晴風の姿が垣間見《かいまみ》える。

　みんなが困っているのを見過ごせない、面倒見の良い性格があら

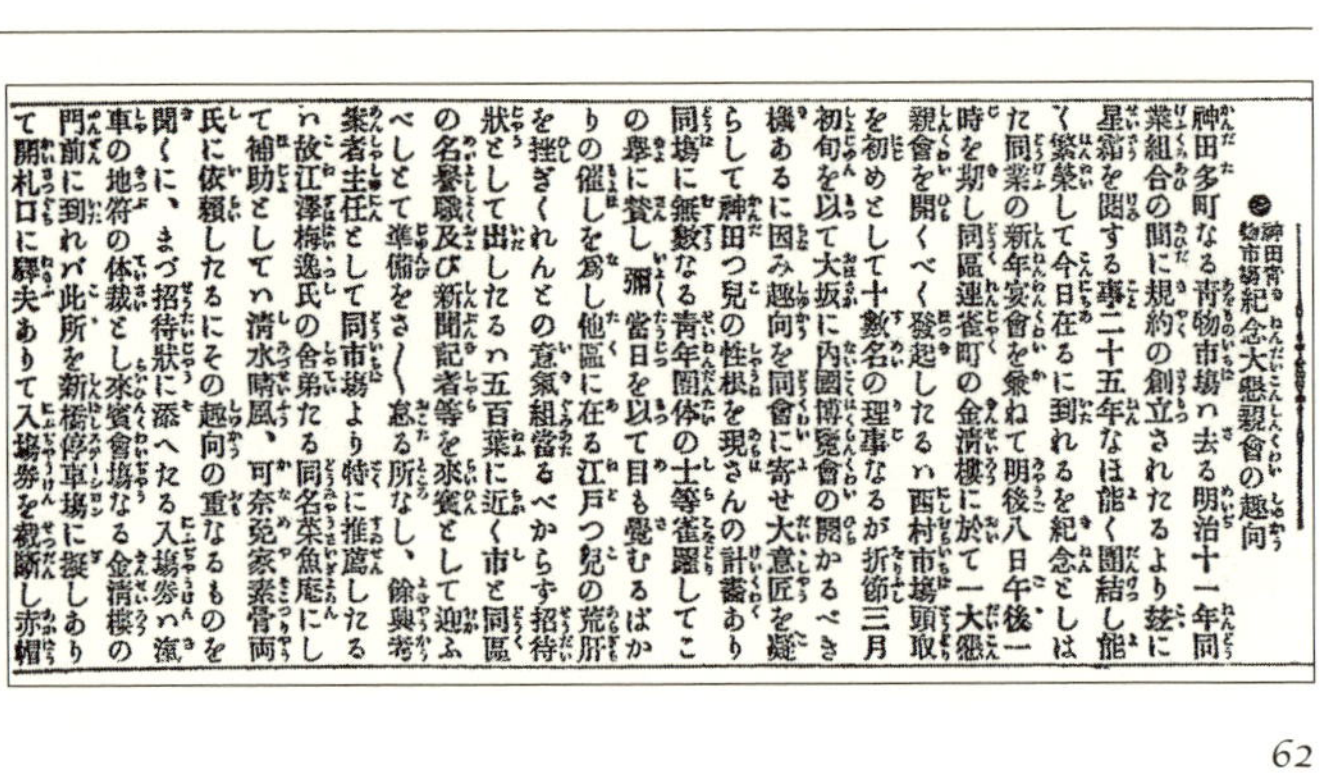
◎神田青物市場紀念大懇親會の趣向

神田多町なる青物市場ハ去る明治十一年同業組合の間に規約の創立されたるより玆に星霜を閲する事二十五年なほ能く團結し能く繁榮して今日在るに到れるを紀念としはた同業の新年宴會を兼ねて明後八日午後一時を期し同區連雀町の金淸樓に於て一大懇親會を開くべく發起したるハ西村市場頭取を初めとして十數名の理事なるが折節三月初旬を以て大坂に内國博覽會の開かるべき機あるに因み趣向を同會に寄せ大意匠を凝らして神田つ兒の性根を現さんの計畫あり同場に無數なる青年團体の士等雀躍してこの擧に賛し彌〻當日を以て目も覺むるばかりの催しを爲し他區に在る江戸つ兒の荒肝を挫ぎくれんとの意氣組當るべからず招待狀とて出したるハ五百葉に近く市と同區の名譽職及び新聞記者等を來賓として迎ふべしとて準備をさ〱怠る所なし、餘興考案者主任として同市場より特に推薦したるハ故江澤梅逸氏の舍弟たる同名桀魚庵にして補助としてハ淸水晴風、可奈晃家素骨両氏に依頼したるにその趣向の重なるものを聞くに、まづ招待狀に添へたる入場券ハ滊車の切符の体裁とし來賓會場なる金淸樓の門前に到れバ此所を新橋停車場に擬しありて開札口に驛夫ありて入場券を裁斷し赤帽

読売新聞／明治三十六年二月六日号

われた逸話をもうひとつ。明治三十七、八年、日露戦争の凱旋祝《がいせんいわ》いを東京市が上野で催した。その時、外神田の地区でも祝意を表したいと、広小路に接待所を設けて講武所の芸者衆がひかえていた。ところが、将軍連《れん》はそこを馬車でスイスイと通り過ぎてしまい、素《そ》っ気《け》ないことおびただしかった。すると晴風は「わしがきっと馬車を止めてみせる。馬車が止まったら、それからはみんなでやってくれ」といって、東郷平八郎《とうごうへいはちろう》の乗った馬車が来るなり、自ら馬に取っ付いて離さなかった。御者《ぎょしゃ》が弱って鞭《むち》でひっ叩いたが、そんなことに驚く晴風ではなかった。そのうちに芸者衆が押し寄せ、とうとう東郷を馬車から降ろして、献杯《けんぱい》したという。若き日に大力を誇った晴風らしい逸話である。

　こうした人柄と達者な筆を見込まれてか、晴風は絵びら以外にもいろいろな書き物を頼まれることが多かった。その依頼のひとつに「選挙事務所の看板」がある。ご町内の神田区議会をはじめ、東京市議会、府議会、果ては衆議院に至るまで、議員と名の付く選挙にはいつも応援者から「○○君選挙事務所」という看板の揮毫を頼まれたのである。それには訳があって、実は晴風が看板を書いた候補者が皆きまって当選するので、縁起を担ぐ応援者らが我も我もと続

日露戦争凱旋祝の門（東京・京橋）。各地域で、このような門が建てられ、凱旋を祝った。

東郷平八郎（一八四七〜一九三四） 軍人。海軍大将・元帥。鹿児島県生まれ。明治三十七年、日露戦争に連合艦隊司令長官として、日本海海戦でバルチック艦隊を全滅させる軍功をたてた。

いたのであった。晴風自身も選挙には少なからず関心があったようで、選挙権を得るために、車屋を廃業してからも家の腰障子《こしびょうし》に大きく「車」と書いたままにし、税金を納めていたという。それにしても晴風が看板を書くと必ず当選するとは不思議なもので、三村竹清が「何かおまじないがありますか」と訊いたところ、晴風は「イヤ、当選しそうもない奴のは書かないからさ」と答えたのであった。

晴風の家庭

晴風は明治十一年（一八七八）三月十日、飛騨高山出身のタツと結婚した。時に晴風二十七歳、同年十月には刎頸《ふんけい》の友、竹内久一との交遊も始まるから、この年はまさしく晴風の一生を決定付けることとなった。やがて晴風は三男五女をもうけた。このうち、長女のすず、次女のすみ、三女のたえは早世している。長男の金次郎は明治十五年（一八八二）五月十七日に生まれ、のちに謹次郎と名を改め、さらに十二代目・清水仁兵衛として晴風の家業の車屋跡を継いだ。昭和二十九年（一九五四）一月二十日に没している。次男の清は明治二十二年（一八八九）七月二十八日に生まれ、のちに時計店を営んだらしい。三男の憲三は明治二十六年（一八九三）二月十一

日に生まれ、二十九年六月に親戚の廣瀬家の養子となった。四女の千代は明治十八年（一八八五）八月十八日生まれ、五女のけいは明治二十八年（一八九五）三月十七日生まれである。けいは井出家に嫁ぎ、その二男六女（四女が九頁で紹介したK夫人である）が健在であるが、いずれも祖父・晴風没後の誕生であり、彼らから「おじいちゃんの思い出」を聞くことはできない。

江戸生まれ江戸育ちの晴風が、何ゆえ飛騨高山生まれのタツと出会ったかは詳《つまび》らかでなく、ただ渡辺安五郎なる人の媒酌《ばいしゃく》であったという。明治四十二年（一九〇九）三月に夫婦で三十一日間におよぶ京阪漫遊の旅に出掛けた際、夫人の初めての里帰りということで、帰路、高山の細田甚六という人のところへ滞在し、そこから三重の津にいた集古会仲間の三村竹清へ小包を送ったというから、その細田氏が夫人の実家だったのかもしれない。晴風はその趣味収集のためもあって、当時としては頻繁に各地へ出掛けたほうだと思うが、その都度、夫人を伴った様子はないから、この京阪漫遊は結婚後最初にして最後の夫婦旅行ともなったようだ。

晴風は明治二十五年（一八九二）の二月と十月に両親を相次いで亡くしている。慶応元年（一八六五）に十五歳で家督《かとく》を継いでからの二十余年間、どのような思いで両親を養っていたのか、また、晴風の道楽を両親がどのように感じていたのか、最早ともに知るすべもない。しかし、子としては父祖の業を継承し、二人の男児をはじめとする孫の顔を見せることができたのだから、まずまずの親孝行というべきであろう。

夫として、父としての晴風像もまた伝わるところ少なく、明らかではないが、いつの世も、いかなる分野にせよ、収集趣味に家族の理解は必要不可欠である。常に趣味が中心の生活といっても過言でない晴風の活動に対して、同じ屋根の下で暮らす妻や子が無関心でいられるはずがない。家もあまり広くはなく、決して裕福ではなかったという晴風が好きな趣味に没頭できたのは、記録に残らぬ家族の支援があったればこそではないか。ただしその意味で、最大の理解者であった彼らはまた、最大の被害者でもあったに違いないのである。

客人を通す座敷にさえ、玩具や何かの箱が山のように積んであったというから、日常を過ごす茶の間などは推して知るべし、大きなおもちゃ箱の中で生活するような状況であったかもしれない。しかしながら、ちいさな孫でさえも、その「おじいちゃんの大切なおも

戦前の飯坂温泉

ちゃ」と自分のおもちゃとを区別して、晴風の愛蔵品には手を触れなかったというのである。何気ないひとこまではあるが、このエピソードだけでも家族の深い理解と愛情とが感じられはしまいか。もっとも、妻や子にとってのそれは「あきらめ」に近いものであったろうけれど……。

晴風の最期

大正元年（一九一二）九月、晴風は福島県の飯坂《いいざか》温泉に二十五日間逗留《とうりゅう》した。明治四十三年頃より食道癌《がん》を患《わずら》っていたようだが、この時はラジウム療法を受け、吹出物《ふきでもの》ができたのを療治するためであった。さらに栃木県の塩原《しおばら》温泉に移り、十五日間の湯治《とうじ》によってほぼ全快に近づいたので、十月二十四日に帰宅した。この湯治行の費用は、所蔵品五十点を川喜田半泥子《かわきたはんでいし》に譲渡して工面《くめん》したものである。そのなかには、淡島椿岳《あわしまちんがく》筆の涅槃図《ねはんず》へ晴風の知友五十名が玩具動物を描き添えた稀有《けう》な掛軸も含まれていた。これは当初、晴風が子々孫々に伝え遺すつもりであったが、半泥子の厚意に応えるため、特に加えたのである。

大正二年（一九一三）一月十一日の集古会第九十一回は、課題が

飯坂温泉
福島県福島市の温泉。奥州三名湯のひとつとされる。含芒硝重炭酸土類泉。

ラジウム療法
ラジウム放射線の組織破壊性を応用した治療法。

塩原温泉
栃木県北部の温泉。箒川の渓谷に沿い、十一の温泉がある。単純泉・弱塩類泉。

川喜田半泥子（一八七八～一九六三）
実業家。陶芸家。大阪に生まれ、幼くして父の実家である三重県津市の素封家・川喜田家の家督を相続し、十六代久太夫を襲名。長じてのち政財界で活躍、また風雅を好み、特に陶芸に秀でてその名を知られた。

淡島椿岳（一八二三～一八八九）
画家。風流人。川越在の農家・内田家の三男として生まれる。幼名・内田米三郎。長じてのち馬喰町の軽焼煎餅店・淡島屋の養子となり、また水戸支藩の小林家の株を買って小林城三とも名乗った。『梵雲庵雑話』の著作や西鶴再評価のきっかけをつくったことで知られる淡島寒月の父である。

羽子板《はごいた》と鞠《まり》で、晴風は自筆の「諸国産羽子板写生帖　二冊」を出品した。二月四日、両国の回向院《えこういん》で行なわれた「富札供養《とみふだくよう》」に参加した。これは富くじの札および関連資料の展観と落籤者《らくせんしゃ》の亡霊を慰めるための催しであった。同月、病躯《びょうく》を押して「江戸っ子会」に出席して卒倒《そっとう》、以降は療養の日々が続いたという。しかし、三月八日の集古会第九十二回には例によって多くの所蔵品を出品し、四月には前々から準備を進めていた『うなゐの友』六編が出版された。その序文に記す如く、着手してから、はからずも大病に見舞われたので、もはやこれまでかとも思ったが、どうにか命を取り留め、出版することができたのであった。なお、この上は十編を完結するまでの余命をと願っているが、それは叶わぬこととなった。

かねて主治医の柿本庄六の診察を受けていたが、病勢は次第につのっていった。六月に入ると流動食も少ししか摂《と》れぬようになり、十六日、親友の竹内久一が見舞に訪れたので、親戚一同をも枕もとに呼び、「今日は涙を落してはならぬ」といって、遺言を息子に筆記させた。そのひとつは「玩具その他の遺物はすべて生前の知友に分配してもらいたい、そうすれば石碑の一つ位は出来るであろう」ということであった。

富札
富くじともいい、主に寺社の資金調達にために行われた、今の宝くじのようなもの。

江戸っ子会
明治三十九年発足。東京出身者のみで組織し、江戸情緒を味わう主旨の会。大正二年二月、晴風は病を押して出席した。

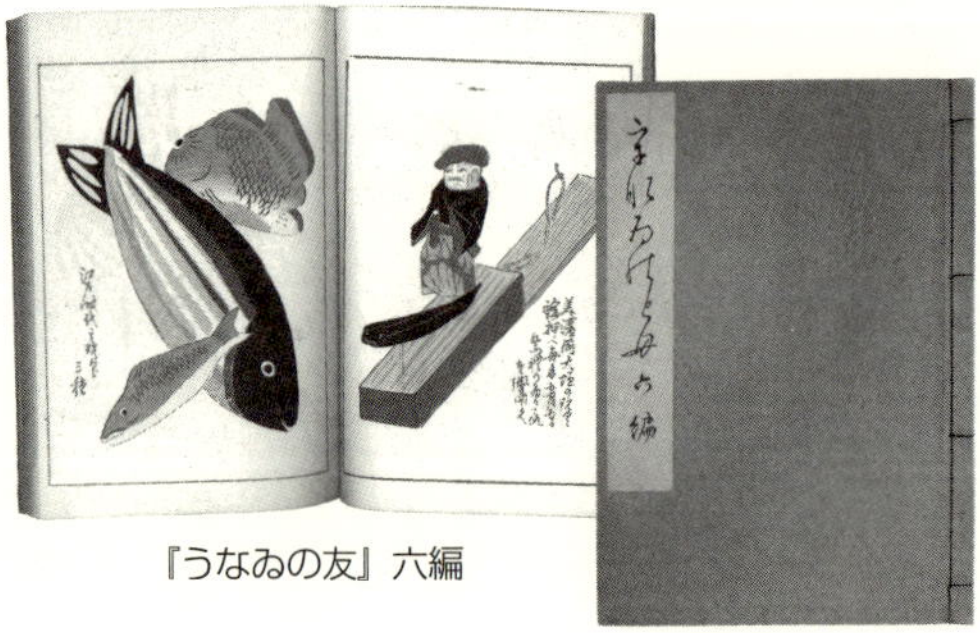
『うなゐの友』六編

その一月後の七月十六日午前零時二十分、神田区旅籠町一ノ七の自宅でついに不帰《ふき》の客となった。享年六十三。辞世《じせい》の句は「今の世の玩具《おもちゃ》博士の晴風も死ねば子供に帰る故郷《ふるさと》」である。末期《まつご》に臨んで、「自分の死後、追善《ついぜん》をするな」と遺言した。それは、「善事は生きている間になすべきものであって、自分は及ばずながら全力を注いで善事に励んだ。追善とは、生前に善事をなし得なかった人のために、後に残った家族や友人らがその代わりに善事を行なうものであるから、自分には不要である。」という意味であった。

晴風が住んでいた当時の旅籠町の地図。

現在の風景

晴風の住んでいた万世橋付近の戦前の風景。

通夜は七月十九日に、葬儀は二十日に執り行なわれた。清水家の菩提寺《ぼだいじ》は巣鴨の本妙寺《ほんみょうじ》（法華宗）であったが、竹内久一が葬儀委員長格を務めて、それは凝ったものだったという。親交のあった田中智学《たなかちがく》の立正安国会《りっしょうあんこくかい》の流儀に則《のっと》りながらも、僧侶はなく、鎌倉時代の装束に侍烏帽子《さむらいえぼし》を着けた人が五、六人で葬儀を行なった。神田明神の神職である平田盛胤の弔辞《ちょうじ》は良く出来ていて、ほとんど晴風の生涯を述べ尽していた。また、集古会を代表して林若樹も弔辞を述べた。彼は狂言を嗜《たしな》んでいて口の開閉が正しいから、弔辞を読んでもはっきり聞き取れるということで選ばれたのだが、実際は三村清三郎（竹清）が用意した弔辞が漢文式であったために名調子とはいかなかったらしい。

晴風の墓石には力持ちを誇った若き日に持ち上げた「さし石」を用い、正面に「泰雅院晴風日皓善男子」と法号が彫られている。

香典返しは米沢町の風月堂で誂《あつら》えた饅頭で、山東京伝の『骨董集』にある金龍山米饅頭《きんりゅうざんよねまんじゅう》の商牌をそのまま模し、「金龍山」の文字の上に朱で「明神下」と刷り、ふもとや仁兵衛の「ふもとや」の上に「しみづ」と刷って、四隅を紺の土佐紙で貼った箱に入れて配った。民俗学者の山中共古《やまなかきょうこ》（本名・笑）はこの饅頭の箱を保存し、硯箱《すずりばこ》として使用していたという。

その後、晴風の遺品は親友の竹内久一、西澤仙湖、林若樹、山中共

田中智学（一八六一～一九三九）
江戸の町医師で法華信者の多田玄龍の三男に生まれ、幼くして両親を亡くし、一之江の日蓮宗妙覚寺で得度した。明治十二年還俗し、十七年、立正安国会を創立して宗教の革新を唱えた。独自の日蓮宗学体系『本化妙宗式目』を完成し、天皇崇拝と排外民族主義を基調とする「純正日蓮主義」を広め、日本国体学の体系化を進めた。

立正安国会
明治十七年に田中智学によって創始された、純正日蓮主義を信奉する在家仏教の教団。晴風はこの会員で、親友・竹内久一も晴風のすすめで入信した。大正三年十一月に全国の組織を統合して、その名を「国柱会」と改めた。

金龍山米饅頭
江戸時代、浅草金龍山の麓の茶屋で売られる米饅頭（米粉を用いた饅頭）は名物とされていた。一説には慶安の頃、鶴屋という店があり、そこの娘「およね」が饅頭を製して売り出したところ好評を博したのが発祥ともいわれる。

古、三村竹清、栗原素骨が相談の上、生前の知友に適当に分配した。そして彼らが幹事となり、大正四年（一九一五）、晴風の三回忌を期して記念碑（石碑）が建てられることになった。その意匠についての一切は遺言に従って竹内久一が担当した。

碑の中央には、明治四十年（一九〇七）に晴風が林若樹のために描いた「玩具涅槃図」を引き伸ばして彫り、図の上のほうに位置する色紙形には晴風自作の句「涅槃会《ねはんえ》や御伽這子《おとぎぼうこ》は蘇生《そせい》の日」を自筆の通りに彫った。玩具涅槃図は、釈迦が沙羅双樹《さらそうじゅ》の下で入滅《にゅうめつ》する時、頭北・面西・右脇下にして臥し、周囲で弟子や菩薩、天龍、鬼畜らが慟哭《どうこく》するさまを描いた涅槃図のパロディで、寝釈迦の周りには多くの玩具が描かれている。

また、最上部には三村竹清が「慶長千字文」から採った字体で「清水晴風記念碑」の題字を彫った。これは晴風が慶長以後の事に最も精通していたためである。さらに周囲には記念碑を建てるにあたって寄附金に応じた友人たちの名を各々の自筆のままに彫った。竹清によれば、事前に小さな紙を渡して署名してもらい、到着順に配置していったらしい。碑面から確認できる九十四人の名は、右上から順に以下の通りである（人物の詳細については、巻末参照）。

本妙寺
法華宗陣門流の東京別院。徳栄山總持院 本妙寺。元亀二年（一五七二）に遠州曳馬（現在の浜松市）に創建された。徳川家康の関東入国と共に江戸に移され、数度の移転の後、明治四十三年に現在の巣鴨へ定まった。

慶長千字文
慶長年間に刊行された書の手本。篆隷行草の字体で構成されている。

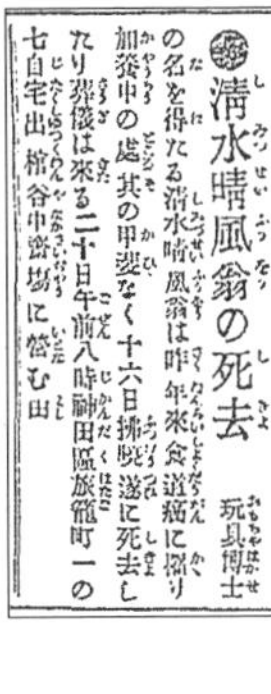

清水晴風翁の死去　玩具博士

の名を得たる清水晴風翁は昨年來食道癌に罹り加療中の處其の甲斐なく十六日拂曉遂に死去したり葬儀は來る二十日午前八時神田區旅籠町一の七自宅出棺谷中斎場に營む由

晴風の死去を報ずる記事。
（朝日新聞／大正二年七月十八日）

イセツ 川喜田久太夫、中村明石、奈良嘉十郎、白念坊如電、
山中 笑、矢嶋隆教、江澤由三郎、中澤澄男、高橋健自、
生田可久、柿本庄六、角田眞平、京ト 山口福太郎、貫井
銀次郎、久保田米僊、一松斎素朝、菊池廣重、赤松範一、

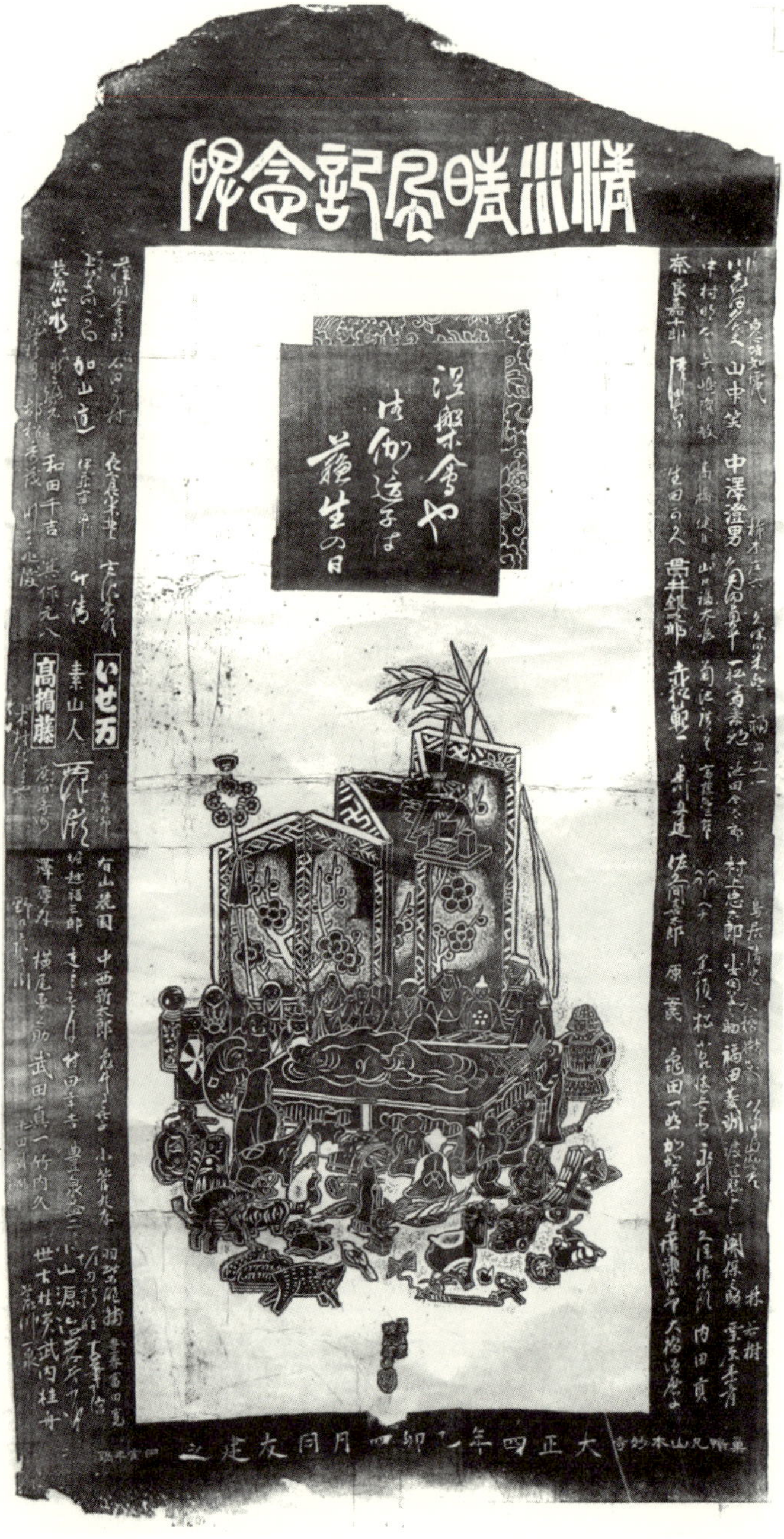

建碑当時に取ったと思われる記念碑の拓本。晴風の遺族に伝わるもの。この拓本には、八十九人の名が確認できる。

福田又一、池田金太郎、斎藤冨三郎、黒川真道、中村 薫、村上忠太郎、へのへのノへチ、佐久間喜太郎、鳥居清忠、安田善之助、黒須三松、原 安民、大橋微笑、福田菱洲、小泉徳兵衛、亀田一恕、久留島武彦、渡邊勝三郎、永井素岳、加賀豊三郎、関 保之助、久保佐四郎、廣瀬辰五郎、林 若樹、栗原素骨、内田 貢、大橋須磨子、藤間金太郎、マツサカ長谷川可同、長原止水、大サカ 水野桂男、大坂 石田可村、加山 道、大坂 水落露石、邨松秀茂、石倉米豊、伊藤富三郎、和田千吉、川辺旭陵、宮沢朱明、竹清、箕作元八、松原米山、いせ万、素山人、髙橋藤、大坂 木村だるまや、石井泰次郎、西澤仙湖、ナコヤ 廣田華洲、竹内麟也、有山麓園、堀越福三郎、澤 塵外、野口彦兵衛、中西新太郎、梵雲寒月、横尾勇之助、佐崎霞村、亀井万喜子、村田幸吉、武田真一、平田盛胤、小菅丸孝、豊泉益三、竹内久一、谷口喜作、羽柴雄輔、堀内鶴雄、京ト 小山源治、マツサカ 世古桂濱、荒川一泉、豊春 富田寛、古筆了信、巌谷小波、武内桂舟

しかし、ここにみられる名も晴風の交友のほんの一部に過ぎず、別の方面の知己がまだまだ沢山あったという。

清水晴風記念碑
現在は九十四人の名が刻まれている。追加された人物については巻末参照。

下部には「巣鴨丸山本妙寺　大正四年乙卯四月同友建之　田鶴年鐫」とあり、この石碑の彫刻が当時第一人者として知られた田鶴年《でんかくねん》の手になったことが分かる。碑面には大正四年四月とあるが、実際の建立（除幕式）は大正六年（一九一七）四月十六日であった。そもそも大正四年七月の三回忌を前にした企画であるからその年の四月に建つべきところ、当時はどういうわけか、菩提寺の境内に石碑を建てるのにも役所の許可が必要で、それがなかなか認められなかったのだという。石碑は早くに出来上がっていたものの東京府との煩雑な手続きに手間取り、結局、二年後には建立されたが、それも当初の予定ではない場所になってしまったらしい。現在は本妙寺の本堂に向かって左手前に建っている。石碑の後ろには安田善次郎（二代）が八重桜の若木を寄附して植えたが、それはやがて枯れてしまい、現在では大きな珊《さん》瑚樹《ごじゅ》が碑の建つ台石を抱え込むように繁茂している。

こうして、晴風が生前望んだ通り、石碑は仲間たちによって建てられた。まもなく百年を迎えるそれは、風雨にさらされて傷みも目立つ。特に、建立の年月を記した最下部は表面の剥落が激しく、すでに一部が判読できない状態である。これを晴風とその仲間たちはどのような思いで草葉の陰から眺めているだろうか。

田鶴年（生没不明）
本所表町の石工。墓碑石材建築工事を請負。明治から大正期の著名な石碑を手がけた。明治の三大石工の一人といわれ、全国各地に田鶴年の彫った碑が残っている。

写真は九段坂公園にある大山巌像の碑文。書・高田忠周、田鶴年・刻とある。

安田善次郎（二代、一八七九～一九三六）
安田財閥を築いた実業家、安田善次郎の長男として生まれる。幼名・善之助。松廼舎、椎園と号す。大正十年に家督を相続して襲名。古典籍の収集家として知られ、書誌学に造詣深く、所蔵の稀覯本の覆刻などにも尽力した。

清水晴風の足跡

近松 義昭

ものに執着しなかったといわれる清水晴風には、遺されたものがすくない。しかし、調べてみると、「記録」は多く残されていて、これを手掛かりに晴風の足跡をたどることとした。

「晴風旧蔵の玩具絵、人形玩具」

清水晴風収集品は没後どうなったか――

三村清三郎（竹清）が記した『三村竹清日記』大正元年十二月四日の項に、晴風が飯坂への療養費用捻出のため、所蔵品五十点を知友に譲ったと記されています。

そして、大正二年（一九一三）、晴風は残った蒐集品を知友に分かつよう遺言し、同年七月に亡くなりました。大正四年に造られた「清水晴風記念碑」には、蒐集品が配布された八十九名の名が印され、大正六年四月に除幕式が執り行われました。八十九名にどのような品が渡ったのか、記念碑に印されなかった知友には渡されなかったのかは詳細不明です。

さらに、大正五年九月十日に「晴風遺物入札会」が催されました。当日の参会者は、片岡平爺、廣瀬辰五郎、野口彦兵衛、澤塵外、林若樹、三村清三郎、野中完一、他数名の道具屋でした。ここでも、晴風の遺品が配布されました。

「晴風肉筆本」の行方――

晴風肉筆本は現在、国立国会図書館が五冊所蔵しています。『人形百種』を、晴風の生前中の明治三十七年、古書店を営む奥村繁次郎より求めています。晴風没後では、大正七年に『繪比良圖考』と『東京名物百人一首』を古書店・浅倉屋吉田久兵衛より求めています。この二冊は、大正五年に芝区明舟町の茶器骨董商・村忠（集古会会員・村上忠太郎）が晴風の遺族より預かり、翌年、文行堂から浅倉屋が求めたものとの記録が『三村竹清日記』にあります。『雛の圖』は、一旦、林若樹に渡った後、大正七年に求めています。『あつまの花』は、晴風が蒐集した元禄から明治期にかけての錦絵の貼込帖です。中には晴風の模写絵も三枚貼られています。これも大正七年の購入であり、国会図書館の購入時期は大正七年に集中しています。

※国立国会図書館蔵の『世渡風俗図会』は、東京都立中央図書館蔵の『晴風翁物売物貰尽』と共に、『街の姿』というタイトルで昭和五十八年に出版された。

愛知県西尾市の岩瀬文庫（実業家・岩瀬弥助が明治四十一年に創設した私立図書館）では、『羽子板の圖』を大正八年（一九一九）に求めました。晴風直筆の明治三十四年夏の奥付があり、晴風の著作時期が確定できます。晴風は大正二年一月の集古会九十一回に『諸國産羽子板写生帖』二冊を出品しており、その内の一冊かもしれません。『三村竹清日記』には、大正五年、林若樹より浅倉屋吉田久兵衛に渡ったと記録されています。

肉筆本の『今昔人形』は大正四年に、『玩具の圖』は大正五年に求めています。共に晴風の落款がないこともあり、晴風肉筆本からの模写と思われます。『玩具の圖』は興味深い内容ですが、原本の所在は不明で、「清水晴風手遊の写生」と記されて、写本と思われます。

この他、岩瀬文庫には、晴風製作による羽子板のミニチュア五十点が所蔵されています。明治四十四年（一九一一）の集古会に、晴風が六十五枚の羽子板を出品したという記録があり、その一部かも知れません。羽子板にある晴風の落款から彼自身の製作と分かります。

晴風の写し貯めた玩具絵本五十冊は、死後、希望者に引き渡す約束となっていました。晴風没年の大正二年十二月五日、竹内久一立ち会いのもと、晴風嗣子、謹次郎より林若樹に渡ったと『若樹文庫収得目録』に書かれています。三村清三郎の記事（『集古』昭和十七年刊）では、その後「安田椎園に譲られたと思う」と記されていますが、安田椎園蔵書は関東大震災、戦災にあい消失していますので、どうなったかは不明です。

全国郷土玩具友の会会報『おもちゃ』五十二号に掲載の稲垣武雄の文章には、「西澤笛畝氏は、晴風の玩具絵本を四冊所蔵」と記されています。この行方も不明です。

「林若樹所蔵品」の行方

林若樹は昭和十三年（一九三八）七月十二日に亡くなりました。同年九月二十三日に、彼の所蔵した書籍は『若樹文庫入札畧目録』に、玩具は『林若樹遺愛品略目録』に掲載され、所蔵品が売却されました。書籍目録には、晴風旧蔵の『江戸名物部類』が見えます。原本は行方不明ですが、昭和三十四年に江戸町名俚俗研究会より、三村清三郎による大正六年の写本が、同じ書名で刊行されました。『遺愛品目録』には、晴風の所蔵品であった、壬生面、犬張子、諸國羽子板、諸國左義長、晴風作雛人形百種、玩具珍奇品数百点、郷土玩具数百点が掲載されました。晴風作・雛人形百種は、東京浅草橋の吉徳に渡り、現在に至っています（カラー頁参照）。晴風所蔵の玩具珍奇数百点、郷土玩具数百点の全てかどちらかは、大正十二年からの集古会会員であり、東京有楽町にあった趣味の店「吾八」のオーナー・山内金三郎が入手しました。その後、吾八を通して蒐集家に渡ることとなります。

吾八発行の機関誌『これくしょん』による「晴風蒐集品」の行方

吾八発行の機関誌『これくしょん』には、晴風の蒐集品の一部が写真で紹介されていますが、しかし、そこからの所蔵先がほとんど判明していません。

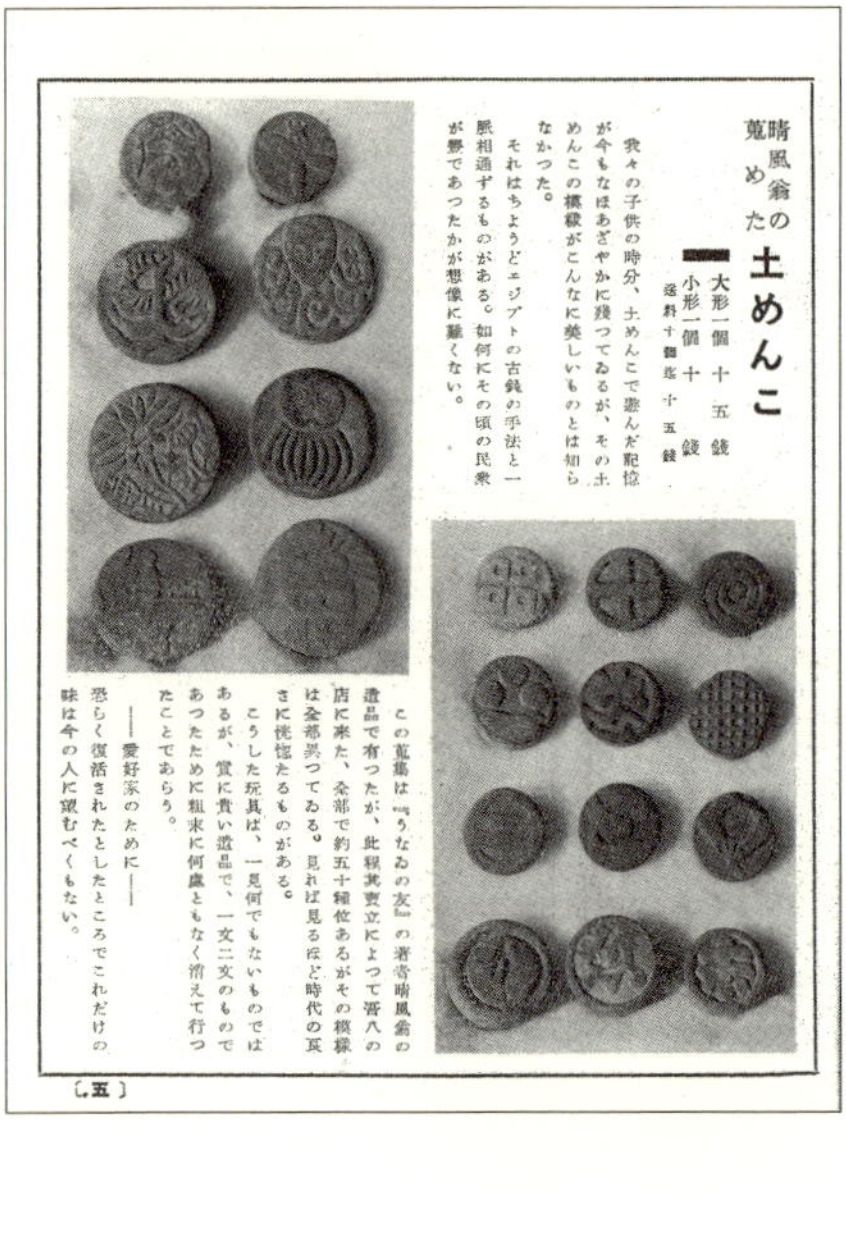
晴風翁の蒐めた
土めんこ
大形一個　十五錢
小形一個　十　錢
送料十個迄十五錢

我々の子供の時分、土めんこで遊んだ記憶が今もなほあざやかに殘つてゐるが、その土めんこの模様がこんなに美しいものとは知らなかつた。

それはちようどエジプトの古錢の手法と一脈相通ずるものがある。如何にその頃の民衆が夢であつたかが想像に難くない。


この蒐集は『うなゐの友』の著者晴風翁の遺品で有つたが、此程其賣立によつて吾八の店に來た、全部で約五十種位あるがその模様は全部異つてゐる。見れば見る程ど時代の古さに恍惚たるものがある。

こうした玩具は、一見何でもないものではあるが、實に貴い遺品で、一文二文のものであつたために粗末に何處ともなく消えて行つたことであらう。

——愛好家のために——

恐らく復活されたとしたところでこれだけの味は今の人に望むべくもない。
〔五〕

二十一号（昭和十三年十二月刊）では、晴風筆・玩具十二ヶ月の絵短冊を写真で紹介しました。これは現在、吉徳で所蔵しています（カラー頁参照）。他に晴風の蒐集した土めんこ五十種の内二十種が写真で記録されています。

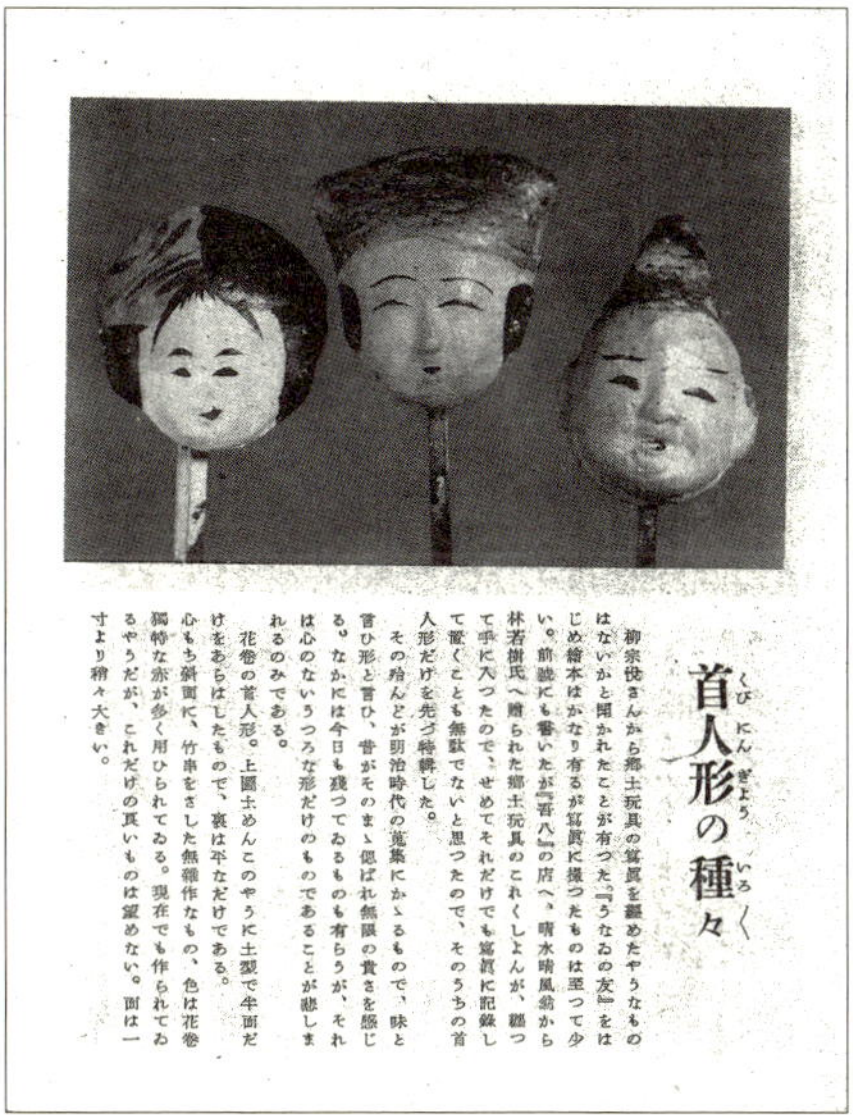

首《くび》人《にん》形《ぎよう》の種々《いろ〱》

柳宗悦さんから郷土玩具の寫眞を纒めたやうなものはないかと聞かれたことが有つた。『うなゐの友』をはじめ繪本はかなり有るが寫眞に撮つたものは至つて少い。前號にも書いたが『吾八』の店へ、清水晴風翁から林若樹氏へ贈られた郷土玩具のこれくしよんが、纒つて手に入つたので、せめてそれだけでも寫眞に記錄して置くことも無駄でないと思つたので、そのうちの首人形だけを先づ特輯した。

その殆んどが明治時代の蒐集にかゝるもので、味と言ひ形と言ひ、昔がそのまゝ偲ばれ無限の貴さを感じる。なかには今日も殘つてゐるものも有らうが、それは心のないうつろな形だけのものであることが悲しまれるのみである。

花巻の首人形。上圖土めんこのやうに土製で半面だけをあらはしたもので、裏は平なだけである。心もち斜面に、竹串をさした無雑作なもの、色は花巻獨特な赤が多く用ひられてゐる。現在でも作られてゐるやうだが、これだけの良いものは望めない。面は一寸より稍々大きい。

二十二号（昭和十四年一月刊）では、晴風旧蔵の首人形四十八点を写真で紹介し、盛岡の首人形三点の項では、故・長原止水氏蔵と首人形の由来が、晴風の筆により裏面に書かれていると紹介しています。ほかに晴風模作・太秦牛祭面の四枚が写真入りで入札案内として紹介されました。その内の一枚には、裏に面の由来と晴風の落款があると記載されています。

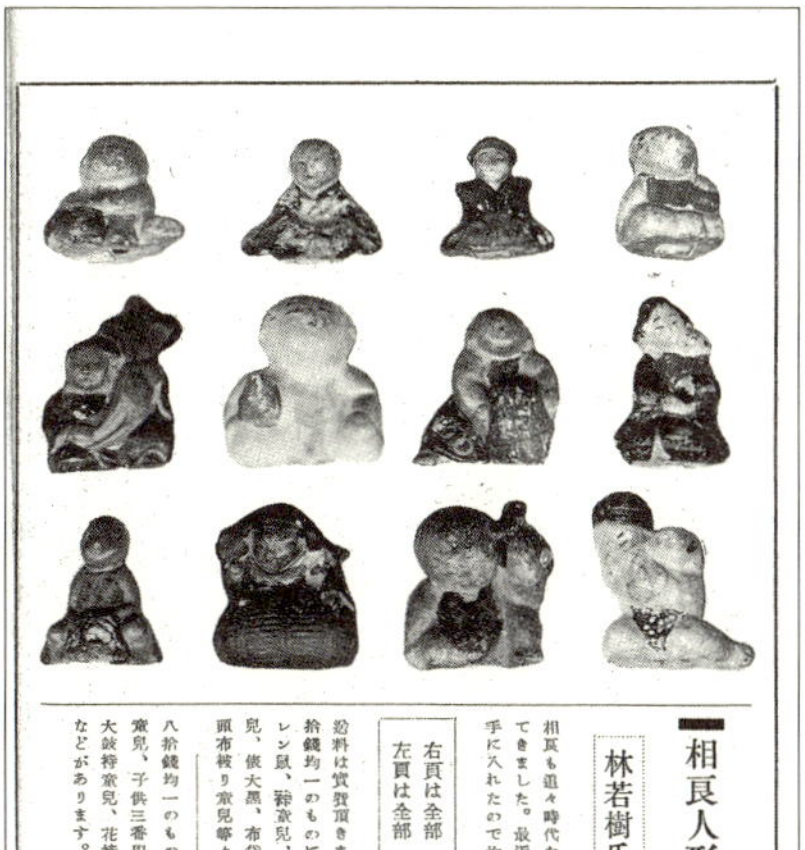

相良人形均一割愛

林若樹氏の舊藏品

相良も追々時代な良いものが無くなつてきました。最近『吾八』で百點餘り手に入れたので均一で提供します。

右頁は全部　六拾錢均一
左頁は全部　八拾錢均一

送料は實費頂きます。寫眞の他にも六拾錢均一のものに獅子頭持童兒、バテレン鼠、鞨童兒、俵乗童兒、まり抱童兒、俵大黒、布袋、裸童兒、童兒抱女頭布被り童兒等々!!

八拾錢均一のものに、熊乗金時、鯛抱童兒、子供三番叟、子供大黒、立大黒大鼓持童兒、花持童兒、小槌乗り童兒などがあります。

〔二〕

二十四号（昭和十四年四月刊）では、林若樹旧蔵品として、晴風遺品の相良人形百点の即売案内を掲載。二十四点を写真で紹介し、金額は六十銭、八十銭の二種類の均一価格での販売でした。

三十三号（昭和十五年一月）では、『うなゐの友』に掲載された羽子板十一枚を、写真や木版画で掲載。所蔵者は大阪の水落氏と紹介しています。これらは後に山内金三郎に渡り、戦後版『これくしょん』三十四号（昭和四十三年五月刊）に、吾八の即売品として二十四枚の写真となって紹介されました。その羽子板の一枚・「山形の虫除用羽子板」を玩具蒐集家が入手、現在でも見ることのできる一点となっています。（カラー頁参照）。

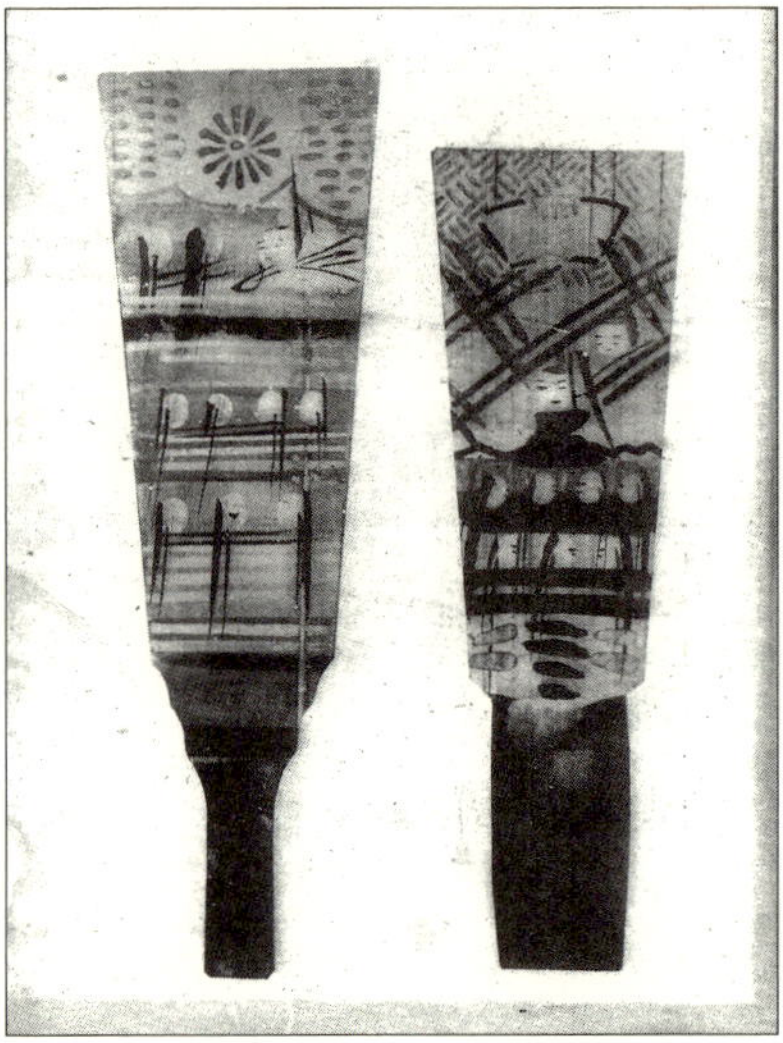

三十七号（昭和十五年五月刊）では、清水晴風・林若樹遺愛の郷玩即売会と題し、「林若樹さんの売立によつて、清水晴風翁の蒐集にかゝる玩具が、（中略）やうやく整理も終つたので、陳列即売する」とし、面・羽子板など十二点を掲載しています。相良人形十六点、支那玩具九点、玩具いろいろ十三点、玩具の蛇四点、熊本べんた、笹野彫り九点を即売の代表玩具として、写真で掲載しています。

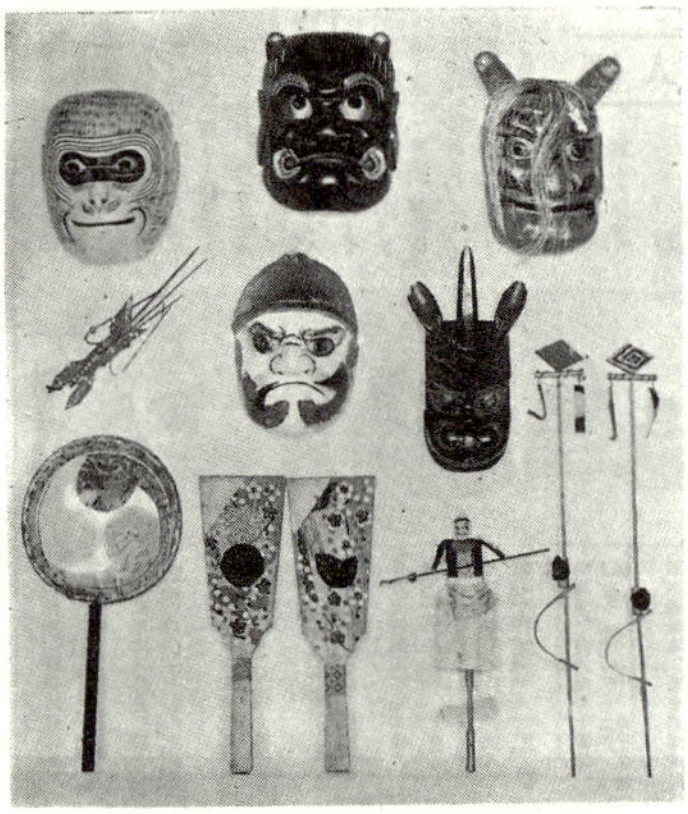

吳龜岡の面　三・〇〇　壬生の面　二・〇〇　柴又のまさる　一・五〇　一・五〇　濱松盆踊太鼓
木彫鬼面　五・〇〇　鳥取キリン頭　三・五〇　名古屋の繰り　一・〇〇　一五・〇　一・五〇
〃　猿面　五・〇〇　支那竹製海老　二・〇〇　市川の羽子板　一・五〇

【2】

▲先年林若樹さんの賣立によつて、清水晴風翁の蒐集にかゝる玩具が、相當吾八の手に入り、そのまゝ保存してゐたものがやうやく整理も終つたので、陳列即賣することにした。

▲中には、廢絕した作者の珍品もすくなくない。現存の物でも味がまるきり違ふ。何れも明治時代の蒐集にかゝる品。

この即売で、『うなゐの友』に掲載された「鹿児島在国分八幡神鳩」、「阿波国神輿」、「金沢練物製人形」は玩具蒐集家が入手し、現存しています(カラー頁参照)。

『集古』から見る、晴風所蔵品の行方――

晴風の没後に発行された、集古会の機関誌『集古』には、晴風を偲ぶものとして、会員が晴風の旧蔵品や作品を持ち寄った記録が掲載されています。

昭和三年(一九二八)、第百六十八回の集古会の集いには、「晴風翁を偲ぶ物」をテーマに以下の出品がありました。鶴岡の齊藤治兵衛所藏として、晴風の日記を思わせる文の紹介と晴風の歌・数首を記録した、晴風輯大正反古集。三村清三郎所蔵として、晴風自画賛・はじき猿一幅、晴風彩畫・絹本十二支玩具一幅。明治二十七年五月十二日に開業した、金ぷら料理店の晴風制作の広告、晴風の年賀手拭。三河の宇都宮勉爾所蔵として、晴風筆・年賀葉書などが出品されました。

昭和八年、第百八十八回の集古会の集いのテーマは「集古会物故会員遺作遺愛品」でした。晴風の遺作遺愛品として、和田千吉所蔵の晴風自案・自製爪こすり、三村清三郎所蔵の晴風作・諸國玩具盡烟管筒箱、中澤澄男所蔵の晴風作・玩具盡手箱、年賀葉書、手拭が記録されています。

昭和十七年、第二百三十六回の集古会の集いのテーマは「清水晴風翁に関するもの」でした。三村清三郎所蔵の晴風写真、明治三十五年晴風筆・明治職人合(竹清畫)、赤松範一所蔵の晴風案・糸印、中澤澄男所蔵の年賀葉書、手拭、晴風旧蔵貼込帖、森潤三郎所蔵の年賀葉書、玩具に関する晴風談話輯新聞記事、木村捨三所蔵の晴風記念玩具・涅槃碑拓本の出品が記録されています。

これらの多岐にわたる出品物から、玩具絵以外の晴風の多彩な表情が見えます。

関西における晴風所蔵品の行方

大阪・寺町光明寺で大正十三年（一九二四）七月六日に「清水晴風遺作展」が、同月十九日に「清水晴風翁追悼会」が開かれました。その展示の記録が今に残されています。

・晴風子息の十二代清水仁兵衛からは、晴風作・玩具絵本『桃太郎』、絵葉書帖四冊、還暦記念帖、引札文章落葉集。晴風旧蔵・スタール博士来朝記念納札帖、日露戦争絵葉書原稿、その他。
・石田誠二からは、晴風作・書簡集四巻、短冊、張込帖。
・河本紫香からは、晴風作・軸四幅、戎大黒柱懸、木彫彩色亭保雛。
・川崎巨泉からは、晴風作・軸、絵日傘、扇子、雛四対。晴風旧蔵・深川八幡獅子頭。
・高橋好劇からは、晴風作・王子狐暫。
・筒井英雄からは、晴風作・軸、江戸一文人形、柱懸。晴風旧蔵・古製御伽這子。
・村松百兎庵からは、晴風作・絵日傘。
・三好米吉（柳屋）からは、晴風作・木彫着色立雛懸額。
・小山源治氏からは、晴風作・玩具絵本『諸国の亀』、短冊二枚、絵日傘。
・五月庵からは、晴風作・玩具絵本『犬盡』、玩具絵本『圓形玩具』、翁着色・木彫犬。晴風旧蔵・元祿人形、椿岳「寺西蔵佛翁」。
・木戸忠太郎からは、晴風作・起揚達磨軸（カラー頁参照）。
・木村旦水からは、晴風作・玩具絵本『達磨』、諸国羽子板一揃、初代団十郎根付面。晴風旧蔵・応挙画幽霊一幅、大津絵涅槃像一幅、糸巻歌舞伎十八番一組、東埜作・奈良彫高砂一対。
・三宅吉之助からは、晴風作・軸二幅、意匠手拭。印譜。
・塩田物外からは、晴風作・住吉一文人形絵、
・肥田渓楓からは、晴風作・絹本横絵十二支の内・虎、同十二ヶ月の内・七月、軸、雛四対。

が出品されました。

晴風没後十一年目に展示された玩具絵や玩具などは、その名を聞くだけで壮観です。

その中には、生前に譲られたものなのか、晴風没後に彼等が入手したものなのかは不明ですが、肉筆の玩具絵本五冊も見受けられます。そこからこんな推測ができます。

晴風は生涯に京都・大阪に三回訪れましたが、集古会が創始されてからの訪問は、明治四十二年三月から一か月の一度だけです。その旅で四月三日に、大阪の集古会会員・水落露石の家を訪問しています。ここから、集古会会員を含めた関西の十四名の趣味家との交流が始まったことが窺えます。これら在阪の趣味家の記録や資料に当たり、新たな晴風の姿を見つけるという、また楽しい課題が残されました。

水落露石の来訪者名簿に記された晴風の署名（『混沌』二十号より）

その他の晴風の遺品の所在

笛畝人形記念美術館（埼玉県越生にあった、西澤笛畝コレクション）では、玩具図・書簡貼交屏風一双、八丈雛（カラー頁参照）を所蔵していました。所蔵品の多くは、平成十九年（二〇〇七）に、埼玉県さいたま市に移管されました。しかし、現在のところ、移管品の中に屏風は見つかっていません。この玩具図・書簡貼交屏風一双は、昭和十年に刊行された『玩具叢書　日本玩具図編』に写真で紹介され、八丈雛は晴風が「雛の今昔」で述べたものです。

東京都立中央図書館には、加賀文庫の名称で、集古会会員だった加賀豊三郎の蔵書が収蔵されています。晴風関連のものとしては「広近筆附行燈の下図」があります。肉筆和綴本で、晴風の直筆で明治四十一年五月と記されています。裏表紙に古書店のシールが貼られているところから、加賀豊三郎が晴風から直に譲り受けたものではないことが判ります。

吉徳資料室所蔵の晴風遺品は、本誌にカラー写真で紹介しています。そのひとつ、晴風自作の「雛百種」は林若樹旧蔵品です。これとは別にもう一組の「雛百種」がありました。井上書店・井上喜太郎が須磨の豪家より買い付け、出版社・主婦之友社によって大正十五年二月九日～十五日に展示されました。それには晴風の目録があり、明治四十五年五月に伊勢松坂の堀内快堂へ送ったと記されています。

主婦之友社の展示会では、五百円で仕入れた「雛百種」を、九州の方が二千円で求めたそうですが、それが誰なのかは不明です。

晴風筆・玩具絵傘は、現在三本が確認されています。記録としては、昭和十二年五月の『三浦直介氏愛蔵・時代人形屛風大津繪展觀図録』に掲載された一本。現物では、鳥取県・祐生出会いの館所蔵の一本、そして新たに一本が我々により発見されました。その他に短冊、扇面、玩具絵八枚、大津絵帖も最近古書店等を通して我々が発見・入手しました（カラー頁参照）。

祐生出会いの館では、晴風ゆかりの品を今日も伝えています。前述した玩具絵傘と、伏見焼おやま人形、元禄おやま人形の三点です（カラー頁参照）。何れも晴風記念碑に名を列ねる長谷川可同が入手し、大正十年～十四年にかけて、孔版画家・板祐生に贈ったものです。

膨大な量であろう晴風の手になる玩具絵や玩具などの収集品は、晴風の生前から、そして、没後も遺言により悉く知友に分かたれました。しかし、没後約百年の現在、ごく僅かな姿にしか触れることができません。

多くの晴風の遺品は、まだ晴風記念碑に名を列ねた人びとの遺族の元にあるのでしょうか。その全貌をいつか見てみたいと熱望しています。

晴風所蔵の「こけし」の行方

晴風が所蔵していたこけしは、玩具絵に描いた七本と、京都・こども博覧会に出品し、写真に残した三本のこけしで、その内の二本は玩具絵と重複することから、合計八本が今日伝わっています。

●晴風の玩具絵のこけしと掲載誌

一　一関・宮本惣吉作のこけし

『うなゐの友』初編明治二十四年刊、『考古學會誌』三号「異形の人形」明治三十年刊、『人形百種』明治三十四年、『玩具叢書』「玩具図・書簡貼交屏風」昭和十年刊に五回登場。

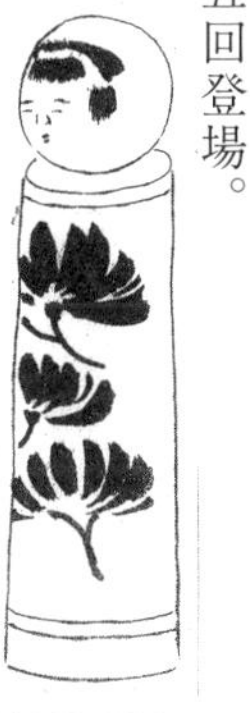

『人形百種』より

二　仙台・高橋胞吉が同様の形を作ったこけし

『人形百種』、『うなゐの友』二編明治三十五年刊に二回登場。

『人形百種』より

三　宮城・遠刈田系こけし

『人形百種』、『うなゐの友』二編、『うなゐの友』五編　明治四十四年刊、「玩具図・書簡貼交屏風」の四回登場。

「玩具図・書簡貼交屏風」より

四　南部・盛岡の玩具

『うなゐの友』二編、『うなゐの友』五編、「玩具図・書簡貼交屏風」に三回登場。

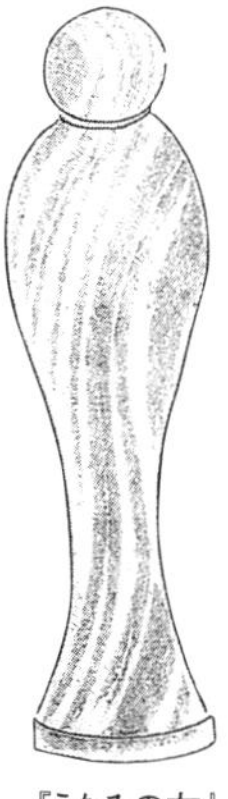

『うなゐの友』二編より

五　鳴子・大沼甚四郎作のこけし

『こども博覧會』同文館　明治三十九年五月刊に登場。

『こども博覧會』（上野）より

六・七　飯坂のこけし二本。
『うなゐの友』六編　大正二年刊に登場。

『うなゐの友』六編より

●写真のこけし

八　作並系こけし

明治三十九年十一月発行の京都子ども博覧会の記念誌に、晴風が出品した玩具の写真が掲載され、その中の一枚に三本のこけしが写されています。二本のこけしは、玩具絵にも登場した、宮本惣七作（前記一）、大沼甚四郎作（前記五）です。

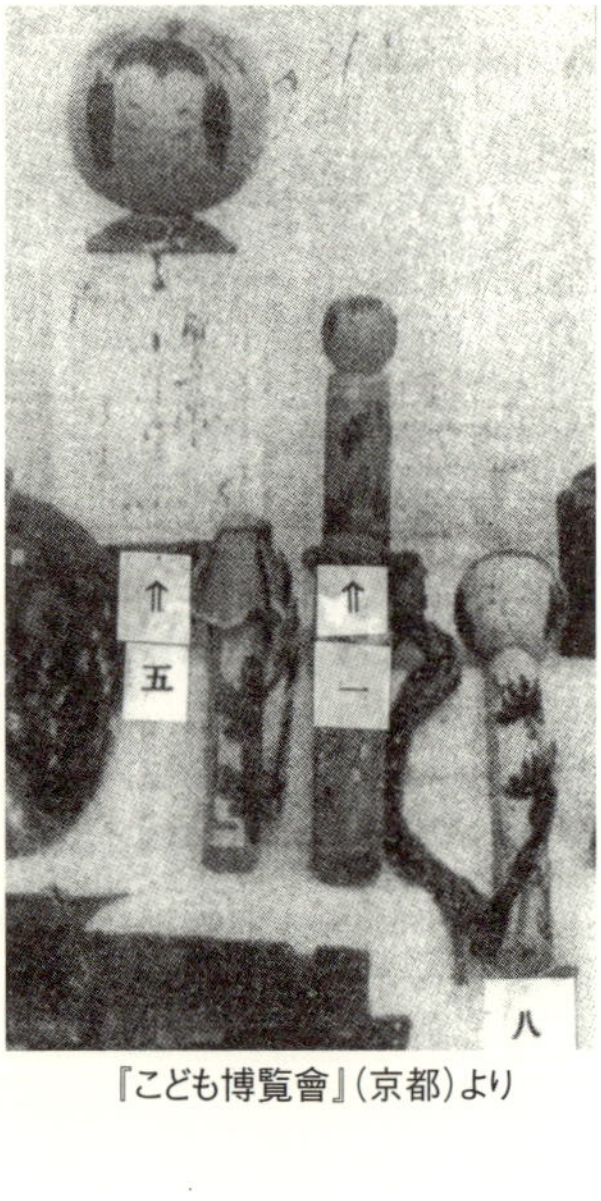

『こども博覧會』（京都）より

大沼甚四郎作のこけしは、東京・上野公園での「こども博覧会」に出品の際、晴風が描いたこけし絵（前記五）と、半年後の京都での写真と、同じ名札が付いていることが、とても興味深いものです。

大沼甚四郎作の鳴子こけしと、遠刈田こけしの二本は、共に晴風から集古会の仲間であった林若樹に渡り、林若樹の没後、『林若樹氏遺愛品入札略目録』に掲載され、吾八の山内金三郎が落札しました。その後、この二本は、吾八を通してこけし蒐集家へ渡りました。大沼甚四郎作のこけし（前記五）は、こけし蒐集家・深沢要に渡り、深沢の没後は宮城県鳴子町に寄贈され、現在は、「鳴子日本こけし館」に収蔵・展示されています。

こけしの背面には「一ノ関産こけし這子」の文字があり、底面には深沢要直筆で、「故林若樹氏蔵　昭和十四年二月五日『吾八』主人ヨリ贈ラル」と記されています。林若樹旧蔵品に間違いはありませんが、若樹以前の所有者が晴風だったことを辿ることができます。

遠刈田こけし（前記三）は、こけし蒐集家・西田峰吉へ渡り、現在は土湯温泉の麓、福島市にある「原郷のこけし群西田記念館」に収蔵されています。こけしの底面に「磐城國双葉郡浪江町コケシ這子大野雲外君」と記した紙が貼られています。

晴風は『人形百種』に掲載した玩具絵に、当時、集古會の会計担当をしていた「大野雲外君より寄贈」と説明を付しています。こけしの底に書かれた文字は晴風の文字とは断定できませんが、書かれた内容と『人形百種』の説明が同じことから、晴風旧蔵のこけしと確認することができます。

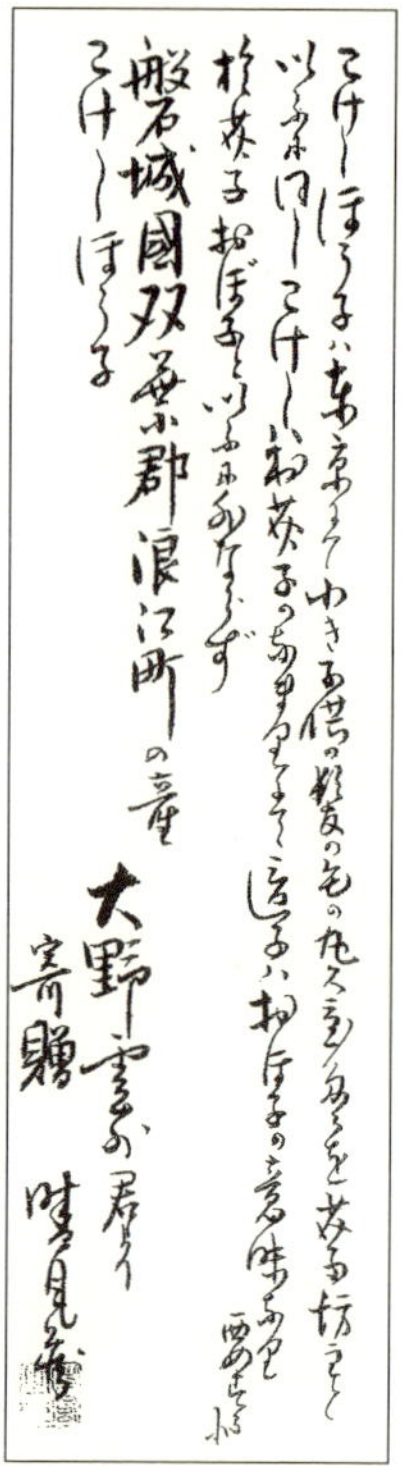

晴風のこけし二本（前記一・八）は、個人蔵とされ、ホームページ「木人子室」などで確認できます。現在、「花筐コレクション」所蔵で、詳しい入手情報が無いため推測となりますが、吾八経由で入手した可能性があります。

飯坂のこけし（前記六・七）の行方については、話題に上ることがありませんでした。大正元年十月二十一日に三村清三郎が、飯坂に療養中の晴風へ宛てた葉書に、「拝復…三春駒　コケシ這子　臼杵等珍物頂戴仕　忝御礼申上候……」とあります。あるいは晴風が飯坂で玩具絵としてこけしを描いた後、療養先から三村清三郎に送ったものかもしれません。他の二本（前記二・四）についての情報は残念ながらありません。

晴風はこけしの産地を遠刈田と飯坂のほかは、一関産と記しました。それがそのまま、他の文献にも引用された例が多いことに気づきます。こけしが東北各地で作られていたことに知識がなかった時代には、こけしの先覚者・晴風の情報を尊重するほかありませんでした。昭和三年に出版された『こけし這子の話』により、初めて実際のこけし産地が紹介されました。明治時代にあっては、こけしは「異形の人形」であり、産地の表記に明確な基準を設けていなかったことが分かりました。

明治二十四年（一八九一）、清水晴風により初めて紹介されたこけしは、百十数年の時を経過した今日なお、話題を提供し、現物を見ることもできます。高価な美術品ではないにもかかわらず、保存され継承されたことは、玩具に絵画や彫刻に通じる美を見い出した晴風の価値観も継承されていることになります。

●晴風が紹介した「遠刈田こけし」の描彩

晴風は遠刈田こけしを四回に渡って、玩具絵で紹介しました。紹介毎に描写した角度が異なり、胴模様、顔、目の描き方が異なっています。一本のこけしを晴風が描き分けた面白さがあります。

A

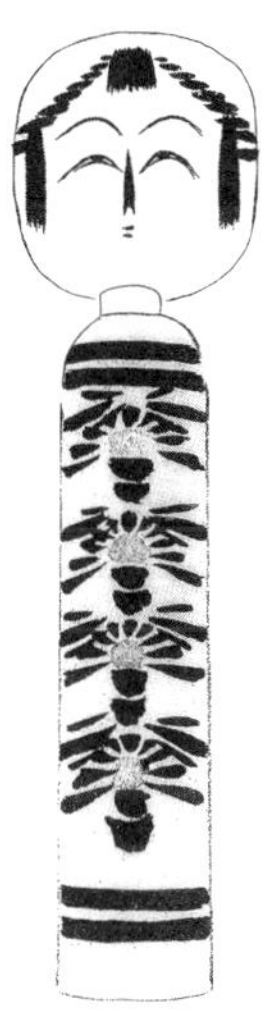

『人形百種』より

B

『うなゐの友』二編より

C

『うなゐの友』五編より

D

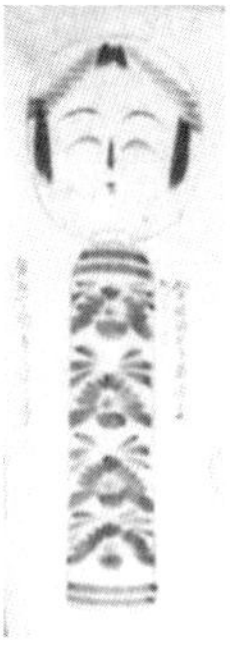

「玩具図・書簡貼交屏風」より

西田記念館に所蔵されている、絵のモデルになった「遠刈田こけし」は菊段数4段、描彩は退色し不明。

	胴模様	顔左右の髪飾	描写角度
A	菊段数４段	右８本 左９本	正面下からの 目線
B	菊段数５段	右12本 左６本	斜め左上からの 目線
C	菊段数３段	右11本 左10本	正面下からの 目線
D	菊段数４段	右９本 左９本	正面

こけしの写真撮影については、「原郷のこけし群西田記念館」、「鳴子日本こけし館」の協力をいただきました。

清水晴風とこけし

こけしの登場

「日本一の郷土人形を慈しむ」という見出しの、朝日新聞記事（二〇〇九年三月三日号）がありました。そこでの「すきな郷土玩具は？」というアンケートの一位は博多人形（43％）、二位は鳴子こけし（41％）と紹介されていました。

江戸時代に出版された『江都二色』、『耽奇漫録』には様々な玩具が登場しますが、こけしはまだ紹介されていません。現在広く親しまれているこけしが初めて古文書に登場するのは、万延元年（一八六〇）の『岩松直助文書』、次いで文久二年（一八六二）の『高橋長蔵文書』、次いで明治十九年（一八八六）の『伊藤長作文書』です。しかし、これらの古文書が、文献として紹介されたのは戦後のことです。出版物としては、『岩松直助文書』から三十一年後の明治二十四年（一八九一）、清水晴風の『うなゐの友』に初めて登場しました。ここから、人形玩具の歴史の中に、「こけし」が新しい位置を占めるようになったのです。

晴風と「こけし」の名称

『うなゐの友』初編に記されたこけしの産地は一関で、名称は、「コケシバウコ」でした。続編では「こけし這子」と変わってきます。昭和三年（一九二八）、日本で最初のこけし蒐集家・天江富弥は『こけし這子の話』（郷土趣味會刊）を出版し、そこで「こけし」が、東北六県で作られ、それぞれの土地で異なる名前で呼ばれていることを発表しました。しかし、

「玩具図・書簡貼交屏風」（撮影／川本勉氏）

そこには「コケシバウコ」や「こけし這子」、後に呼ばれる「こけし」の名前が使われる産地は記されていません。どうして、晴風は「コケシバウコ」などと記したのかの疑問を、晴風の残した著述から解くことができないでしょうか。

『うなゐの友』で初めて紹介した「こけし」を、晴風が直接現地で求めていれば、このような奇妙なことは起こりにくいことでした。しかし晴風は自ら玩具蒐集もしましたが、多くの玩具は遠来の知人から、晴風の元へもたらされました。

知人から晴風にもたらされたものであれば、誤った名前も、こけしと共に伝わったと理解することができます。この推論を立証するために、晴風の玩具蒐集の旅の記録を調べてみました。

晴風の旅は、明治二十三年（一八九〇）の中京～京阪～奈良が最初で、それ以降六回の記録が残っています。いずれも鉄道を利用した十日～十六日間の旅です。

東北に向かう鉄道の開通は、上野～仙台間が明治二十年（一八八七）、仙台～一関間が明治二十四年四月です。晴風の東北への旅は、明治二十八年、三十二年、大正元年の三回と記録されています。明治二十六年の時刻表によれば、上野から一関を往復するだけでも四日必要です。どこに玩具があるのかわからず探し歩いた時代、とんぼ返りは考えにくいことです。しかも『うなゐの友』初編発行の、明治二十四年（一八九一）十月以前に晴風が一関へ行ったとする記録がありません。一関産のこけしが、鉄道網の拡充によってもたらされたものとすると、晴風が直接訪れたのではなく、知人よりもたらされた可能性が高いと考えられる交通事情です。『うなゐの友』の奥付から判断すると、鉄道開通間もない半年の間に晴風が入手したことになります。晴風の周りには様々な蒐集家がいました。その一人、中澤澄男は、開通間もない明治時代に全国の鉄道切符を蒐集していました。『うなゐの友』初編に掲載された「コケシバウコ」の名称は、そうした知人より、こけしと共にもたらされた可能性が高いのです。

明治三十七年に帝国図書館（現・国立国会図書館）に渡った、晴風の肉筆本『人形百種』には、浪江町産の遠刈田こけしが掲載されています。その解説には、このこけしは大野雲外より寄贈と書かれています。遠刈田こけしは、明治三十五年十二月刊行の『うなゐの友』二編にも掲載されていることから、それ以前に入手していたこととなります。

現在の常磐線の双葉郡浪江町駅は、明治三十一年（一八九八）に開設されており、鉄道開設以後の、明治三十一～三十五年の間に晴風にもたらされたとも推測しています。このように晴風のこけしの入手は、鉄道の発達とリンクしているのです。

晴風が紹介したこけしと名称の変遷——

こけしの先覚者・晴風は、こけしを「異形の人形」と捉えていました。余程気になったものとみえ、その後たびたびこけしを玩具絵に登場させています。また、同じこけしを毎度も描いて紹介しました。奇妙なことに、紹介の度に、その呼び名の表し方が変わっていきました。その変遷をたどってみましょう。

晴風の紹介したこけしは、判明している絵や写真をみると、前記のように、玩具絵が七枚と写真が一枚が存在し、合計八本のこけしが確認できます。

こけしが掲載された著作からこけしの呼び名を列記すると、次頁の表のように十種類になりました。

こけしの名称は、「コケシバウコ」に始まり、「こけしぼうこ」、「こけしほう子」、「こけし這子、おぼこ、コケシ這子」、「小けし這子」、そして晴風が訪れた飯坂で、「こけし這子　同地に

図	名称	年	掲載誌
一	コケシバウコ こけしぼうこ こけしほう子 こけし這子	明治24年 明治30年 明治34年 （昭和10年）	『うなゐの友』初編 『異形の人形』 『人形百種』 「玩具図屏風」
二	こけしほう子 こけし這子 又おぼこ	明治34年 明治35年	『人形百種』 『うなゐの友』二編
三 A B C D	こけしほう子 コケシ這子 こけし這子 こけし這子	明治34年 明治35年 明治41年 （昭和10年）	『人形百種』 『うなゐの友』二編 『うなゐの友』五編 「玩具図屏風」
四	玩具 玩具 玩具	明治35年 明治41年 （昭和10年）	『うなゐの友』二編 『うなゐの友』五編 「玩具図屏風」
五	小けし這子	明治39年	『こども博覧会』（上野）
六・七	こけし這子 同地にて木人形	大正2年	『うなゐの友』六編
八	こけし這子	明治39年	『こども博覧会』（京都）

▲図一～八は、P85～の「こけしの行方」の番号。図A～DはP89「遠刈田こけし」の描彩参照。

●晴風の著作から見た「こけし」の名称の表記の変遷

て木人形」と八種類の名称に変化していきます。

「コケシバウコ」から「こけし這子」までの変化は、晴風の東北旅行の記録と関係なく起っており、理由はどこにも書かれていません。しかも、どこの産地にもない呼び名です。「こけし這子又おぼことい ふ」、「こけし這子同地にて木人形」と並べて記した「おぼこ」と「木人形」という名称は、明治二十八年と大正元年の旅で晴風が直接聞いた名前であったため、添え書きも残しました。

「コケシバウコ」から「こけし這子」に至る六種類の名称の表現の変遷は、江戸～明治を生きてきた、晴風の当時の言葉に置き換える作業の結果でした。カタカナから平仮名、漢字への変化は、「コケシバウコ」を東北地方の訛として晴風が解釈した当時の東京言葉への転化です。晴風が旅で求めたこけしは、「おぼこともいふ」と書き添えた『うなゐの友』二編に一関産とされ、その後、高橋胞吉の作った一本と、

「同地にて木人形といふ」と書き添えた飯坂の二本だけで、それ以外は晴風が直接産地から入手したものではないことがこのことからも窺えます。

晴風の名称の変遷の背景――

●「こけし這子」造語の事情

明治二十九年（一八九六）より創始された集古会へは、晴風は第三回から参加しました。そこで考古学者・鳥居龍蔵より玩具の起源、伝来を話すように勧められます。それから、単に玩具を蒐集するに止まらず調査し、集古会等でその結果を発表することになりました。

　晴風の玩具に関する論考は早速、明治二十九年から『考古学会雑誌』、『女子之友』、『教育時論』等に掲載され始めます。玩具については晴風に聞けば判るという風潮が社会に浸透し、また晴風もそれに応えたのでした。「手遊（おもちゃ）博士」の名を冠された晴風は『人形百種』では、こけしに就いてこう記しています。

「こけしほう子ハ東京にて小き子供の髪の毛の丸く重ねたるを芥子坊主といふに同じ　こけしハ御芥子の訛にて　這子ハおぼ子の意味なり要するに御芥子おぼ子といふに外ならず」

「こけし」を「御芥子」の訛とし、「這子」は「おぼ子」とした説明は、最初に出会った「異形の人形」、一関のこけしと矛盾しませんでした。あとから産地で直接聞いた「おぼこ」「木人形」の名は、晴風の先の解釈とは矛盾することから、その後使用しませんでした。

辞典の中のこけしの名称――

●定着の原動力は晴風！

『うなゐの友』に初めて登場したこけしは、その後、明治・大正・昭和時代の辞典に登場するようになります。

　日本最初の国語辞典は、『ことばの泉』（落合直文著）が明治二十一年、『言海』全四巻（大槻文彦著）が明治二十二年（一八八九）から明治二十四年にかけて刊行されましたが、共に「こけし」関連の項目はありませんでした。

　明治四十一年から編纂が始められた、三省堂書店発行の『日本百科大辞典』全十巻に、初めて「こけし」が、「こけしはうこ」という項目で登場します。この項目の記述を、清水晴風が執筆し、明治四十三年に出版されました。

　その記述は、

「玩具の名。陸中一ノ関邊にて製出するものにして、挽物製の人形なり、こけしとは御芥子の訛にて、芥子坊主の意なるべし。其形は圓き棒の如き挽物にて、小兒の首をはめ込み、首を回せば子の鳴く如き音を発す。大なるは尺餘、小なるも五寸にして、赤・黄・青等の色彩を施せり」

　項目の表記は、漢字混じりで「こけし這子」でした。そして、『人形百種』に記された「這子」の説明を省略しました。新しく辞典に登場したこの名称は、その後の大正・昭和の辞典の刊行に大きな影響を及ぼしました。

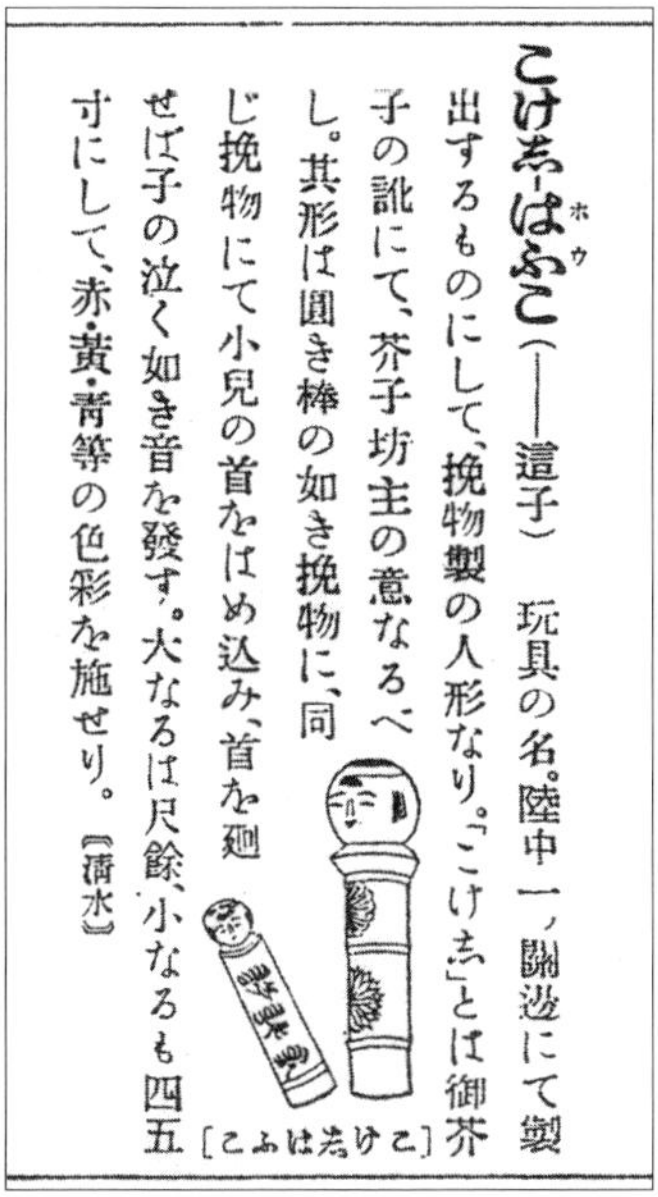
こけしーはう《ホウ》こ（――這子）　玩具の名。陸中一ノ關邊にて製出するものにして、挽物製の人形なり。「こけし」とは御芥子の訛にて、芥子坊主の意なるべし。其形は圓き棒の如き挽物にて小兒の首をはめ込み、首を廻せば子の泣く如き音を發す。大なるは尺餘、小なるも四五寸にして、赤・黄・青等の色彩を施せり。〔清水〕

『日本大辞典改修言泉』一八四頁より

落合直文著『日本大辞典改修言泉』全六巻が、大正十年～昭和四年に刊行され、「こけしはうこ」という項目で登場します。記述は、

「こけしは御芥子の訛にて、芥子坊主の意ならんといふ」

　と晴風の記述を参考にしたことが、「意ならんといふ」という書き方に現れています。

　昭和七年に、改訂刊行された『大言海』全六

巻では、「はふこ」の項目で登場します。その内容は、

「這子　今、東北ノ各地ニテハ、コレヲ木ニテ造ル。俗ニこけしトモ云フ」

その後の改版でも、昭和三十一年刊『新訂大言海』で同じ記述、昭和五十七年刊『新編大言海』では、項目を「ほうこ」に変えましたが、内容は変えませんでした。

『大言海』、『改修言泉』は共に晴風没後の出版です。明治時代の辞典にはなかった「こけし」の記述が、大正から昭和にかけて、「こけしはうこ」「はうこ」「はふこ」「ほうこ」として登場するようになりました。晴風の解釈により、辞典をはじめ一般の出版物にも、漢字混じりで、「こけし這子」と記載されるようになりました。「こけし這子」が統一名称となったのです。

しかし、昭和三年（一九二八）になると、こけしの初めての専門書を著した天江富弥が、「こけし這子」に異議をとなえ、昭和十五年に、こけしの趣味家とこけし工人達を巻き込み、平仮名表記の「こけし」という名称に統一することにしました。

しかし、今なお辞典には「芥子」が記載されており、晴風が「芥子坊主」と解釈した影響を残しています。こんなにも多くの不思議な名前をもつ人形は他にありません。一つの木人形に対して、東北では数十の名前が存在していました。明治時代には、鳴子だけでも「人形（にんぎょ）」とか、「こうけし」とか呼ぶ家もありました。

晴風が愛し、「こけし這子」と名付けた「こけし」。その一方では、「こけし」の語源に迫ろうとする試みが幾度となくくり返されてきました。

晴風が耳にしたこけしの呼び名は、東北の土地土地に暮らす人びとの温もりと、「こけし」の優しさが紡ぐ、心のあらわれだったのかもしれません。

清水晴風の遺したもの

犬筥図扇面（個人蔵）

昔の文化人は審美眼が高く、諸事器用な人が多かったようです。晴風もこれまでに紹介したように、いろいろなことに造詣が深く、多くの著作を遺していますが、手先も器用で郷土玩具を素材にした絵を多く描き、さらには自分で玩具を作ることもしました。

　しかし、その多くは震災や戦災で失われてしまい、今に伝わるものはごくわずかです。その数少ない貴重な晴風の遺作や旧蔵品をご紹介します。

晴風の描いた「おもちゃ絵」

『うなゐの友』一～六編は、ご存じのように晴風が自ら筆をとったものですが、それ以外にも請われるままにたくさんの「おもちゃ」を描いたようです。『うなゐの友』は、版木をおこして刷られた絵ですから、やはり晴風の筆勢までは望めません。ここでご紹介する自筆のおもちゃ絵からは、晴風の「おもちゃ」への熱い想いが伝わってきます。

晴風が描いた玩具絵と書簡を貼り交ぜにしている。書簡の差出人は、榎本武揚（外務大臣）、元良勇次郎（文学博士）、坪井正五郎（帝大考古学教室）、浅井忠（洋画家）、復地又一（図案家）、佐々木信綱（文学博士）、守田宝丹（書・宝丹流）、竹内久一（東京美術学校教授）、加納鉄哉（彫刻家）、仮名垣魯文、生田百濟（文人）の11名で、晴風の交流の広さをあらわしている。

玩具図・書簡貼交屏風（旧笛畝人形記念美術館蔵／写真提供・川本　勉氏）

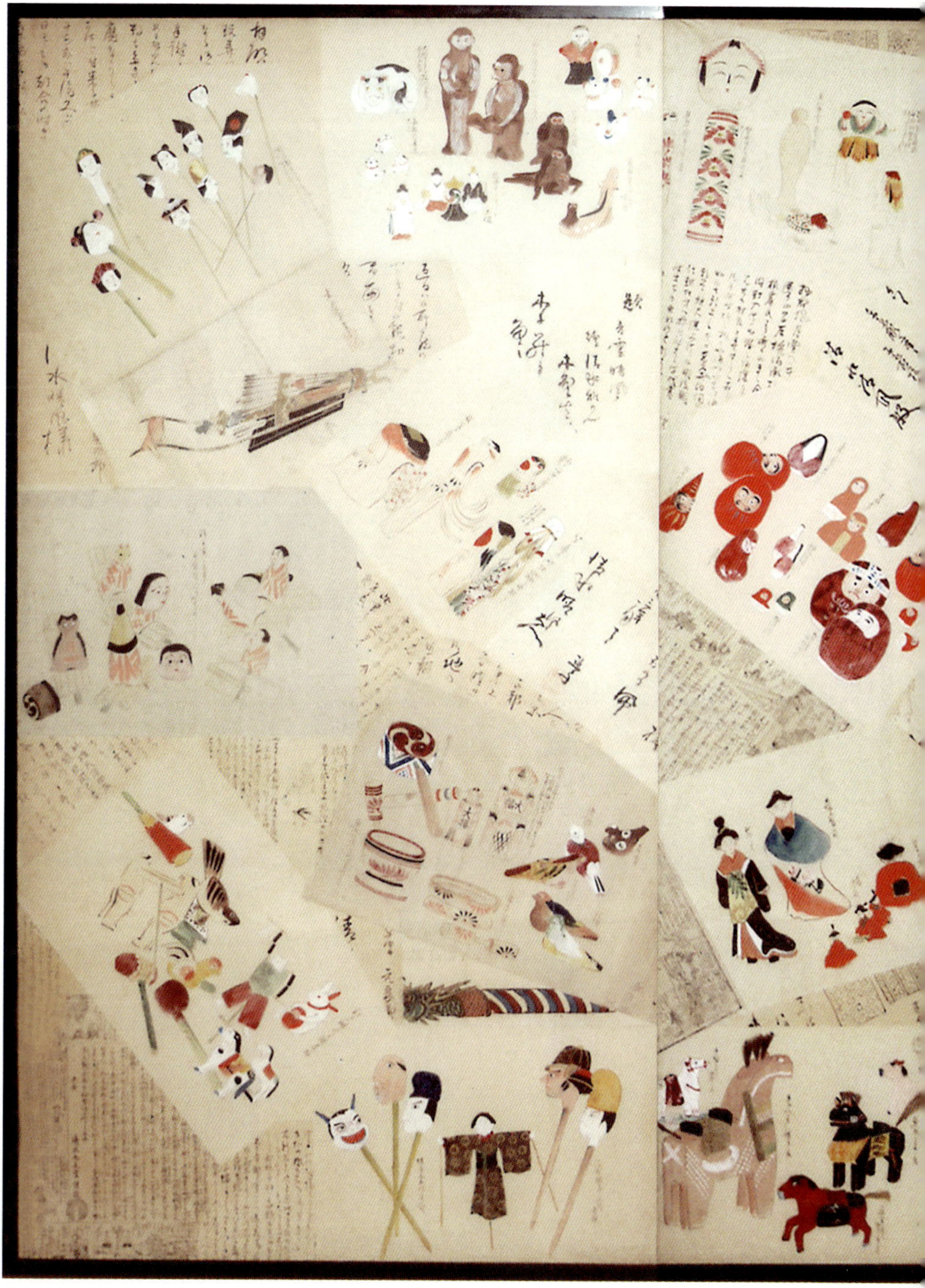

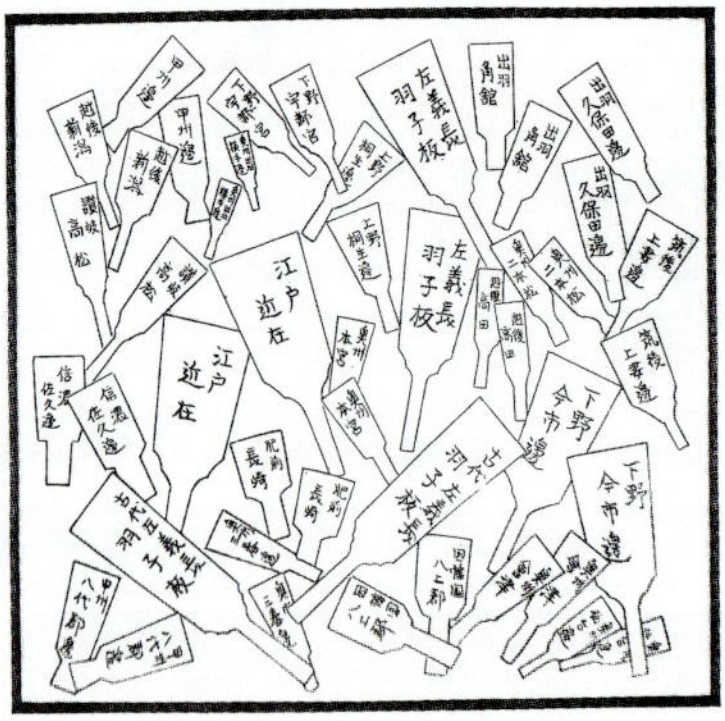

郷土羽子板図屏風一双　その一
(旧笛畝人形記念美術館蔵)

写真：『羽子板』山田徳兵衛著（昭和12年　芸艸堂刊）より

郷土羽子板図屛風一双　その二
（旧笛畝人形記念美術館蔵）

十二ヶ月玩具図短冊
（吉徳資料室蔵）

「起揚達磨」掛軸
（木戸邸達磨堂旧蔵）

玩具図寄書掛軸（吉徳資料室蔵）
三村竹清、福田菱洲、田南岳嶂、
坪井正五郎、武内桂舟、晴風＝春駒図

笹野彫図短冊（個人蔵）

晴風翁遺品展観会場の祭壇の左上に飾られた「起揚達磨」掛軸（正面・左）
『清水晴風翁遺作展観目録』より

十二ヶ月おもちゃ絵（個人蔵）

十二支おもちゃ絵（個人蔵）

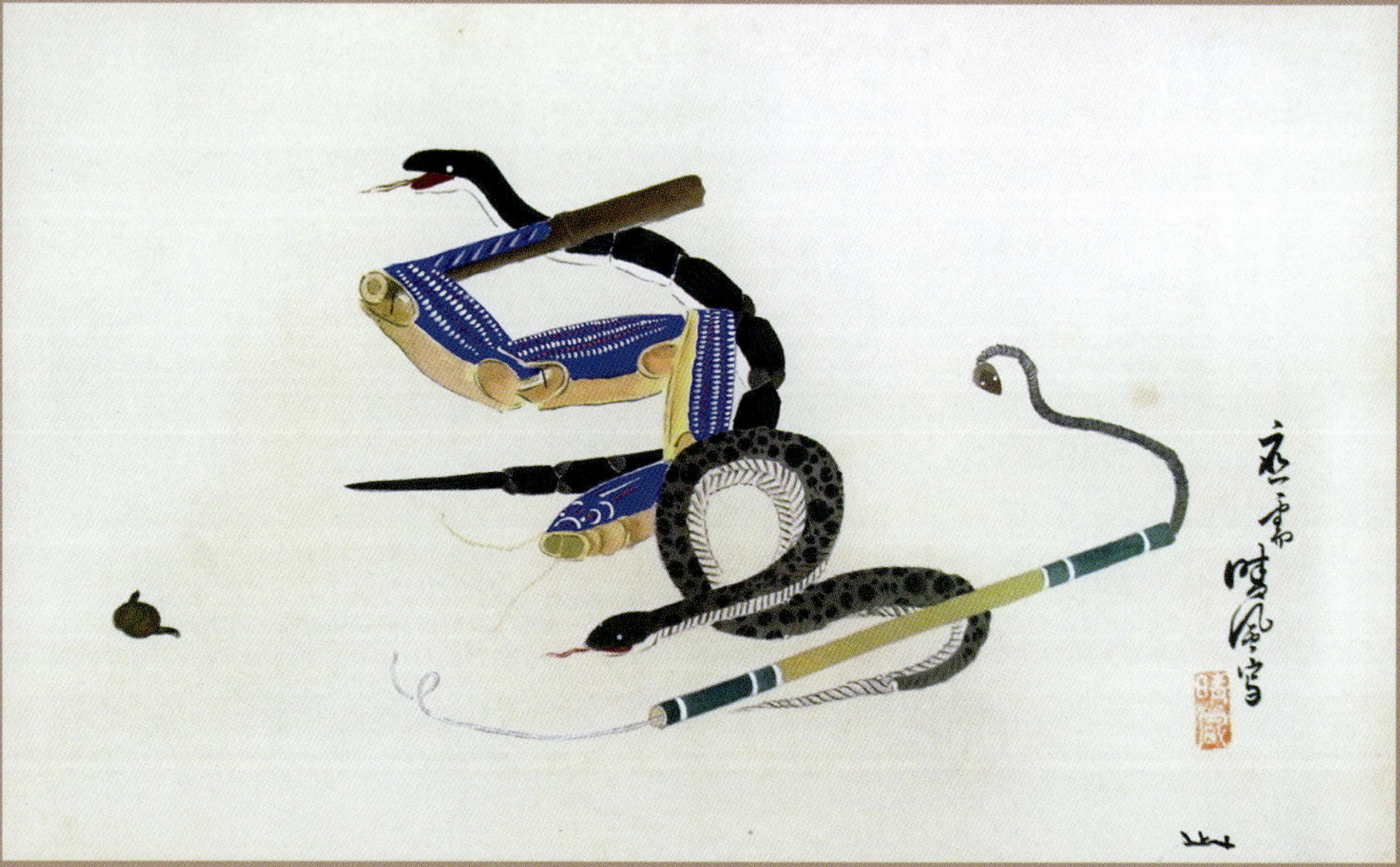

『大津絵』画帖（個人蔵）

大津絵

おもちゃ絵日傘
『三浦直介氏愛蔵　時代人形屏風大津絵展観図録』より

江戸之趣味大家、玩具博士清水晴風翁所作絵日傘也
大正拾壹壬戌弥生下澣、伊勢国松阪餅長者長谷川可同雅伯
恵之、蓋難得珍品也矣　元堀内快堂翁所蔵
龍駒渓　隆得　板　愈良識

鶴亀絵日傘（祐生出会いの館蔵）

おもちゃ絵日傘（個人蔵）

晴風の作った「おもちゃたち」

清水晴風は自らおもちゃも作りました。それもほとんどが実物より小さく、ミニチュア仕立てにしたものです。古今東西の雛を百種類、すべてミニチュア化した「雛百種」はその代表作です。これは五月飾りのミニチュア「應仁帝産着之鎧」「飾鎧」とともに晴風の友人・林若樹を経て、人形研究家として著名な吉徳十世・山田徳兵衛が入手し、戦火をくぐりぬけて、今でも吉徳資料室で大切に保管されています。

飾鎧

應仁帝 産着之鎧

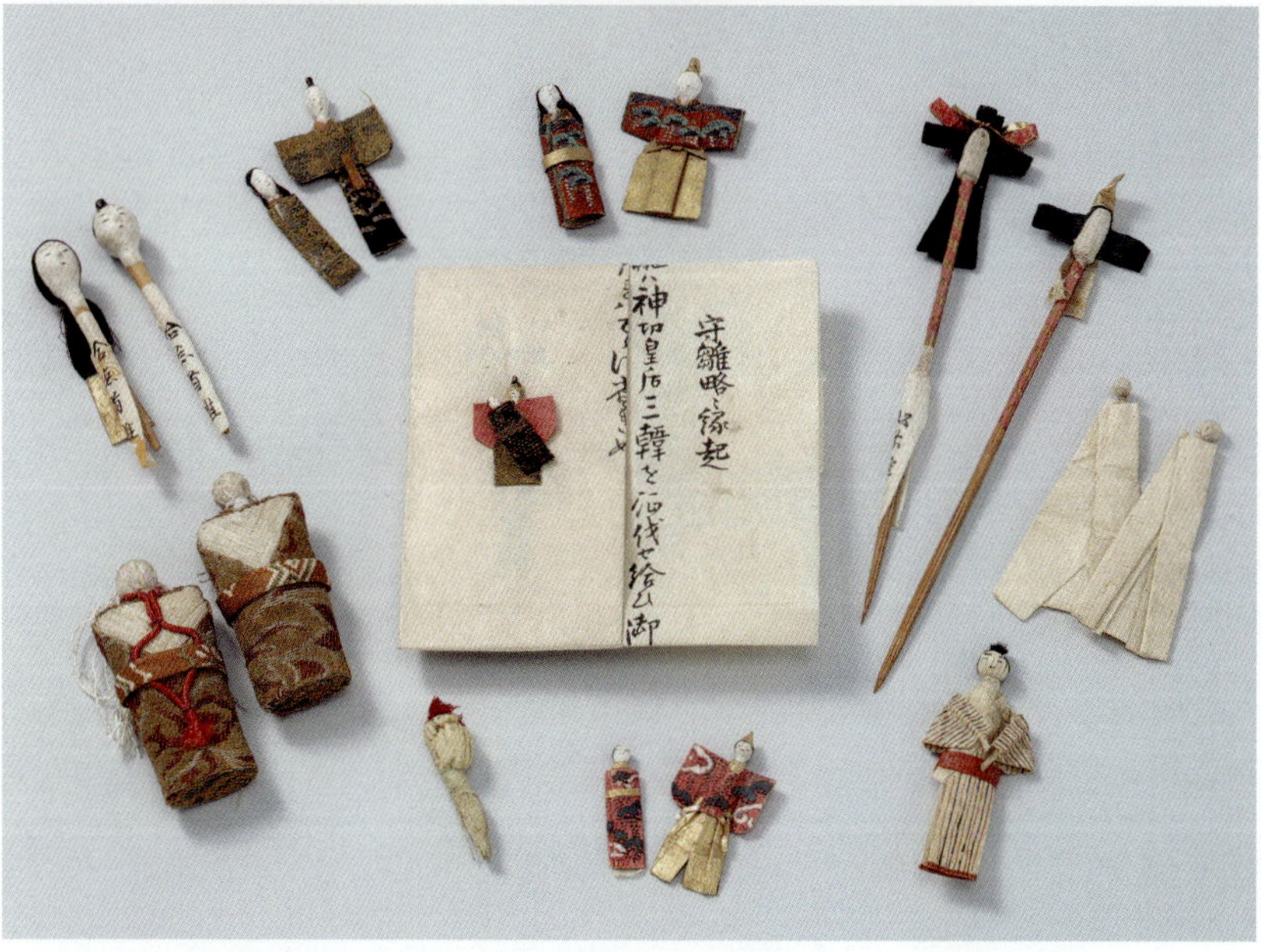

左から時計回りに合点首雛・異製立雛・嘉永年間の雛・松前雛のかんざし・勢州山田小米雛・八丈島雛・高砂雛・参州かつら子雛・古製琉球雛、中央・紀伊国加太淡島神社お守り雛

上段左から立雛・立雛・文政年間の立雛・天保頃の立雛
中段左から京都製立雛・押絵雛・加茂の社祓の雛
下段左から近世薩摩立雛・元禄製立雛・古代立雛

上段左から古製薩摩糸雛・琉球雛・近世薩摩雛・讃岐の国姫ご前様
中段左から琉球紙雛・薩摩雛
下段左から薩摩糸雛・天児とお伽這子・越後新潟の雛

上段左から土製写生装束雛・田舎雛
中段左から次郎左衛門雛・田舎直垂雛・加茂木目込雛
下段左から越ヶ谷雛・七沢屋御部屋雛・古製次郎左衛門雛

上段左から寛永頃の雛・在郷雛
中段左から直垂雛・三州かつら子雛・児子雛
下段左から在所雛・古製室町雛

上段左から瓢箪雛・家喜恵雛
中段左から神代雛・楽しみ雛・睦み雛
下段左から浮世雛・一刀彫雛・豆雛

上段左から高砂尉姥の雛・古製鴻巣雛・甲州花負雛
中段左から数珠子雛・菜の花雛
下段左から木製薩摩雛・土佐の糸雛・近世鴻巣雛

上段左から近世内裏雛・木彫親王雛
中段左から三河神社へ奉納の雛・芋雛
下段左から御殿雛・神像雛・杜園作寧楽雛

上段左から立像雛・室町雛・吉野雛
中段左から古代木製雛・琉球雛・福寿雛
下段左から木製親王雛・三浦乾也作深艸雛・縮緬雛

上段左から奈良雛・木製立雛・奈良雛
中段左から吉野雛・一刀彫雛・起上りの立雛・起上り雛
下段左から芥子雛・最芥子雛・張子一文雛・菱の実雛・姫ぐし雛

上段左から伏見焼雛・木彫親王雛・淡島寒月作土製雛・江戸一文雛
中段左から住吉雛・伏見焼雛・土製次郎左衛門雛・土製一文雛
下段左から加賀の雛・土製深川雛・寧楽雛・土製三州雛

晴風が愛した「おもちゃたち」

晴風はたくさんのおもちゃを集めましたが、絵に描いてしまうと、おもちゃそのものはほとんどを友人達に分け与えてしまったようです。そのため、コレクションは手元に残ることがなかったといわれています。かつて晴風が愛した人形や郷土玩具のうち、今に伝わるいくつかをご紹介します。

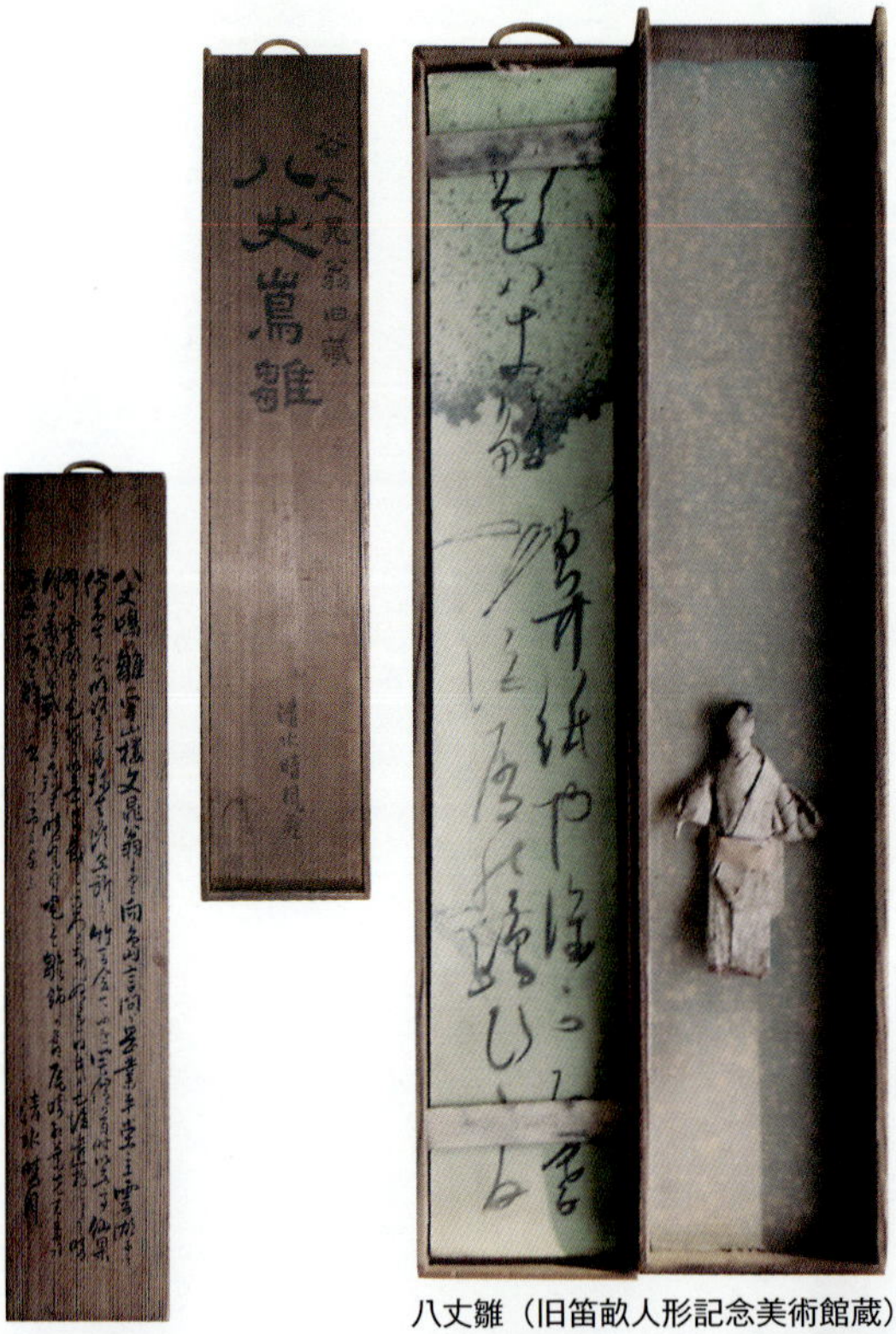

八丈雛（旧笛畝人形記念美術館蔵）
（写真提供・川本　勉氏）

元禄おやま人形
（祐生出会いの館蔵）

伏見焼おやま人形
（祐生出会いの館蔵）

金沢の練物（個人蔵）

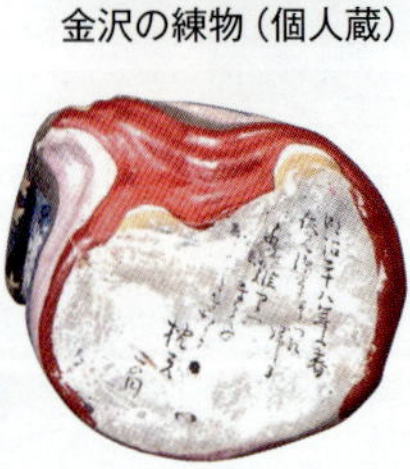

底には晴風直筆で、「明治28年春、深草よりつれ帰る…」と書かれている

山形の虫除け羽子板（個人蔵）

『うなゐの友』初編

御伽這子（吉徳資料室蔵）

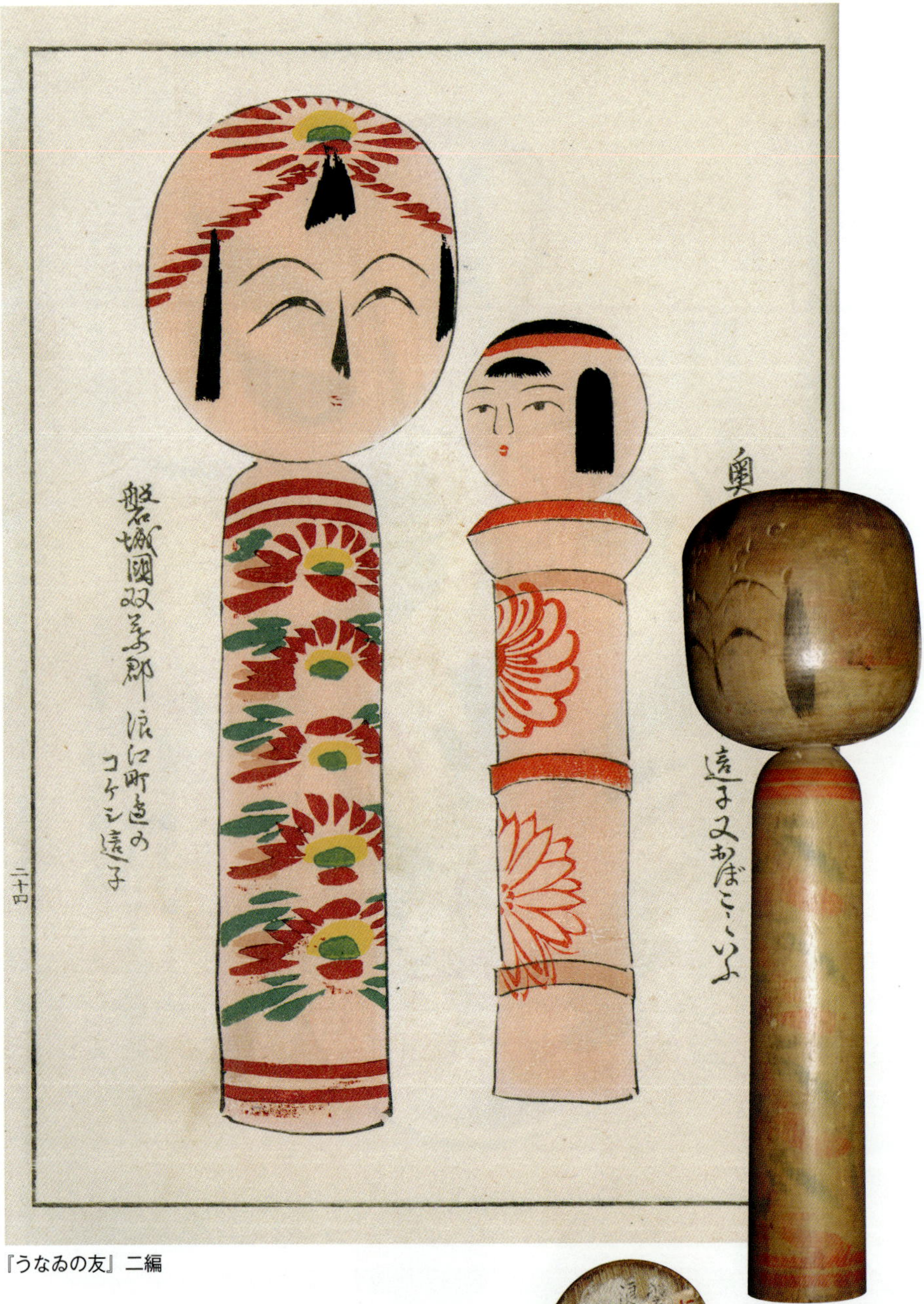

『うなゐの友』二編

遠刈田こけし
（原郷のこけし群
西田記念館蔵）

こけしの底には、
晴風直筆の由来が
書かれている

『うなゐの友』五編

日奈久のべんた（個人蔵）

江戸流行本雷朴つの名物
んどう刻と替りたるこぶ
手遊なり

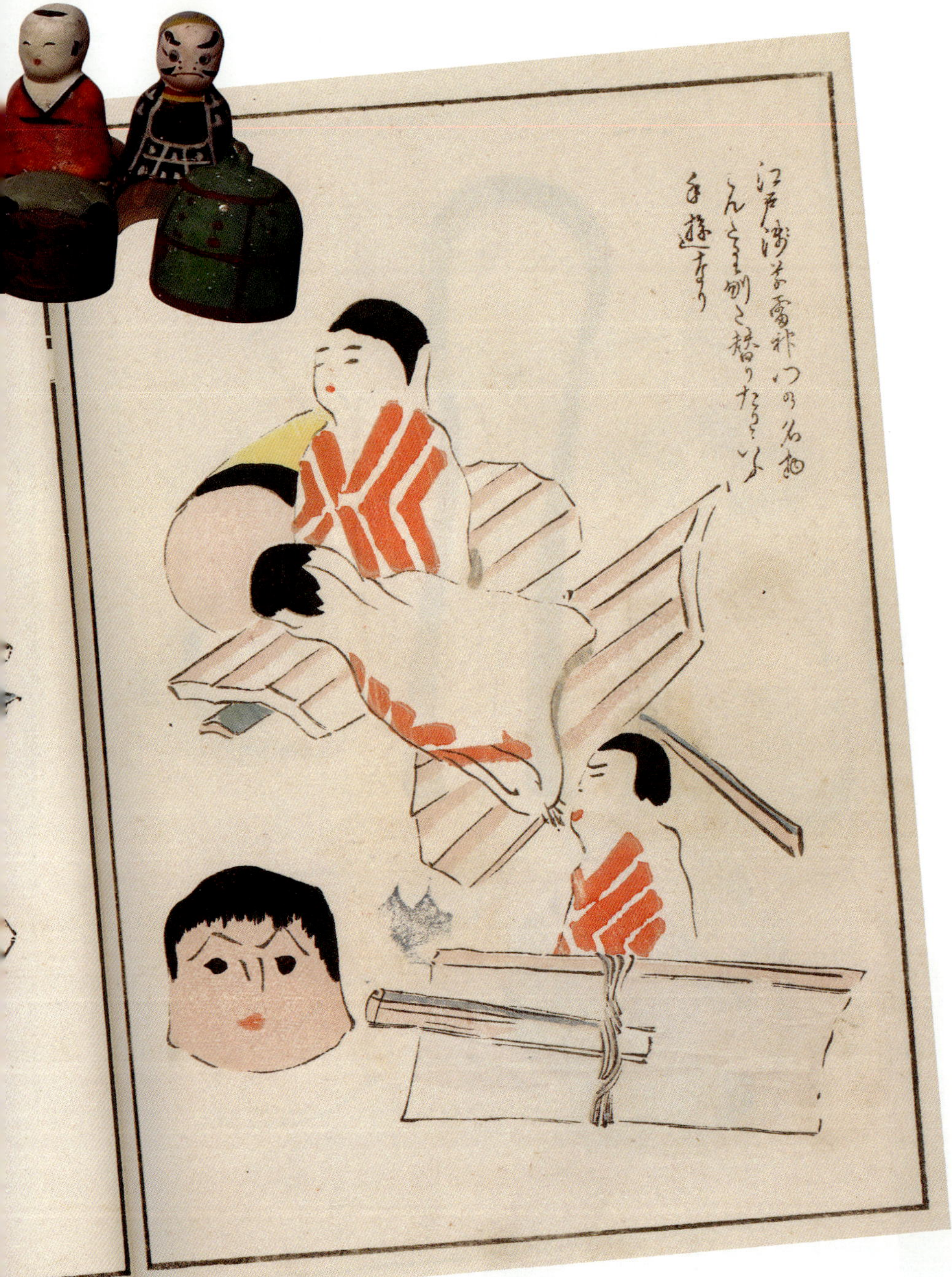

とんだりはねたり（個人蔵）

『うなゐの友』初編

伏見院の神輿

安房國の神輿ハ
毎年八月十五日ニ備
宮みね谷の所々隠シ
国地方一般ニ本坊らく
を呈せられて顕ん
投ふと云ふ

『うなゐの友』四編

裏には晴風の自筆の解説がある

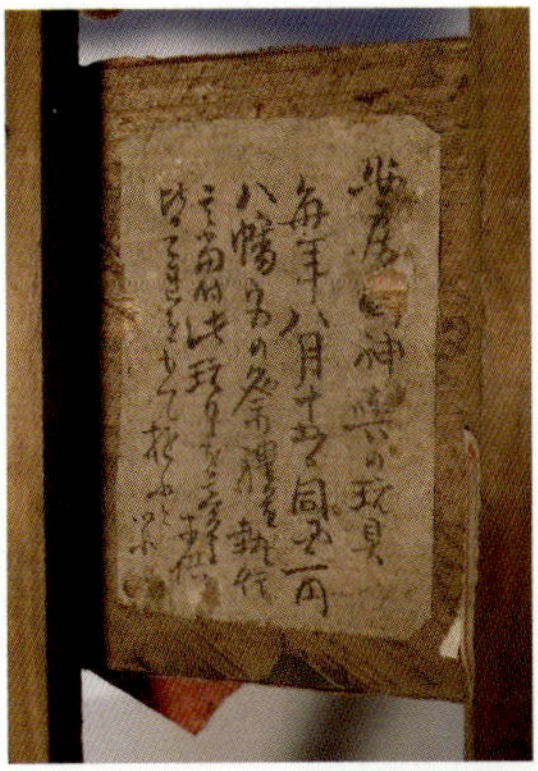

安房の神輿（個人蔵）

『うなゐの友』六編

金沢の練物（個人蔵）

京都市教育会報　記念号『こども博覧会』（明治40年3月20日発行／石敢堂）より

江戸時代神樂面諸國羽子板
東京 清水晴風君出品

薩摩雛
京都 小山猶子君出品

古代玩具
東京清水晴風君出品

晴風旧蔵のおもちゃ（『日本百科大辞典』明治43年3月24日発行／三省堂書店）

①筑後柳川 きじ車　②出羽庄内 手獅子　③肥後のきじ車　④肥後木の葉猿
⑤出羽鶴岡の兎　⑥伏見の牛　⑦文化年江戸製 押絵の羽子板　⑧日向高岡 うずら車
⑨奥州八戸　八幡の馬　⑩琉球の雞　⑪三州兎足神社の面王　（写真の中の数字は編集部。）

⑫ぶりぶり毬杖　⑬山城山崎の猪　⑭肥後熊本の首馬　⑮ぶりぶり
⑯大阪四天王寺 猫つか猫　⑰住吉の貝雀　⑱宮島の鹿猿　⑲浜松にて盆踊りに用いる絵太鼓
⑳紀州の瓦猿　㉑肥後木の葉猿　㉒大阪神農社の虎　㉓奥州 三春駒

晴風の足跡

晴風を偲ぶものも遺されています。没後、晴風の功績を讃えて巣鴨・本妙寺に建てられた記念碑には、晴風と交友の深かった人たちの名前が刻まれています（巻末参照）。

清水晴風氏の葬儀

玩具博士清水仁平翁の葬儀は昨日午前八時自宅出棺谷中斎場にて執行されたるが何様神田草分けの名物男とて会葬者は同区長市会議員各警察署長を始め区内の各公共団体其他知名の操觚者の葬送するもの無慮三千名に達し寄贈されたる生花造花も頗る多数に上り棺側には所轄署よりは特に巡査を附する抔近来稀に見る盛儀なりき

晴風の葬儀を伝える朝日新聞の記事（大正二年七月十八日）

清水晴風記念碑（本妙寺）

晴風がねむる、東京・巣鴨の本妙寺と晴風の墓

大阪、京都の晴風ゆかりの人による清水晴風翁遺作展が大阪下寺町光明寺で大正13年7月6日に開催された。この涅槃図は川崎巨泉作成の記念品

山内神斧が描いた清水晴風像。『これくしょん』16号　昭和13年7月25日刊

清水晴風文献集

近松 義昭

郷土玩具のバイブル『うなゐの友』という名著を著した晴風の生涯については、ほとんど資料が残っていないといわれてきました。

しかし、「窮すれば通ず」、続々と見つかる資料は、まさに宝の山。これらによって、晴風の足跡をたどる旅を始めることができました。ここにその一部をご紹介します。

清水晴風の文献探索は、まさに「宝探し」の旅

清水晴風『うなゐの友』の関連資料を中村浩訳氏が入手したことを切っ掛けに、晴風の伝記の出版企画が立ち上りました。伝記の執筆は、吉徳資料室にお勤めの林さんに、私には資料集めという大役が仰せつけられました。

日本での玩具蒐集の出発点は清水晴風といっても過言ではありません。此処を確認しておかないと郷土玩具は判らないとの漠然とした思いもあり、資料の収集に取りかかりました。でも何から手をつけていいのか、ともかく、先ず手始めに十年程かけて蒐集した手持ちの玩具文献を見直すことから始めました。漫然と並んでいた書棚の資料を、晴風の生きた時代である明治・大正と、戦前、戦後の三分類に並び換えました。そこでしみじみ判ったことは、明治・大正時代の文献の貧弱さでした。並べ換えてみれば蔵書の刊行された時代はせいぜい戦前止まりで、明治時代はほとんどありません。過去二十年程度の出版物の入手は比較的容易ですが、四十年以上経過すると入手の機会は限られてくるようです。戦前の出版物は戦禍をくぐり抜けなければなりません。まして、一部の好事家のみに頒布した印刷物、ビラ、当時連載された雑誌類については、形跡を辿ることも難しいのが実態です。

川口栄三著『郷土玩具文献解題』、菊野智美著『鹿児島県指定有形文化財河邉コレクション目録』黎明館調査研究報告第十八集の文献リストを基礎にし、従来目にした

ことのない文献に当たることにしました。当初、国立国会図書館に、後、図書館を拡大し地方では宮城、秋田、京都、大阪、地元では東京、千葉の、各都府県立図書館に、また、葛飾区立図書館、早稲田大学演劇博物館、東大法学部付属明治大正新聞雑誌文庫と、明治時代の記録の断片を探し集めました。

先ず清水晴風の生きた時代の資料を探すことを方針に立てましたが、ここからは行き当たりばったりの手探り。雑誌『風俗画報』五百十七冊（明治二十二年〜大正五年）は、漫画家であり趣味人の宮尾しげを氏作成の索引から関連のありそうな部分を拾いました。二件の晴風関連記事を見つけたことは、喜びとなりました。他方、雑誌『新公論』に坪井正五郎、淡島寒月の文があることに目をつけ、期待をこめて探しました。索引が無いため、明治期は復刻本を、復刻されていない大正期は、マイクロ化された情報を一枚ごとに見る作業を続けましたが、結局見つけることはできませんでした。掲載文があるかも知れないとの期待は、時間だけを浪費させる結果をもたらしました。学術論文の検索は広く可能でも、趣味の世界は検索対象から外れ、検索可能な範囲は限られているという現実に直面しました。

郷土玩具文献をリスト化した本に、川口栄三著『玩具人形文献の栞』（昭和十七年、吾八刊）があります。そこでは晴風の自筆本に、『人形百種』、『雛の國』、『諸國羽子板』『はな』『繪比良圖考』『東京名物百人一首』『世渡風俗圖會』があると紹介されています。『諸國羽子板』は大正十二年の刊行で見ていましたが、その他は知りません。国立国会図書館に当たった所、『はな』という本が見つかりません。そこで晴風研究をしている同図書館勤務の川本勉氏のお力を戴きました。新しい発見は『あつまの花』で、浮世繪の貼込帖であり、晴風の解題が記されています。中に、写楽の浮世絵を晴風が模写したものも貼り込まれていました。こうして、従来『うなゐの友』六冊以外の晴風の玩具を含めた絵が一挙に見えて来たのでした。川本勉氏からは、西尾市岩瀬文庫、笛畝人形記念美術館等の晴風情報を教えて頂き、晴風の世界は広がりました。

従来蒐集していた晴風関連の資料は、昭和時代に書かれた文献でしたが、山口昌男著『敗者の精神史』、『内田魯庵山脈』、『敗者学のすすめ』の三冊は、多数の文献を引用しています。その文献の確認作業をしたところ、対象文献は一挙に拡大しました。晴風を知るには、淡島寒月、西澤仙湖、廣瀬辰五郎、林若樹、坪井正五郎、竹内久一等同時代人との関わりを確認する作業が必要と気づきました。ここから参照文献が急増したため、かえって収拾出来ない事態を迎えます。変体仮名を読めるようにする方針を保留し、調査対象の資料の急激な増加を前に、今も尚立ち止まっています。

中村浩訳氏が玩具の講演会を行った埼玉県久喜市立図書館で、『日本人形玩具学会誌』十六号所載の、小林すみ江氏の「明治の文献 落ち穂拾い」に出会ったのは、喜びでした。一方で早く出会えていれば時間を節約できたとの思いは、捨てられませんでした。

結果から見ると、晴風と同時代人の著作と、玩具文献リストのチェックとを往復する作業をしたことになります。こうした作業を通じて、山口昌男氏が「知のネットワーク」と表現する人間関係の絆に改めて驚きの目を向けることとなりました。晴風の軌跡を集古会では辿ることが可能ですが、同じく活躍したはずの大供会、元禄会、遊食会、国柱会での晴風の姿は？　俳人晴風・号「車人」は？　浮世絵や納札の世界では？と、課題を残しています。そして現在は、晴風の生きた同時代人の林若樹、三村清三郎、鳥居龍蔵等の著作から、晴風と出会う作業をさらに継続中です。

新聞、雑誌について

新聞は、読売新聞が明治創刊以来のデータを検索が出来ることが驚きでした。現在では、デジタル化が進んでいて、新聞各社最近号は記事検索が出来る環境です。さかのぼってどこまで可能かは、新聞により異なるようです。朝日新聞は昭和以後が可能で、晴風の生きた明治・大正の記事は残念ながらできません。晴風は文章表現よりも、絵で表現することが得意だったとみえます。インタビュー記事が新聞雑誌に多く掲載されています。読売新聞では晴風名が延べ二十一年間に二十一件登場し、その内インタビュー記事は六件あります。晴風翁還暦祝賀会の記事は写真付きで他新聞でもこぞって掲載されています。玩具博士として、集古会として、元禄会としての晴風の姿を伝えています。インタビュー記事は朝日新聞他にもあると思いますが、この度は掲載することが出来ませんでした。

神田新報社『神田新報』に晴風の記事が掲載されているとの情報が、板祐生の『清風帖』にありました。元の『神田新報』を所蔵する機関がないかを調べましたが見つかりません。晴風没年の大正二年十月、神田公論社より『神田の伝説』が出版されています。おそらく『神田新報』に連載した記事ではないかと、又神田っ子の晴風の記事が他にもあるのではないかと思うばかりです。

大正14年7月16日、(東都肉筆納札会刊)

雑誌『集古会記事』に登場する晴風の肉筆本、貼込帖を拾い出し、晴風の著作リストをタイトルの表示をして、作ってみました。没後復刻された書籍も含めて、判明しているだけで四十を越えます。晴風の生前に手を離れた『人形百種』、没後では『絵比良図考』『東京名物百人一首』、『雛の図』、『羽子板の図』が確認出来ます。しかしなお、林若樹氏に渡った『清水晴風翁玩具写生図』五十冊については目に触れることがありません。内容はわずかに十八冊の、タイトルらしき物が判るに留まります。晴風の残した玩具絵は、そのほとんどが姿を見せていないことも確認出来る事となりました。

巣鴨・本妙寺にある、「晴風記念碑」は大正四年にでき上がり、除幕式は六年四月十六日に執り行われました。ここに晴風の知友の名前が刻されています。大正四年に

印された晴風の知友は八十九名、その後追加されたらしく、現在は九十四名の名前を確認することができます。これらの人物の晴風との関わりを調べることから、新しい晴風の姿が現れるにちがいありません。多くの人物は人名辞典や、新聞、書籍の著者として登場します。生没、住所の全く判らない名前は十数名に留まり、晴風の交友した人物の世界は、郷土玩具、納札、俳諧、浮世絵、出版等を通じて、趣味家に止まらず、政治家、学者、画家、小説家等と広がっています。彼らの遺族に、晴風遺愛の玩具、晴風の人柄の断片が残されているに違いありません。

従来の晴風は、『うなゐの友』、『神田の伝説』を代表にした限られた姿でした。晴風の遺品は残さず知友に分けた為に、清水家の遺族でさえ、晴風の姿が見えない時代を迎えることになりました。晴風記念碑に刻された方々の遺族から、晴風の遺愛品が集合して一堂に展示される様な機会が、やってこないかと夢想することは楽しい事です。しかし一人一人を訪ねる作業は、途方もない事に違いありません。

本格的な晴風関連の文献調査はこれから始まるのかも知れません。英文のフレデリック・スタール著『日本の玩具とその蒐集家たち』は未だに幻の文献です。収集した関連文献を踏まえる作業を通して、新しい一歩が踏み出せるのでしょう。今回の作業中、従来紹介されていない晴風の文献を見つけた時、新しい晴風像に出会えるという喜びを享受しました。

このようにして探し出した資料の一部を、次に紹介いたします。

「人形時代の説」

（『考古學會雑誌』一號　明治二十九年十二月刊行　より）

むかし寛永の頃より天和貞享元禄亨保後に至る迄、人形をもて遊ぶ事大に流行す。然れども小兒の玩弄ものにあらず。又雛人形の類とハ其製作のさま異にして、却て大人の愛で興ぜしものならんとは、還魂紙料の上の巻若衆木偶《にんぎやう》のくだりに載たる説なり。若衆木偶とハ其頃の若衆の風俗を人形に作りたるものにて、首手足等は木彫の上に胡粉にて着色をなす、衣服は古金襴又ハ疋田鹿の子の縫箔あるきれを以て美麗に作り、髪の結風は折柳深草流などの類にて、髱《たぼ》と前髪は鯨鬚にて心《しん》を作り、張出したる形ち鳥の尾に似たる故、鷗髱《かもめづと》、鶺鴒やうなどの名ありしとかや。續ておやま木偶といへる物有り。皆其當時の婦女子の風俗をうつせしものなり。これらの木偶は總て金襴錦等のきれにて衣服を美しく着《き》せ市女笠《いちめがさ》といへるを冠り、六尺袖といふ振袖の衣裳を着たるさまは、今見る大津繪の藤娘の如き風俗なり。未だ此外さま〳〵の物あるならん。而して又置上《おきあげ》木偶といへる物有り。これも其頃の風俗を其儘寫せし木彫の人形なれども、前の衣裳人形と異なりて、總て置上げの着色せし一層優美なる製作の木偶にて、種々の風体あれど、就中婦女子の姿、若衆、野奴、丹前、六法出立《でだち》の類最も多し。又近世奇跡考（京傳著）に右近源左衛門といへる若者《わかもの》京都より下り、三味線引一人地うたひ一人にて藝する時、今のかつらなどいふものなく、黄色のふくさ物に細き糸を付け額に冠りて月代《さかやき》を隠す、面体奇麗なる若者なれば、女の如くに見ゆる、扨藝は海道下り山崎下りなどいふ道行《みちゆき》の歌を地《ち》うたひにうたはせ、それを小舞にして舞ふ云々、此源左衛門の体を人形に木にても又紙の張ぬきにも作りおびたゝしく賣る云々、右近源左衛門の人形につゞきて、坊主小兵衛とて名高き俳優の姿をも人形に作る、之を小兵衛人形といふ、其後團十郎小太夫なども人形に作り鬻ぎたること等載たり。されバ此當時を以て人形時代と稱するは敢て道理なき説にはあらざるなり。而して古代の浮世風俗繪は、人形の優美なるさまに依り之を應用して書き始めたるに疑ひなし。如何とならバ、其頃金平人形といへるものゝ働きの活撥なるを見て、演劇者（元祖團十郎と云）が荒事のわざおきを工風せしとの説等をとりて思ひ合すれバ明なれど、猶此説をたしかめんには其時代の事を詳に剏記せバ自ら了知せらるべし。貞享の頃山田外記、野々口立圃等の人が浮世木偶を専ら製し世に行はれて後に菱川師宣、吉田半兵衛、奥村政信、西川祐信等の人々が浮世風俗を書き流行せしことを考ふれば無論浮世繪よりも浮世人形の方先たてり。これにても猶疑ひあらば更らに他の證を擧げんに、元祿の頃鳥居庄兵衛清信（鳥居派の元祖）が俳優の姿を書き起せし畫風を見るに、人形にしかみといへる顔の作り方あり。此しかみの顔を團十郎の似顔に應用して書きたること今に鳥居派に傳ふる書法なり。總てこれらの古書を集め又古き木偶を集めて對照して、迂生の説は強ち當を失へる空説にあらざることを自認す。迂生は固より無學なれども、唯平素古きものを好む癖ありて、何品にても手に入に毎に必ず其傳説來歴等を調ぶるを常とす。人形時代といふ説ハ、骨董集、還魂紙料、用捨箱、近世奇跡考、及嬉遊笑覽等の著書に據り又實物に徴して愚考せし處なれば、聊か記して識者諸氏の高教を待つになん。

附けていふ、迂生年頃蒐集所藏せる玩弄物の内聊か風俗に關する人形の類を拙き筆に寫し毎號本誌の餘白を汚さんと欲す

（一）雛人形

天和貞享頃製作の雛人形といふは是也。京傳の骨董下集の巻に曰く、井原西鶴が遺稿元祿八年に印行せる「俗つれ〴〵」といふものあり、四の巻に美女の姿を書き其さま此ひいなにいさゝかもたがは

ず、其繪のかたはらにかきて云、「しめつけ島田髮のさきもあとも同したけにして眞中に平元結《ひら》をかくる」又云、「ふきびん云々」といへるも此人形のさまによくあへれバ、これを天和貞享の頃のものと定む。西鶴がさうしかけるはおほかた其頃なれば也。かゝれバ此人形の髮はしめつけ島田、ふき前髮、ふきびんといへる結ふりとしるべし。雛とハちいさき義なれバ大なるハ名義にたかへり。骨董集に載せたる山東京山所藏の雛人形第一圖に示す人形と髣髴たれば、天和貞享の頃作りたる雛人形といへるものに疑なからん。

(二) 置上《おきあげ》若衆人形

置上げ人形とは木彫の上に置上げの着色をしたる人形をいふ。此人形は亨保頃の製作にして、大さ圖の如し最優美なり。着色せし人形を都て置上げといへども、嵯峨人形とハ別なり。嵯峨人形には小兒遊戯の圖又は唐子遊び等の物數あり、元祿の置上人形の方には婦女子並に若衆奴丹前等の浮世人物の類多し。

(三) 衣裳人形（但若衆人形の類）

元祿前後の物、衣裳は金襴錦にて作る。髮の結風は深草流折柳などの類ならん。髱《たぼ》は鷗髱《かもめつと》、鶺鴒《せきれい》樣《やう》とて鳥の尾に似たり。此若衆人形にさま〳〵の形あれども、爰に圖せるは極めて小なるを撰み載たるなり。

(四) 浮世人形

浮世人形は元祿正德の頃もてはやしたる一種の物なり。衣服は縞また鼠純子、帯は鹿の子に縫すり箔等のきれを用ひ作りたるものなり。此人形は衣服の裾を開けばおのつからかくし所などを現はす如くに作りたり。

(五) 寶曆年間の衣裳人形（京都製）

寶曆頃の衣裳人形は元祿前後の衣裳人形とは其製作のさま異なり。衣服は京錦の麁末なるきれにてかいどりを着たるもの多し。こゝに載せたるも上着《かいどり》をうちかけたる様なり。かいどりうちかけは都《すべ》て朱の縮緬に粗略なる縫をところ〳〵にせしもの皆一様の如し。此頃の髮の結風はびんさしを入髩をつめること元祿とは大いに相違せり。一個の木偶にて、如斯風俗のかはり行さまを知り得らるゝものなれば考古學の必要亦思ふべきなり。

(六) 寛政頃けし人形（大阪製）

芥子人形は既に元祿前に作りたる者ならん。西鶴「一代男」壹の巻に小筥をさがし芥子人形おき上り雲雀笛をとり揃へ云々。「五元集」に菓子盆に芥子人形や桃の花見三月雛の句中にあり。「雍州府志」に云木偶人施衣裳小者謂芥子人形芥子人比至小者云々とは嬉遊笑覧六の下の巻にみへたる説也。迂生の藏する芥子人形は其種類多くあれども餘は他日更に之を記さん。

「玩具の今と昔」

(『唾玉集』 明治三十九年九月十九日刊行　より)

清水晴風君談話

これは神田旅籠町なる荷車屋の親方にて、朝夕筒袖に前垂掛けで車力を使ふ忙がしき渡世の傍ら、或は古物をあさり、或は雑書を繙いて考古の業を楽みとするは彼の山崎美成高屋種彦等が流れを亜けるにや、取分け昔よりの玩具は氏が廿年来熱心を以て蒐集し且つ研究せる所、往年既に『うなゐの友』と題し古今の玩具数百種を描きて世に公けにせる事ありき、されば茲に掲げたる氏が玩具談の如何に意味の深長にして観察の周到なるかを見よ、談話は先ず氏が玩具に対する嗜好端緒及び変遷より始まる。

私《わたくし》が玩具《おもちや》を好みますのは明治十三年が初めで、只今美術学校で教師を致して居ります竹内久一《たけのうちひさかず》といふ彫刻家が、その明治十三年の春、向島《むかふじま》の言問《ことゝひ》で竹馬会《ちくばくわい》といふを催しました。其の時友人が持ツてる玩具を陳列いたして、甚だ少数ではありましたが、其れから何で御座んする、私も急に面白いといふ考が起りまして、ポツ〱集めましたが、此処《こゝ》へ一つの考が起ツて、第一に古物を愛するは所謂《いはゆる》温故知《をんこち》新《しん》の意で宜しい事ではあるが、吾々の身分で見ますると、高価だから到底《とて》も得られない、然《しか》るに玩具は価の廉いもので、そして後世《あと》へ残らない、当時の子供が皆毀して仕舞ふ、稀な物だから此奴《こいつ》を集めるのは他の古物よりも余程興味が深い、また此の玩具に就いては、美術と深い関係を持ツて居る、子供の持つ物ですから至ツて無邪気に出来て巧《たく》んで無い物だが、其の中に自然の巧みがあります。一つは、古い物は古代の質朴な処や何か人情風俗が能く解かります、又地方のを見ますると地方の質朴な処が解かツて、それが処によツて変ツて居る、して見ると玩具を集めるのは単に慰みばかりでは無うて必要な事だといふ考が起りました。

其れまでは得るに従ツて集めましたが、益々進んで地方に頼んで取寄せたり、或は自分が遊歴の際に力めて買ツて来て、段々溜まツて参りました、私が『うなゐの友』といふ本を拵へた時には三百種くらゐに成りました、それでも尚《ま》だ当時は、其の玩具が如何《どう》いふ訳で伝はツて居るか、如何いふ事で出来たか、左様《そん》な事は少しも頓着しませんでした、然るに理学士の坪井《つぼゐ》（正五郎《しやうごらう》）さん何ぞの発起になりました集古《しふこ》懇話会が出来た時、鳥居龍蔵《とりゐりうざう》てえ矢張大学で人類学の方が手前へお出でに成りまして、玩具に就いて如何いふ考があるか、大学にも『うなゐの友』を備へて参考にして居るが、といふ事で、其の時お答へ申したには、最初は一つは好事《かうず》、中たびには一つは美術の参考、一つには古《いにしへ》の人情風俗を考へる栞《しほ》り、極退いては経済上で廉く物が得られて其れで有益な事であるといふ最前申した通りの考を御咄いたしました、それから会のある度《たんび》に御招きに成ツて、出品して説明しろといふ仰せでした、処が説明は充分調べなければ出来ない、それから少々づゝ種々《いろ〱》の書物を見まして、玩具に関する事を書抜いて置いたり又は記憶して置いたりして、段々玩具の起源《おこり》や何かを考へて見ました、すると玩具に三つの区別があると心付きました。

先づ第一の起源《おこり》てえものは、その一つの紀念物で、或はお雛様は神功《じんごう》皇后が三韓征伐の故事で、其れが紀念に成ツて淡島《あはしま》様へ雛を備へ又はお守りにして出すとか、例へば、日清戦争には刀や何かの玩具が流行ツて、其れが後には紀念に残るかも知れません、地方には左様《そん》な事がまだ〱沢山ありますが『考古学会雑誌』『女子の友』『教育時論』なぞに時々投稿致しました、其れを御覧になれば自然と伝来が解ります、それから第二は神様のお守的で、筑紫《つくし》の駒鳥、法華《ほつけ》寺《ぢ》の犬守《いぬまもり》、東京では目黒の餅花《もちばな》、芝《しば》の千木箱《ちぎばこ》、酉《とり》の町《まち》の熊手、亀井《かめゐ》戸《ど》の繭玉《まゆだま》だとかいふもので、畢竟《つまり》縁起的な玩具です、今《も》一つは、全く子供の遊戯品なんで、これは世の中の進歩するに従ツて変遷します、この玩具ほど進歩の速かな物は御座いません、既に今日ブリキ細工器械仕掛が出来て参りました、それから昔の女の羽子板《はごいた》にしても子供のブリ〱にしても取調べると教育に関係を持ツて居りますが、一々お咄し致すと長くなりますから只今はザツとの事だけを申します、つまり私が三つの種類といふのは、紀念的、祭礼的もしくは縁起的、遊戯的の三つで、此のうちで遊戯的のは時勢によりて変更するものですが、第一第二は今日に至るまで其儘で残ツて居ります、只絵の具や何かゞ少しづゝ違ツて居るから、幾分か雅致を失ツとりますが形だけ其儘《そつくり》違ひません。

談話は愈々進みて現今の玩具の事に至る。

今日の玩具《おもちや》は非常に進歩しとります、段々器械的に出来ますからな、だが、質朴雅致の点は非常に乏しく成ツて居ります、一体に玩具屋ほど新工夫の早いものはありません、一つの玩具を世に出すま

では極秘密にして、それを一つ発表すると同時に跡の工夫が付いて居るです、一種特別の考が上手なもので、実用的に彼《あ》のくらゐな物が出来たら非常に国益になるだらうと思ひます、しかし玩具の意匠家と申して誰れと限りは無いので、所謂《いはゆる》問屋《とひや》の職工中に矢張面白い工夫があれば問屋と相談の上資本を出して貰ツてやるのです、今日《いま》別段意匠の方で有名な人も無いですな。

また、昔の儘で少し形を変へて残ツて居るものが過半数です、例へばオシャブリですが、昔は子供が手を口へ入れる時分に、彼《あ》れを咬へさせたもので、其れが進んで来ると其の先を笛にします、すると形がグツと大きくなります、全《まる》で咬へて仕舞へば笛が鳴らぬから是れは是非大きく為《せ》んければヤ成りません、其れが又進んで穴の中へ牛乳《みるく》とか何とか滋養物を入れて自然と口へ食べるやうな具合に出来て居ます、先《ま》ア左様《さう》いふ風に進歩するのですな。玩具の職人は種類によツて得手があツて、張子《はりこ》とか、土器とか、器械的所謂ブリキ細工とか各自《それぞれ》違ひます、上等品は寺内《じない》の武蔵屋《むさしや》が有名ですが、昔は池《いけ》の端《はた》の七沢屋仙助《なゝさはやせんすけ》てえ名人があツて、此処《こゝ》から出るのは極めて細かい、お雛様でも一寸ぐらゐで極巧みに出来て居て、知ツてる人は七沢屋物と言ツて今でも賞美します。

只今申した武蔵屋が私の『うなゐの友』を縮めて仏蘭西《ふらんす》の博覧会へ出品しましたが、大いに賞賛を得て跡から幾通りも注意が参ツたさうです、此の家は子供の玩具といふよりも先づ大人の注文物を製造するのです、又先頃画工の芳幾《よしいく》さんなどが美術人形と言ツて縮緬細工《ちりめんざいく》を発明して専売を得ましたが、余り上等過ぎて結果は面白くありません。

話頭一転して自己の経歴談に移る。

手前共の商売は本年が二百年の法事で、十一代このかた此の渡世を致して居りますが、昔は一つの株に成ツて、誠に結構なもので、お大名とか旗本とかに出入を致して、或は大名中より御扶持を戴くといふ有様でしたが、御維新以来それが無くなりまして思はしい事もありませんが、父は斯様《かやう》な古物《こぶつ》なんぞは嫌でありまして、只父の実家が有名な本所の石原《いしはら》オコシで、其の父の親に当る私の祖父《ぢゞい》が極《ごく》風流な人で、狂歌も狂句もやり、葛飾北斎《かつしかほくさい》翁、柳亭種彦《りうていたねひこ》、先代の川《せん》柳《りう》などと交際しまして、それから、其の前の私の曾祖父《ひいぢゞい》が矢張風雅な男で、文々舎蟹丸《ぶん〳〵しゃかにまる》の弟子となツて繁美《しげみ》といひ、又文鴻《ぶんこう》とも、申しました、祖父《ぢゞい》も文子《ぶんし》といふ別号がありましたが、左様《さう》いふのが、祖父曾祖父《ぢゞいひいぢゞい》で、それから好事が私に遺伝して来たんだらうと思ひます、何だか味噌を上げるやうに聞えますが、幼少から画《ゑ》や字をかく事が好きで、しかし昔ですから無教育で育ちましたが、他処《ほか》へ年期奉公に参りましても他の小僧と違ツて、宿入《やどいり》に来ると筆や絵の具画《ゑ》手本《でほん》を買ツて、徒《いた》ら書《かき》を慰みに致しました、其のお陰で今日でも生活の補助《たし》に絵《ゑ》びらなどを描いて、是れが殆ど本業よりも割のよい収入となります。

更に古物を愛する者の種類に説き及ぼす。

同じ古物家《こぶつか》でも、好事《すき》で愛すのと贅沢で愛すのと種々《いろ〳〵》あります、私は世の中と反対の説があツて、一般に極彩色の密画で、幅も表装も至れり尽せりてえ物は莫大な価《あたひ》が致しますが、それと全く同じ人でも淡彩になると全《まる》で変ツたくらゐ廉価です、それで私なんぞが考へますと、淡彩の刷毛《はけ》一本でやる方には其の人の伎倆が分るが、密なのは贋物が出来る、其の人の癖も好い処も一筆のうちに解るから、如何《どう》しても草画《さうぐわ》に限る、それが却ツて廉いので、世の中は只優美な物を贅沢から好む、真《ほん》の好《すき》では無くて誇る為めに持ツて居るのではありますまいか、古物も其の通りで、如何な古物でも徒らに仕舞ツて居ツては詰らない、其れを能《よ》ツく考へて、所謂温故知新で当時の風俗人情を研究するとか又は之を利用して新しい物を作り出すとかすれば世の中を益する事が出来る、つまり京伝《きやうでん》の『骨董集《こつたうしふ》』、種彦の『還魂紙料《くわんごんしれう》』『用捨箱《ようしやばこ》』、山崎美成《やまざきびせい》の『探寄漫録《たんきまんろく》』などのやうな考で古物を愛したい、所が今日では誇ツて居るのが古物家なんですな、私は一種の考古学となツて世の中を益する事が出来て往くだらうと思ひます。

「大津繪風俗考」

(『集古會誌』 明治三十九年九月刊行　より)

大津繪といふもの大津繪節に『外方梯子剃り、雷錨で太鼓を釣り上る、お若衆が鷹を据え、ぬり笠お山は藤娘、座頭の褌を犬わん〳〵吠えてびっくり仰天し遽てゝ杖をふり上る、荒氣の鬼も發起して鉦鐘木、瓢簞鯰をおさへましよ、奴の鎗持、鐘辨慶、矢の根五郎』と謡ふが如く今の大津繪として残れるものは以上の十種なり、抑大津繪は東海道大津に於て書き出せしをもて其名あり、又追分繪ともいふ、古くは専ら佛繪をのみ書きしにて元祿三年の東海道分間繪圖大津の處大谷此へん池川とて針佛繪いろ〳〵ありとあり、元祿四年芭蕉翁の粟津の無名庵にありし時正月四日に『大津繪の筆のはじめは何佛』と口吟みしなど證とすべし、伴蒿蹊の近世畸人傳中、天和三年に遷化せし桃水和尚の大津にかくれて草鞋をひさぎ給ひし折、或人其老たるを憐と思ひ大津繪のあみだ佛の繪を與へしに壁上に懸け其上に消炭もて『せまけれど宿を貸すぞやあみだ殿後生たのむと思し召すなよ』と題し給ひし事など見えたり、これも其證の一とすへし。此繪浮世又兵衛のかき初めしといふは俗説にして取るに足らざること先輩既に言はれたり、かく佛繪を専らにせしとはいへ傍ら戯書等を書きしとは延寶頃の似我峰物語に『上町の友達共より合せて初心連歌の會をして遊ばんとて先ず床には大津粟田口の道にて賣る天神の御形ひつはり竹の筒に花を生けかはらけに抹香をふすべける』又天和二年の一代男巻三寺泊の條下に『屏風の押繪を見れば花かたげて吉野参りの人形、板木押の弘法大師、鼠の嫁入り、鎌倉團右衛門、多門庄左衛門か連れ奴、これみな大津追分にてかきしものぞかし見るに都なつかしく思ふ云々』又五ヶ濃津の草紙(天和貞享比の刻本なるべしと骨董集にいへり)巻之四に『龍虎梅竹左字に書たる枕屏風追分繪の奴が露の命を君にくれべいと赤き丹にて書たる處を見て云々』下りて寶永三年の松の落葉に、大津繪追分踊『上り下りに目に付く姿、露の命を君にくれべい、追分のだるま畫心、鬼に衣はそげたもをかし、座頭走り井に犬が吠えつく、猫が三味彈く、酒飲む奴、愛宕参りに袖を引かれた、伊達な若衆が鷹手にすえて、ふれやれ〳〵大島毛〳〵、浮世のんせいふんらんらんしんらんどんらん十三佛、掛針くけ針、畳針、いゝ池のがは、菅笠よりぼに、算盤つぶ、關の清水はうき名所』露の命より以下十三佛迄は大津繪の種類をいひたるものなり、又奇跡考には英一蝶の『大津繪に負なん老の流足』と讃したる相撲の圖を出せり、佛画は享保の頃には既に行はれずなりたる歟、骨董集などに二葉其圖を出せり、予も一圖をみたることあり、佛繪の他には以上に引きたる他、美人の圖、若衆馬上の圖等を見たり、其他種々の役者畫風俗畫を書き出したるものならんが、今は上に言へる十種に定りて大津繪といへは此十種の他に出でずと思ふものすらあるに至れり、

扨今残れる大津繪に就て少しく其風俗を言はんに、先ず藤娘の藤の模様つきたる衣服の六尺袖とも見ゆるを片肌ぬぎにし、塗笠冠り、藤の枝を擔げたり、髪は笠に隠れたれど鶺鴒様又の名かもめづとにしたる島田髷なるべし、上着の端折を多く取りて扱《しごき》を前に結び、蹴出しを出したるさま貞享四年の女用訓蒙圖彙所載の女子、元祿二年本朝櫻陰比事中の女子の風俗に髣髴たり、(挿圖参照)然るに此圖は皆菅笠を載けり、塗り笠といふものは骨董集に貞享元年

の二代男を引きて『四十七八なる嚊《かゝ》よごれたる露草色の布子にむかしぬり笠にくわんぜこよりの緒を付てふるき綿帽子に寺の禮扇を持そへ云々』貞享の比より塗笠はやゝすたれたるか又元禄十六年の松の葉を引きてぬり笠といへる端歌に『おかたぬり笠七ねん早い、すげ笠にかへてためしやれさ、あふみの笠は、いよこの、さいたさ、なりはようて、びやくらいきようでさ』これ當時のぬり笠は老女のかふるものになりて若き女は菅笠をもはら冠りたる一證也とありて、塗笠の貞享の頃よりやゝすたれ元禄に至りては菅笠流行せしことを言へり、されど生川春明の近世女風俗考には、元禄四年の尾花一之巻を引きて『今日は殊さら長閑にて祇園より智恩院まで貴賤布引に男も女も思ひ〳〵に出立去年の花の頃までは女のぶんは見るも〳〵皆菅笠にてありしが物は昔にもどるものかな廿人の内四五人はさながら昔のなりにはあらねどかる〳〵としたる塗笠このふんは人の女房にも娘にもひと風俗をかまゆるはかくの如し今日に菅笠にてくらさるゝは古當なる親仁持たる人は小屋〳〵町の口のさかなきにせんかたなくて着てありくと見えたり云々』又元禄十年の俳諧塗笠の序を引きて『書集めて塗笠となりけるは今の世のはやり物云々』とあれば菅笠の流行は暫しにて又た塗笠に戻りしなるべし、といへれば、此藤娘の風俗先づは元禄と見るべし、若衆は前髪とりたる大たふさに振袖にたちつけを着し、脚絆草鞋の出立して手に鷹を据えたり、衣服の模様の處々に格子縞のごときをつけたるは、元は鹿ノ子の意なるをかく省筆せられしならん歟、この風の又元禄を下らざるべきは其頃の衣裳人形を見ても知らるべし、（圖参看）次に奴の頭はばちびん、どんずりにして例の段だら染の襟に釘抜の紋つきたる紺看板着て鎌髭をつけたり、大鳥毛ふるは赤坂奴の類にや、これも元禄頃の風なるべし。

矢の根五郎は歌舞伎年代記に『享保十四年春中村座扇恵方曽我團十郎（二代目）矢の根五郎はじめて勤る古今の評判にて此時大ざつま主膳太夫淨るり末代家の藝となる是れ五月迄つゞき云々』とあり、此演劇大に流行せしより書初めしにやあらん、瓢簞なまずの圖は古く東山時代既にあり、思ふに禪家の譬喩にして之を書きし時は既に諺となりたるなるべし、座頭に犬も今いふ按摩にはあらず、脊に負へるものは琵琶にして琵琶法師なり、寛文年間の東海道名所記袋井の條下に、匂當の官得んとて都に上る琵琶法師の犬に吠えかゝらるゝところあり、これも犬に法師ともいへる諺ありてそれを取れるにてもあるべし、鬼の念佛も今いふ鬼の涙といへるがごとき意味もて行はれし諺を書きしものなるべし、辨慶に釣鐘も材を諺に取りしにもやあらん、梯子剃り、雷、などは只戯画なるべし、以上十種の内上に引きたる追分踊の内に見えたるは鬼の念佛、座頭に犬、若衆、奴、等なれどこれに洩れたる藤娘瓢簞鯰等も古きものなるべし、古き大津繪節の内なる露の命を君にくれべいといへる奴は如何なる圖なるべき歟、猫が三味ひくとは天和頃の化物のみを書したる繪巻の中に此圖あるを見たり、酒飲む奴は嬉遊笑覧大津繪の條下『書者の名はしらず奴の番椒を肴にして酒を大杯にて飲ところをかきたる上の方に當時の小歌を書きたるは正しく光廣卿の書なりといふ云々』とあり、それなるへし、愛宕參りに袖を牽かれた云々は、同じ書に『此愛宕參りと云は古き小歌にありと見えて備前老人物語にいづれの陣にや名も忘れた

り信長公の侍云々左に扇を持右手に刀を拔き大音に愛宕參りに袖をひかれたとうたひてをとり出たりとあり云々』とあれど如何なる圖なるか知りがたし。

近き世の大津繪は半紙一枚のもの多けれど、古くは半紙を縦に二枚つぎたるをもて横に紙の繼目あり、又小形のものもあり、此小形のものには紙を繼ぐべき必要なきに必ず中央にて繼ぎあるは奇といふべし、塗料は半紙に黄土を布きそれに丹緑黄汁等をもて彩どれり、繪の麁なればにや手足の指の四本六本のもの多く、滿足なるは尠し、これ等皆此繪の特徴とすべし。

亡友笠々亭仙果ぬしの話に、天保頃江戸深川に佛心といひて大津繪をのみ畫きしものあり、其畫眞僞を別ち難けれど、只紙の繼目の有無によりて眞贋を辨じ得べしといはれき因に言ふ江戸に於て古くは知らず、近く大津繪風の畫を畫きしものは前記の佛心に繼で福島隣春、淡島椿岳の諸子なるべし。

之を要するに、大津繪といふもの、皆元祿前後の風を今に傳へたるものといふべき也。

「玩具通」

（『通の話』 明治四十年九月二十三日刊行 より）

▲玩具狂《おもちやきちがい》でしやう

世間《せけん》では私《わたし》を玩具通《おもちやつう》だの何《な》んだのと囃《はや》し立《た》てゝ居《ゐ》るさうですが、夫《そ》れはチト買《か》ひ被《かぶ》りかも知《し》れませんよ、全體《ぜんたい》私《わたし》は性質《うまれつき》玩具《おもちや》が好《す》きなのでよく世間《せけん》で申《まを》します彼《あ》の玩具狂《おもちやきちがい》とでも云《い》ふのでしやうよ、私《わたし》が此玩具《このおもちや》の研究《けんきう》を始《はじ》めましたのは明治《めいぢ》十三年頃《ねんごろ》からで、追々《おひ〱》研究《けんきう》を積《つ》んで居《を》ります中《うち》に、博士《はかせ》とか教育家《けふいくか》とか云《い》ふ連中《れんぢう》が折々《をり〱》見《み》えまして、小供《こども》の心理《しんり》と玩具《おもちや》との關係《くわんけい》とか、教育《けふいく》と玩具《おもちや》の關係《くわんけい》だとか、色々《いろ〱》なむづかしい談《はなし》を持込《もちこ》まれましたが、是《こ》れは申《まを》す迄《まで》もなく、夫等《それら》の關《くわん》係《けい》は餘程密接《よほどみつせつ》なもので、其玩具《そのおもちや》に依《よつ》て如何《いか》に自然的教育《しぜんてきけふいく》に効果《かうくわ》を及《およ》ぼすものなるかは、既《すで》に定論《ていろん》のあることで御座《ござ》います。

▲花合《はなあは》せはいけませんよ

當今《たうこん》の花合《はなあはせ》と云《い》ふものは全體《ぜんたい》よろしくない玩具《おもちや》で……、惡《わる》いのでは無《な》いかも知《し》れぬが、兎角《とかく》惡《わる》い道具《だうぐ》に使用《つかは》るゝ者《もの》であるから、是《これ》は云《い》ふまでもなく弄《もてあそ》ぶものではあるまいが、昔《むかし》の花合遊《はなあはせあそ》びと云《い》ふのは、全《まつた》く小兒《こども》の為《ため》に出來《でき》たもので花鳥《くわてう》の名《な》などを覺《おぼ》え込《こ》む様《やう》に出來《でき》て居《ゐ》て、謂《い》はゞ簡單《かんたん》な教科書《けうくわしよ》の様《やう》なものであつたと云《い》つてもよい、今《いま》のかるたと云《い》ふのは、彼《あ》れは昔和蘭《むかしおらんだ》から我國《わがくに》へ輸入《ゆにふ》したもので、四十八枚《まい》を以《もつ》て一組《くみ》としてあつて、之《こ》れをウンスかるたと謂《い》つて非《ひ》常《じやう》に歡迎《くわんげい》されたものです

▲馬《うま》のつくおり

玩具《おもちや》には其土地《そのとち》の人情風俗等《にんじやうふうぞくなど》がよく顯《あら》はれるもので昔《むかし》は都會《とくわい》の小《こ》供《ども》は華美《くわび》な玩具《おもちや》を好《この》み、田舍《ゐなか》の小供《こども》は素朴《そぼく》な物《もの》を好《このむ》と云《い》ふ風《ふう》がありました、然《しか》るに今日《こんにち》では交通機關《かうつうきくわん》の發達《はつたつ》と共《とも》に、都田舍《みやこゐなか》も漸次《しだい》に接《せつ》近《きん》するところから、今《いま》では何處《どこ》でも華美《くわび》なものを好《この》む様《やう》になりました併《しか》し土地《とち》の風俗《ふうぞく》と云《い》ふものは却々容易《なかなかようい》に頽《すた》るものでなく、譬《たと》へて云《い》へば馬《うま》の玩具《おもちや》の如《ごと》き下總邊《しもふさへん》で作《つく》る馬《うま》の形《かたち》は何《ど》れでも馳《かけ》て居《ゐ》る形《かたち》に拵《こしら》へてある何故《なぜ》かと云《い》ふと下總《しもふさ》には小金《こがね》ヶ原《はら》と云《い》ふ廣野《くわうや》があつて、之《これ》に馬《うま》が放《はな》し飼《がひ》にしてある其馬《そのうま》は廣野《くわうや》に放《はな》たれて、自由《じいう》であるから、常《つね》に活撥《くわつぱつ》に驅《か》け廻《まは》つて居《ゐ》る、斯云《かうい》ふ事實《じじつ》から自然《じぜん》に馬《うま》の形《かたち》と云《い》へば悉《こと》く驅《か》け出《だ》して居《ゐ》る様《さま》を作《つく》らねば小供《こども》が好《この》まぬ又東海道筋《またとうかいだうすじ》では總《すべ》て飾馬《かざりうま》を好《この》む風《ふう》がある是《これ》は昔諸國《むかししよこく》の大名《だいみやう》が參勤交代《さんきんかうたい》するのに、互《たがひ》に競《きそ》ふて馬《うま》を飾《かざ》り立《た》てたものであるから、自然《しぜん》に此風《このふう》が玩具《おもちや》にまで殘《のこ》つて居《ゐ》る、大阪《おほさか》では何《どう》かと云《い》へば皆米俵《みなこめだはら》を背負《しよつ》て居《ゐ》ると云《い》ふ様《やう》に、昔《むかし》からの風習《ふうしふ》が何處《どこ》かに此玩具《このおもちや》に殘《のこ》されてある

▲生《い》きて居《ゐ》るお雛様《ひなさま》には驚《おどろ》きました

私《わたし》が玩具《おもちや》を集《あつ》めることに苦心《くしん》した頃《ころ》の失敗談《しつぱいだん》に面白《おもしろ》いのがあります、たしか明治《めいぢ》廿年頃《ねんごろ》でした、仙臺邊《せんだいへん》を巡遊《ぶらつき》ました時躑躅岡《ときつゝじがをか》へ参《まゐ》りまして……恰度《ちやうど》夕暮《ゆふぐれ》でした、車《くるま》に乗《の》つて町《まち》の兩側《りやうがは》を見《み》ながら通《とほ》りかゝると、不圖目《ふとめ》に付《つ》いたのは、道具屋《だうぐや》の店《みせ》にお雛様《ひなさま》が列《なら》べてある、善《よ》し占《し》めたと思《おも》ふて旅館《やどや》で夕飯《ゆふめし》を濟《す》ますと直《す》ぐ件《くだん》の道具屋《だうぐや》に行《い》かうと出掛《でか》けて見《み》たが、何分始《なにぶんはじ》めて來《き》たところとて一向方角《かうはうがく》が判《わか》らぬ、折柄幸《をりからさいは》ひに通《とほ》りかゝつた婦人《ふじん》があるから、屈强《くつきやう》の道案内《みちあんない》と思《おも》ふて「お雛《ひな》さんを賣《う》る所《ところ》は何處《どこ》にあります」と聞《き》くと、其婦人《そのふじん》は無造作《むざうさ》に「此方《こつち》へお出《い》で」と云《い》ひつゝ小路《せうぢ》の方《はう》へ連《つ》れて行《ゆ》く、ハテ其様所《こんなところ》ではなかつたがとは思《おも》つたが、始《はじ》めての土地《とち》とて案内《あんない》は知《し》れず、謂《い》はるゝ儘《まゝ》に尾《つ》いて行《ゆ》くと、其婦人《そのふじん》はヘイ此所《こゝ》ですと云《い》ひつゝ「おひなさんお客様《きやくさま》！」と聲《こゑ》をかけたまゝ何《いつ》れへか逃《に》げ出《だ》した、スルト奥《おく》から廿二三歳の若《わか》い女《をんな》が出《で》て來《き》て「どうぞ此方《こちら》へ……」と云《い》ふ私《わたし》は愈々《いよ〳〵》烟《けむ》に巻《ま》かれて「お前《まへ》の家《うち》ではお雛様《ひなさま》を賣《う》るのか」と尋《たず》ねましたら、「私《わたし》がおひなで御座《ござ》います」とやられたには驚《おどろ》いた夫《そ》れから宿《やど》に歸《かへ》りて番頭《ばんとう》に話《はな》すとソリヤ淫賣屋《いんばいや》のおひなと云《い》ふ有名《いうめい》な女《をんな》ですと云《い》はれて、大笑《おほわらひ》をした事《こと》がありました

▲今度《こんど》は藝妓《げいしや》で失敗《しくじり》ました

其後上州《そのごじやうしう》の高崎《たかさき》でも亦失敗《またしくじ》りました、一體私《たいわたし》は何處《どこ》へ行《い》つても旅館《やどや》で一番《ばん》に聞《き》くのは其土地《そのとち》の玩具《おもちや》の有無《あるなし》で、高崎《たかさき》でも旅館《やどや》へ着《つ》くと直《す》ぐ女中《ぢよちう》を呼《よ》んで、何《なに》か面白《おもしろ》い玩具《おもちや》は無《な》いかと聞《き》きますと、「ヘエありますから呼《よ》びましよう」とて、暫《しばら》くすると一人《ひとり》の藝者《げいしや》が顯《あら》はれた、私《わたし》は呆氣《あつけ》に取《と》られて見《み》て居《ゐ》ると、藝者《げいしや》は遠慮《ゑんりよ》なくズンズン座敷《ざしき》へ三味線《しやみせん》を運《はこ》び込《こ》む、こいつ又失敗《またしくじ》つたなと、色々譯《いろいろわけ》を話《はな》して辛《やう》やく藝妓《げいしや》に歸《かへ》つて貰《もら》うたが、斬《こん》な失敗《しくじり》は幾度《いくど》やつたか知《し》れませんイヤ何《なに》を致《いた》すにも大抵骨《たいていほね》の折《を》れることです。

▲鎧《よろひ》と古瓦《こがはら》

福岡縣《ふくおかけん》の博多《はかた》に行《ゆ》きました時古道具屋《ときふるだうぐや》に鎧《よろひ》があるのを發見《みつけ》ましたから、よく調《しら》べて見《み》ますと、何百年以前《なんねんいぜん》のとも判別《はんべつ》し難《がた》い位古《くらゐふる》いのがある、正札《しやうふだ》を見《み》ると割合《わりあひ》に安《やす》いから買取《かひとつ》てそれから、太宰府《だざいふ》へ出掛《でか》け名物《めいぶつ》の古瓦《こがはら》を見《み》たが面白《おもしろ》くないから最後《さいご》に其古瓦《そのこがはら》の發掘所《はつくつしよ》へも行《い》つたが氣《き》に入《い》らぬ、夫《そ》れから或《あ》る百姓《ひやくしやう》が掘出《ほりだ》したと云《い》ふ古瓦《こがはら》を見《み》たが、是《こ》れは九州特長《しうとくちやう》の模様入《もやうい》り紫色《むらさきいろ》の瓦《かはら》で、餘程面白《よほどおもしろ》い物《もの》であるから有丈《あるた》け買取《かひと》つて了《しま》いました

▲床下《ゆかした》の人形《にんぎやう》を探《さが》し出《だ》す

夫《それ》から伏見《ふしみ》へ行《い》つた時《とき》、土地《とち》の有名《いうめい》な京人形《きやうにんぎやう》を買《か》はうとして出掛《でか》けた、ズツト何軒《なんげん》も見《み》て歩《ある》く中《うち》に、一軒《けん》の古《ふる》い人形屋《にんぎやうや》がある、其處《そこ》へ飛込《とびこ》んでお前《まへ》の家《うち》の床下《ゆかした》に在《あ》る人形《にんぎやう》を見《み》せて呉《く》れといふと、先方《せんぽう》では非《ひ》常《じやう》に驚《おどろ》いた、家《うち》の床下《ゆかした》に人形《にんぎやう》のあることが何《どう》して判《わか》りますといふから、斯古《かうふる》い人形屋《にんぎやうや》になると、必《かなら》ず古《ふる》い奴《やつ》を床下《ゆかした》に投《ほう》り込《こ》むに極《きま》つて居《ゐ》るからと、辛《やう》やく納得《なつとく》させて、夫《そ》れから車夫《しやふ》を雇《やと》ふて床下《ゆかした》に這入《はい》らせ澤山取出《たくさんとりだ》して見《み》たが、維新以前《いしんいぜん》の製作《せいさく》に係《かゝは》る面白《おもしろ》いものも多《おほ》くありました

▲大切《たいせつ》な假面《めん》は滅茶《めちや》〳〵

京都《きやうと》の壬生《みぶ》に念佛寺《ねんぶつじ》と云《い》ふがあります。其處《そこ》には假面《めん》の異《かは》つた品《しな》があつて賣《う》つて居《ゐ》る、中《なか》には随分話《ずゐぶんはな》せるものもあるから、都合《つがふ》三十種程《しゆほど》買《か》ひ取《と》つたが、旅館《やどや》の女中《ぢよちう》に壞《こは》されては大變《たいへん》だと、外出《そとで》する時《とき》には始終其假面《しじうそのめん》を背負《しよつ》て歩《ある》きました、夫《そ》れから京都《きやうと》を出發《しゆつぱつ》して伊勢《いせ》参宮《さんぐう》に行《ゆ》き、名古屋《なごや》へ來《き》て山田屋《やまだや》と云《い》ふ旅館《やどや》に泊《とま》り、翌朝出發前《よくあさしゆつぱつまへ》に大事《だいじ》な假面《めん》を入《い》れた行李《かうり》が見當《みあた》らない、是《こ》れは大變《たいへん》だと旅館《やどや》の番頭《ばんとう》に聞《き》いて見《み》たら、小荷物《こにもつ》にして外《ほか》の荷物《にもつ》と共《とも》に滊車積《きしやづみ》にしたと云《い》ふ驚《おどろ》いたが仕方《しかた》が無《な》い、此上《このうへ》は何《どう》か壞《こ》はれぬ様《やう》にと神《かみ》に念《ねん》じて悄然《しほ〳〵》歸《き》

京《きやう》したが、荷物《にもつ》の着《つ》くのを待《ま》ち兼《か》ねて開《ひら》いて見《み》れば、神《かみ》も佛《ほとけ》も力《ちから》が及《およ》ばなかつたか到頭其假面《とうとうそのめん》は滅茶《めちや》〱々に壊《こは》れて居《ゐ》たのでどんなに、落膽《がつか》りしたか知《し》れませぬ

▲伏見人形《ふしみにんぎやう》も衰《おとろ》へました

社會進歩《しやかいしんぽ》に伴《ともな》ひ美術《びじゆつ》と云《い》ふ事《こと》が非常《ひじやう》に發達《はつたつ》して來《き》たが、肥前《ひぜん》の博《はか》多人形《たにんぎやう》などは、以前《いぜん》は極素朴《ごくそぼく》なものであつたが、今日《こんにち》では教育人形《けういくにんぎやう》だの歴史人形《れきしにんぎやう》だの美術人形《びじゆつにんぎやう》だのと、何《いづ》れも寫生的《しやせいてき》のもの許《ばか》りになつた、伏見《ふしみ》の東福寺《とうふくじ》も人形《にんぎやう》の名所《めいしよ》であるが、是《こ》れは最廢《もうすた》頽れ氣味《きみ》に成《な》つて居《ゐ》る、と云《い》ふのは博多《はかた》は東京《こつち》との交通《かうつう》も頻繁《ひんぱん》で、從《したが》つて新工風《しんくふう》に依《よ》れる所謂《いはゆる》廿世紀的《せいきてき》のものが出來《でき》るが、伏見《ふしみ》は大阪《おほさか》との間《あひだ》の宿《しゆく》で、交通《かうつう》も頻繁《ひんぱん》で無《な》く、之《これ》に伴《とも》ふて人形《にんぎやう》なども、漸次衰頽《ぜんじすいたい》に赴《おもむ》くの憾《かん》がある

▲珍品《ちんぴん》ですか

私《わたし》が集《あつ》めました玩具《おもちや》の種類《しゆるゐ》は僅《わづ》かに二千五百種程《しゆほど》しかありませんが、是《これ》は皆寫生《みなしやせい》をして置《おい》て現物《げんぶつ》は取片付《とりかたづけ》てあります、其寫生帖《そのしやせいてふ》ですか或人《あるひと》が大阪《おほさか》の小供博覽會《こどもはくらんくわい》に是非出品《ぜひしゆつぴん》してくれと云《い》ふので、四五月前先方《まへせんぱう》へ送《おく》りましたからお目《め》にかけることが出來《でき》ませんのは遺憾《ゐかん》です又其寫生帖《またそのしやせいてふ》も未《ま》だ四十一種許《しゆばか》りしか寫生《しやせい》してはないです、珍品《ちんぴん》ですか……、これと云《い》ふ程《ほど》のものもありませんが、元祿時代《げんろくじだい》の淨土《じやうど》双《すご》六《ろく》、カルタウンス、夫《そ》れに遊戲玩具《いうぎおもちや》ではブリ〱球伏《ざつちやう》、羽子板《はごいた》では五十種《しゆ》の中《うち》、古《ふる》いのは左義長と云《い》ふ羽子板《はごいた》、是《これ》は昔御所《むかしごしよ》にて正月《しやうぐわつ》の御儀式《おぎしき》に、赤帽《あかばう》の童子《どうじ》が門松《かどまつ》を焼《たい》て居《ゐ》る所《ところ》の繪《ゑ》が浮出《うきだ》してあるのです、是《こ》れを左義長《さぎちやう》の儀式《ぎしき》と云《い》ひます

▲柳《まゆ》の玉《たま》は縁喜《ゑんぎ》がよい

正月《しやうぐわつ》には必《かなら》ず柳《まゆ》の玉《たま》と云《い》ふのを賣《う》りますが彼《あ》れはまゆだまと云《い》ふて、蠶《まゆ》が木《き》の枝《えだ》に自然《しぜん》と巣《す》を作《つく》り、其巣《そのす》が生絲《きいと》となる、詰《つま》り自然《しぜん》に金《かね》となるから御目出度《おめでた》い、家《いへ》が繁盛《はんじやう》すると云《い》ふので、昔《むかし》は餅《もち》を丸《まる》くして吊《つる》したものですが、當今《たうこん》は全然《まる》で小供《こども》の玩具《おもちや》になつて了《しま》いました

「雛《ひな》の今昔《こんじやく》」

(『みつこしタイムス』 明治四十二年三月刊行 より)

▲雛《ひな》の起源《きげん》

女《をんな》の雛遊《ひなあそ》びといふことは、随分古《ずゐぶんふる》くからあつたもので、古《ふる》い書物《しよもつ》にも出《で》て居《を》りますが、現今《たゞいま》のやうな男女《なんによ》一對《つゐ》の雛《ひな》の出來《でき》ましたのは、ズツト後世《こうせい》の事《こと》です。御承知《ごしようち》でもありませうが、昔《むかし》は三月《ぐわつ》上巳《じやうし》の日《ひ》に、天兒《あまがつ》といふものを作《つく》つて、それに酒食《しゆしよく》を供《きよう》し、もろ〱の凶事《きようじ》をおはせ、おのが身《み》を祝《いは》つたものでしたが、ズツト古代《こだい》では水《みづ》に流《なが》した風習《ふうしふ》があつたものです。

また、女子《ぢよし》が嫁入《よめい》りするときには、這子《はふこ》と稱《とな》へる這《は》ひ人形《にんぎやう》を帛切《きれ》で作《つく》り、之《こ》れを張子《はりこ》の犬《いぬ》と共《とも》に持《も》つて往《い》つて、此《こ》の二個《ふたつ》を寢床《しんじよ》に飾《かざ》つたもので、夫《そ》れゆゑ此《こ》の這《は》ふ兒《こ》をお伽這子《とぎはふこ》とも云《い》つたものです。之《こ》れは嫁《よめ》の災厄《さいやく》を一切《さい》負《お》はせるといふ意味《いみ》からして、婚禮《こんれい》の際《さい》には、是非無《ぜひな》くてはならぬものとしてあつたのです。ところが、昔《むかし》から在《あ》る立姿《たちすがた》の紙雛《かみびな》を見《み》ますると、男雛《をとこひな》の方《はう》は、今《いま》いふ天兒《あまがつ》に着物《きもの》を着《き》せたやうですし、また、女雛《をんなひな》の方《はう》は、お伽這子《とぎはふこ》に着物《きもの》を着《き》せたやうであります。乃《そこ》で私《わたくし》の考《かんが》へるには、紙雛《かみひな》といふものは、天兒《あまがつ》とお伽這《とぎはふ》子《こ》とが變《へん》じて、それから出來《でき》たものではあるまいか、と斯《こ》う思《おも》はれるのです。

今《いま》の雛人形《ひなにんぎやう》の始《はじ》まりは、紙雛《かみひな》でありまして、それが室町雛《むろまちひな》、治郎左《じろざ》衞門雛《ゑもんひな》、内裏雛《だいりひな》といふ順《じゆん》に出來《でき》たものでありまして、其《そ》の以前《いぜん》に、女《をんな》の雛遊《ひなあそ》びと申《まを》しましたのは、只《たゞ》の小《ちひ》さい人形《にんぎやう》を玩《もてあそ》んだことをいつたもので、今《いま》のやうな雛人形《ひなにんぎやう》を玩《もてあそ》んだものではありますまい。

▲雛《ひな》の種類《しゆるゐ》

雛人形《ひなにんぎやう》の種類《しゆるゐ》を擧《あ》げて、ザツとお話《はな》し申《まを》しますると、室町雛《むろまちびな》、治《じ》郎左衛門雛《ろざゑもんびな》、親王雛《しんのうびな》、内裏雛《だいりひな》、それから、深草雛《ふかくさびな》、淺草雛《あさくさびな》、三輪《みわ》雛《ひな》、吉野雛《よしのひな》、糸雛《いとひな》、芥子雛《けしひな》などがあります。又直衣雛《またのうしびな》といつて、

直衣《のうし》を着《つ》けた雛《ひな》が出來《でき》ました。此《こ》の直衣雛《のうしびな》は、十一代將軍《だいしやうぐん》が、御自《ごじ》身《しん》の姿《すがた》を摸《うつ》させて特《とく》に人形師《にんぎやうし》に命《めい》じて作《つく》らせられたといふ話《はなし》を聞《き》いて居《を》ります。

それから、高倉雛《たかくらびな》、稚小雛《ちごひな》などゝいふ雛《ひな》もありましたし、また天《てん》保頃《ぼうごろ》には、尉《じよう》と姥《うば》との老人雛《らうじんひな》も出來《でき》て居《を》りましたし、また俗《ぞく》に芋雛《いもびな》と稱《とな》へて、其《そ》の顔《かほ》が宛然《まるで》芋《いも》のやうで、衣裳《いしやう》の袖《そで》の短《みぢ》かい雛《ひな》もありましたが、此《こ》の雛《ひな》は、主《おも》に町家《ちやうか》に飾《かざ》られたもので、武家《ぶけ》には行《おこな》はれなかつたものです。

▲内裏雛《だいりひな》と云《い》ふ名稱《めいしよう》

それから古今雛《こきんびな》といふのも内裏雛《だいりひな》と物《もの》は同《おな》じですが、これに二《ふた》つの名稱《めいしよう》のついたといふ譯《わけ》は、文化《ぶんくわ》の頃《ころ》、日本橋《にほんばし》十軒店《けんだな》の原舟月《はらしうげつ》といふ人形師《にんぎやうし》が、自《みづか》ら作《つく》つた雛《ひな》を古今雛《こきんびな》と名《な》づけたので、夫《そ》れから之《こ》れが内裏雛《だいりびな》の別名《べつめい》となつたのです。此《こ》の舟月《しうげつ》といつた人形師《にんぎやうし》は、山車《だし》の人形《にんぎやう》なども製造《せいさう》したもので、有名《いうめい》な男《をとこ》でありました。雛《ひな》の目《め》といふと、以前《いぜん》は皆《みん》な描《か》いたものですが、今《いま》のやうに玉眼《ぎよくがん》を入《い》れるやうになつたのは、舟月《しうげつ》あたりから始《はじ》まつたものであるさうです。治郎《じろ》左衛門雛《ざゑもんひな》を御覧《ごらん》なさい。皆《みん》な描《か》き目《め》で、玉眼《ぎよくがん》の入《はい》つたのといふはないでせう。昔《むかし》は彼《あ》んな工合《ぐあひ》な目《め》で、悉《ことゞ》く描《か》き目《め》であつたものです。又雛《またひな》の衣裳《いしやう》も、昔《むかし》は普通金襴《ふつうきんらん》でしたが、追々《おひ〳〵》後《のち》には故實《こじつ》、有職《いうしよく》を正《たゞ》して、本式《ほんしき》の衣冠《いくわん》、束帯《そくたい》や、直衣《のうし》を着《つ》ける事《こと》になり。更《さら》に又御殿《またごてん》や、左右大臣《さいうだいじん》、樂人《がくじん》、官女《くわんぢよ》、五人囃子《にんはやし》、仕丁《してう》なども出來《でき》るやうになりましたのが、作今流行《さくこんりうかう》して居《ゐ》る雛《ひな》であります。

▲各地方《かくちはう》の昔《むかし》の雛《ひな》

現今《たゞいま》では、何處《どこ》へ住《い》つて見《み》ても、交通《かうつう》が便利《べんり》になつて、運輸《うんゆ》の便《べん》が開《ひら》けてまゐりましたから、何《ど》んな邊鄙《へんぴ》の地方《ちはう》でも、都會《とくわい》の雛《ひな》と同《おな》じものを飾《かざ》つて、三月《ぐわつ》の節句《せつく》をするやうになりましたが、昔《むかし》は運輸《うんゆ》が不便《ふべん》であつたから、却々《なか〳〵》今《いま》のやうには行《ゆ》かなかつたものです。殊《こと》に田舎《ゐなか》の人《ひと》は、一體《いつたい》に質素《しつそ》を守《まも》つて居《を》りましたから、雛《ひな》などでも、誠《まこと》にお麁末極《そまつきは》まる人形《にんぎやう》を造《つく》つて、夫《そ》れを愛玩《あいぐわん》して滿足《まんぞく》して居《ゐ》たものですが、今《いま》となつて見《み》ると、昔《むかし》のお麁末《そまつ》な雛《ひな》に頗《すこぶ》る面白《おもしろ》いと思《おも》はれるものが殘《のこ》つて居《ゐ》て、好事家《かうずか》に大騒《おほさわ》ぎをされるのです。其《そ》の雛《ひな》は、如何《どん》なものかといふに、種々樣々《しゆ〴〵さま〴〵》ですが、一二の例《れい》を擧《あ》げていふと、木《き》の實《み》で頭《かしら》をこしらへて、之《こ》れに帛切《きれ》を着《き》せたものもあれば、菜《な》の花《はな》或《ある》ひは草《くさ》を頭《かしら》にして、夫《そ》れに着物《きもの》を着《き》せたのも糸《いと》を頭《かしら》とし、紙《かみ》を折《を》つて衣裳《いしやう》としたものなどがあります。

▲八丈島《じやうじま》の雛《ひな》

八丈島《じやうじま》あたりでも、昔《むかし》は紙《かみ》で拵《こしら》へた麁末《そまつ》な雛《ひな》を玩《もてあそ》んだものとみえて、現《げん》に畫家《ゑかき》で有名《いうめい》な谷文晁《たにぶんてう》が秘藏《ひざう》してゐたもので、その後《ご》、笠亭《りふてい》仙果《せんくわ》などに移《うつ》つたものが、轉《てん》じて私《わたし》の手《て》に入《はい》り、今《いま》では又西澤仙湖《またにしざはせんこ》さんの所藏《しよざう》となつてゐますものが殘《のこ》つてをります。此《こ》の紙雛《かみびな》は、着《き》物《もの》に荒《あら》い縞模樣《しまもやう》を描《か》いて、赤《あか》い帶《おび》を締《し》めて立《た》つて居《ゐ》る姿《すがた》で、宛然《まるで》船《せん》頭《どう》見《み》るやうな風《ふう》の雛《ひな》です。

▲先年《せんねん》まだ尾崎紅葉先生《をざきこうえふせんせい》が健在《たつしや》な頃《ころ》、此《こ》の八丈島《ぢやうじま》の雛《ひな》をお眼《め》にかけました處《ところ》、其《そ》の翌朝《よくあさ》而《し》かも早朝《さうてう》に、彼《あ》の朝寝坊《あさねぼう》の先生《せんせい》が復《また》もお出《い》でになつて、今《いま》一度《ど》見《み》たいといふことでしたから、御目《おめ》にかけました。すると寫生《しやせい》して呉《く》れないかといふお頼《たの》みなので、早速模寫《さつそくうつ》して上《あ》げました。其《そ》の時《とき》紅葉先生《こうえふせんせい》は、この雛《ひな》は流人《るじん》の作《つく》つたものだらうが、其當時《そのたうじ》を想像《さうぞう》して非常《ひじやう》に感動《かんどう》したといはれて斯《こ》ういふ句《く》を下《くだ》すつたのです。

鼻紙《はながみ》や誰《た》が泣屑《なきくず》の島雛《しまびな》

▲雛《ひな》の製造元《せいざうもと》

雛人形《ひなにんぎやう》の製造元《せいざうもと》は、東京《とうきやう》、京都《きやうと》、埼玉縣《さいたまけん》の鴻《こう》の巣《す》、先《ま》づ此《こ》の三個《か》所《しよ》が最《もつと》も盛《さかん》で、其《そ》の中《うち》にも上等物《じやうとうもの》の出來《でき》るのは、今《いま》も相變《あいかは》らず京都《きやうと》であります。次《つぎ》は東京《とうきやう》の十軒店《けんだな》、それから鴻《こう》の巣《す》で、鴻《こう》の巣《す》で出來《でき》るのが一番安物《ばんやすもの》なのです。以前《いぜん》は、埼玉縣《さいたまけん》の越《こし》ヶ谷《や》でも盛《さか》んに製造《せいざう》したものですが、維新《ゐしん》の際《さい》に製造家《せいざうか》が皆《み》んな他《た》に轉業《てんげふ》して了《しま》つたので、現今《いま》では全《まつた》く絶《た》へて居《を》ります。

▲鴻《こう》の巣雛《すびな》

鴻《こう》の巣雛《すびな》の事《こと》は、前《まへ》にも一寸《ちよつと》御《お》出《はな》し申《もを》しましたが、更《さら》に其由緒《そのゆゐしよ》から變遷《へんせん》に就《つ》いて、ザツとお出《はな》し申《まを》しませう。私《わたくし》は八九年程前《ねんほどまへ》に、態《わざ》態《わざ》鴻《こう》の巣《す》へ出《で》かけて、吉見屋《よしみや》といふ問屋《とひや》を訪《たづ》ねて、種々《いろいろ》と雛《ひな》の事《こと》を聞《き》いて見《み》ましたが、一昨年《さくねん》になつて、同地《どうち》の雛製造組合《ひなせいざうくみあひ》の總代《さうだい》が、私《わたくし》の處《ところ》へ來《き》て、特《とく》に由緒書《ゆゐしよがき》を持《も》つて出《で》て來《き》たといつて、見《み》せて呉《く》れました。

以前鴻《いぜんこう》の巣《す》の神谷新田《かみやしんでん》といつた處《ところ》は、今日《こんにち》では人形町《にんぎやうちやう》といふ町《まち》になつて、人形《にんぎやう》の問屋《とひや》が七八十軒《けん》もあるほどで、年中盛《ねんぢうさか》んに雛《ひな》を製造《せいざう》して居《を》りますが、其《そ》の始《はじ》まりといふを聞《き》きまするに、天正《てんしやう》の頃《ころ》、山城《やましろ》の伏《ふし》見《み》の人形師《にんぎやうし》が鴻《こう》の巣《す》に來《き》て、土焼《つちやき》の人形《にんぎやう》を拵《こしら》へたのが抑《そもそ》も起《おこ》りで、其《そ》の後着物《のちきもの》を着《き》せた人形《にんぎやう》を拵《こしら》へるやうになり、夫《そ》れから段々《だん〴〵》と遷《うつ》り變《かは》つて、今《いま》のやうな雛《ひな》を製造《せいざう》するやうになつて來《き》たものださうです。

文化《ぶんくわ》の頃《ころ》の鴻《こう》の巣雛《すびな》を見《み》ると、一人立《にんだ》ちの人形《にんぎやう》でありまして、それが頭《あたま》は株切《かぶき》りで、安物《やすもの》の金襴《きんらん》のチヤン〳〵のやうなものを着《き》せて、片手《かたて》に軍配團扇《ぐんばいうちは》を持《も》ち、後《うし》ろには櫻《さくら》の花《はな》、前《まへ》には厚紙製《あつがみせい》の波《なみ》に鯉《こひ》を附《つ》けたものがあります。

それから、土製《つちせい》の一基《き》の天神《てんじん》も、文化前後《ぶんくわぜんご》にかけて、盛《さか》んに製造《せいざう》したものださうで、之《こ》れも尚且鴻《やはりこう》の巣雛《すびな》と稱《しよう》してゐたものです。

今《いま》お出《はな》し申《まを》しました金襴《きんらん》のチヤン〳〵見《み》たやうなものを着《き》せた人《にん》形《ぎやう》は、文化《ぶんくわ》から天保《てんぽう》、嘉永《かえい》の頃《ころ》までも引《ひ》き續《つゞ》いて、盛《さか》んに製造《せいざう》したもので、後《うし》ろに櫻《さくら》のやうなもの、前《まへ》に波《なみ》に鯉《こひ》のやうなもの、其《そ》の眞《まん》中《なか》に人形《にんぎやう》のあるのが、即《すなわ》ち鴻《こう》の巣雛《すびな》の特色《とくしよく》でありましたが、その後《のち》足《あし》を投《な》げ出《だ》した人形《にんぎやう》が出來《でき》るやうになり、其《そ》の後黒《のちくろ》の羽織《はおり》を着《き》た人《にん》形《ぎやう》が製造《せいざう》され、續《つゞ》いて安物金襴《やすものきんらん》の裃《かみしも》を着《つ》けた人形《にんぎやう》を製造《せいざう》するやうになりました。

併《しか》し是等《これら》の鴻《こう》の巣雛《すびな》は、同地附近《どうちふきん》の地方《ちはう》にのみ行《おこな》はれて、遠國《ゑんごく》にまでも出《だ》すといふほどには行《ゆ》かなかつたのです。然《しか》るに維新後《ゐしんご》、越《こし》ヶ谷雛《やひな》の方《はう》は其《そ》の製造《せいざう》を絶《た》つに至《いた》つたけれど、鴻《こう》の巣《す》では依然雛《いぜんひな》の製造《せいざう》を継續《けいぞく》して、遂《つひ》に今《いま》のやうな普通《ふつう》の雛《ひな》を製出《せいしゆつ》するまでに進《すゝ》んで來《き》たのです。而《そ》して追々《おひ〳〵》と遠《とほ》くの地方《ちはう》にまでも、其《そ》の販路《はんろ》を擴張《くわくちやう》して、今日《こんにち》の如《ごと》く益々盛《ます〳〵さか》んになつたのであります。

▲越《こし》ヶ谷雛《やびな》

越《こし》ヶ谷雛《やひな》といふは、極安物《ごくやすもの》ばかりでありましたが、誠《まこと》に簡便《かんべん》に出《で》來《き》て居《を》りまして、其《そ》れが箱入《はこい》りですから、蓋《ふた》を明《あ》けて見《み》ると、後《うし》ろに屛風《びやうぶ》がある。それから五人囃子《にんばやし》もある。隨神《ずゐしん》もあるといふ風《ふう》で、お麁末《そまつ》ではあるが、至極重寶《しごくちやうほう》に出來《でき》て居《ゐ》るので、生活程度《せいくわつていど》の低《ひく》い者《もの》は、之《こ》れを求《もと》めて置《お》けば、別《べつ》に雛壇《ひなだん》をこしらへるといふ世話《せわ》もなく、手輕《てがる》で便利《べんり》な好《よ》い雛《ひな》でありました。

「我國の玩具」

（『日本百科大辞典』見出項目「ぐわんぐ」
明治四十三年三月二十四日刊行　より）

往古より我國に行はれたる玩具の種類を擧ぐれば、其數幾千百なるを知らず。これを諸國に分ちて研究するは趣味深きことなれど、これ難事中の難事なれば、こゝにはこれを略す。今試に其性質によりて玩具を區別すれば、信仰を目的として造りたるもの、記念を目的として作りたるもの及子供等の玩弄を目的として作りたるものの三種となすを得べし。

（一）信仰的に造りたる玩具

此類の玩具は昔時よりの形容を失はずみな依然として諸國に傳は

れり。これ此類の玩具は縁起を祝ふ者又は迷信者等に與ふるものなるがゆゑに、つとめて昔時の形容のまゝなるを悦ぶによりてなるべし。其の主なるものを擧ぐれば、日向の鶉車、鹿兒島の金助鞠、筑前柳川の雉子車、大隅の鯛章、熊本の木の葉猿、岡山の吉備人形、彦山の埴鈴、太宰府の鷽、住吉の千足猿、伊勢二見の青蛙、山田の萬棒火繩帶、紀州の瓦猿、紀州加多淡島の小米雛、南都法華寺の犬守、三河免足《トソク》神社の面王悪王神の一文土偶、信濃上田の蘇民將来、松代の鹽升、東京王子の鎗祭の鎗、不二神社の麥藁蛇、同芝神明の千木《チキ》櫃、同目黒の餅花、武蔵比企郡慈光寺の木猿、大阪今宮の十日戎の賣物、同天満天神の天神花、同道修町神農の張子の虎、京都三宅八幡宮の土鳩、又東北にては奥州三春の子育馬、會津の女達磨、庄内の平獅子など其數は限なきほどなり。此類の玩具はいづれも迷信的縁起的のものなれば、何を拜受すれば家内安全となり或は商賣繁昌となり、或は子供無事に育つべしなど、すべて御利益を一點張に造るものなるを以て、もし其形容を變じ其着色を改むれば信仰心薄くなるべく、信仰心薄くなればこれを購ふ者少なくなるがゆゑに、一年に一日の祭禮又は縁日にのみ限りて鬻ぐを普通とし、其形容は昔時の趣を存するのみならず、雅味深きもの甚だ多し。

(二) 記念的の玩具

例へば日清・日露の戰爭あれば軍帽・洋刀・鐵砲の類又は戰爭に關する玩具續々と出來るものなり。古昔の玩具にては振り〳〵・毬杖・破魔弓、三月の雛飾り、端午の幟飾などみな此類なり。其他大阪の生玉人形、同住吉の住吉踊、伊勢の阿蝶の手車など其類一々枚擧するに遑あらず。

(三) 子供等に與ふる玩具

其數一層巨多にして、世の進歩に伴ひ時々刻々の變化極りなきこと、此玩具ほど甚しきはなく、土燒製・木製・きぬもの製・張子製・金屬製・ぶりき細工等いづれも子供等の好む物を目的として作るものなり。從て幼稚なる時代に於ては玩具も幼稚なるものにて事足りぬべきも、文化進めば子供等の知識も進み、幼稚なる玩具は見向きもせぬに至るべし。又全國至る所交通の開くるに從ひ、都市にて製造せし玩具は何國にも行渡るを以て、僻村の兒童も從來弄びし玩具にては滿足せざるやうになり、其地製の物よりも都市より廻り來るものを競うて購ふゆゑに、世の進歩と共に地方玩具は跡を斷ち、何國に行きてもみな大阪・京都・名古屋・東京邊より廻りたるもののみを鬻ぐ有様となり、到底昔時の質朴を見る能はざるやうになりたり。又東京の如き大都會には多くの寫生的機械的の玩具の舶來せらるゝを以て、都會の子供は從來の玩具よりも自然此機械的の玩具を好み、玩具商人も舶來模製の玩具を造るに至れり。子供は新に、觸るゝものを好めば、玩具の時々刻々變化極りなきも自然の勢なりといふべし。

「玩具研究の動機及び蒐集苦心談」

(『書画骨董雜誌』四十二號　明治四十四年十一月刊行　より)

記者《きしや》曰《いは》く、清水晴風《しみづせいふう》さんは世間《せけん》で玩具博士《ぐわんぐはかせ》と呼《よ》ばれ、近所《きんじよ》の子供《こども》からこども屋《や》のおぢさんと言《い》はれ、玩具界《ぐわんぐかい》の第《だい》一人者《にんしや》として有名《いうめい》な人《ひと》である。その研究《けんきう》の動機《どうき》と併《あは》せて蒐集苦心談《しう〳〵くしんだん》を聞《き》く。

▲生い立ち　▲古い家

私《わたくし》の家《いへ》は隨分舊家《ずゐぶんきうか》である。その創《はじま》りは寛文頃《くわんぶんころ》で兎《と》も角初代《かくしよだい》から自分《じぶん》まで十一代《だい》、此《この》の外神田《ほかかんだ》で運送業《うんさうげふ》を勤《つと》めて居りました。今年《ことし》六十一で還暦《くわんれき》の莚《ゑん》を開《ひら》いたのが四月十六日《ぐわつ》《にち》であるそれが又《ま》た意味《いみ》のある事《こと》で元祿《げんろく》十四年《ねん》四月《ぐわつ》十六日《にち》に先祖《せんぞ》が亡《な》くなりまして、其《そ》の紀念《きねん》の日《ひ》であります

運送業《うんさうげふ》と云《い》ふと荒々《あらあら》しい職業《しよくげふ》で、大名諸侯旗本《だいめうしよこうはたもと》の出入《でい》りを勸《つと》め大《たい》

勢《ぜい》の仲士人足《なかしにんそく》を使《つか》つてやる仕事《しごと》で、却々《なか〱》繁昌《はんじやう》したものである。私《わたくし》がその様《やう》な家《いへ》に生《うま》れてどうして此《こ》の様《やう》なものに趣味《しゆみ》をもつ様《やう》になつたかと謂《い》ふと、いくらか二三代前《だいぜん》の父方《ちゝかた》に左様《さう》云《い》ふ趣味《しゆみ》があつた様《やう》にも思《おも》はれる、玩具《ぐわんぐ》を愛《あい》するのも矢張《やは》り清水《しみづ》一流《りう》の算盤玉《そろばんだま》から實《じつ》は出《だ》た話《はなし》です。

私《わたく》しの父《ちゝ》と云《い》ふのは非常《ひじやう》な放蕩者《はうたうもの》で、所謂宵越《いはゆるよひごし》の金《かね》は持《も》たぬと云《い》ふやり方《かた》。金銀《きんぎん》を湯水《ゆみづ》の様《やう》に使《つか》ふので、相當《さうたう》に収入《みいり》のある家計《かけい》も毎《いつ》も臺所《だいどころ》には貧乏神《びんぼうがみ》がつき纏《まと》ふと云《い》ふ風《ふう》であつた。遊里《いうり》に半月程《はんつきほど》も滞《とま》つて家《いへ》に歸《かへ》らなかつた事《こと》もあります。藝人《げいにん》なぞとも交際《かうさい》し宅《たく》にも出《で》入《い》りをさして居《ゐ》ました。

その内《うち》に私《わたくし》の父《ちゝ》は家計《かけい》が苦《くる》しくなつたので、丁度御維新《ちやうどごゐつしん》より尠《すこ》し以前《いせん》の事《こと》、京都《きやうと》へ体《てい》よく逃《に》げて行《い》つてしまゐました。

その逃《に》げ方《かた》も頗《すこぶ》る猾《ずる》いやり方《かた》で、矢張《やは》り緒家《しよけ》の御用達《ごようた》しの名義《めいぎ》で大小《だいせう》を手挾《てばさ》み空尻馬《からしりうま》を召《め》し連《つ》れて東海道《とうかいだう》を下《くだ》るので何《なに》も不自由《ふじいう》はない、京都《きやうと》へ行《い》つてる内《うち》に新門辰《しんもんたつ》五郎《らう》の子分《こぶん》となり、四條河原《でうかはら》に江戸《えど》前《まへ》の紫紅亭《しこうてい》と云《い》ふお茶屋《ちやゝ》を出《だ》し大層流行《たいそうりうかう》しました。

伏見戰爭《ふしみせんさう》の丁度前《ちやうどまへ》に、又《ま》た江戸《えど》へ歸《かへ》り度《た》くなつて茶屋《ちやゝ》の株《かぶ》も高價《かうか》に賣《う》り拂《はら》ひ江戸《えど》へ歸《かへ》りましたが、それが非常《ひじやう》に親翁《おやぢ》節の好運《かううん》だつたので、親爺《おやぢ》が歸《かへ》ると間《ま》もなく伏見鳥羽《ふしみとば》の戰爭《せんさう》で茶屋《ちやゝ》のあつた邊《へん》は滅《め》茶《ちや》〱。

▲力持ち

親爺《おやぢ》が歸《かへ》つて來《き》た頃《ころ》はうちの家業《かげふ》は非常《ひじやう》に忙《せは》しい時《とき》でした。世間《せけん》の他《た》の家業《かげふ》は皆不振《みなふしん》ですのに、運送《うんさう》と云《い》ふ様《やう》な業《げふ》ですと諸侯《しよかう》が國《くに》へ引《ひ》き揚《あ》げるので、人《ひと》が有《あ》つても有《あ》つても足《た》らずと云《い》う風《ふう》で、自然商《しぜんしやう》賣《ばい》は益《ます》す景氣《けいき》がいゝ、景氣《けいき》がよければ——つまり懐中《ほつぽ》が暖《あつた》まれば親《おや》爺《ぢ》は例《れい》の病氣《びやうき》が出《で》る矢《や》つ張《ば》り金子《かね》は剰《あま》らない。

私《わたくし》は丁度《ちやうど》、日本橋《にほんばし》の富澤町《とみざはちやう》。關岡《せきをか》と云《い》ふ能装束《のうしやうぞく》をつくる店《みせ》へ年期《ねんき》奉公《ほうこう》に行《い》つて居《ゐ》ましたが、二三年居《ねんゐ》る内《うち》に親爺《おやぢ》が逃亡《とうばう》する、仕方《しかた》が無《な》く暇《ひま》をとつて宅《たく》に歸《かへ》り十五の年《とし》に家督《かとく》を相續《さうぞく》しました。其《そ》の時私《ときわたくし》は考《かんが》へました。年《とし》の若《わか》いものが荒《あら》くれ男《をとこ》を自由《じゆう》に働《はたら》かせるには何《なに》か一ッ彼奴等《あいつら》を閉口《へいこう》させる腕前《うでまへ》が無《な》くちやならん哩《わい》！

十六七歳《さい》の頃《ころ》から十八九まで、専心力技《せんしんちからわざ》を行《や》り、その頃片手《ころかたて》で米《こめ》俵《だはら》一俵位自由《べうぐらゐじいう》に差《さ》し上《あ》げる事《こと》が出来《でき》。二十をこすと米俵《こめだはら》二俵位差《へうぐらゐさ》し上《あ》げるのは平氣《へいき》でした。慿《か》うなると妙《みやう》な道樂《どうらく》が出《で》て、丁度鍛冶町《ちやうどかぢちやう》に力持《ちからもち》の興業《こうげふ》があつてそれに飛《と》び入《い》りをやり、明治《めいぢ》九年《ねん》の力持《ちからもち》の番附《ばんづけ》には打《ぶ》つゞけに幕内《まくうち》に入《はい》つた位《くらゐ》です。

右《みぎ》の様《やう》な譯《わけ》で、人夫《にんぶ》などが此方《こつち》を見綺《みくび》つて居《ゐ》ると其《そ》れを引《ひ》つたくつて米俵位《こめだはらぐらゐ》なら手玉《てだま》にとる位《くらゐ》だから彼奴等《きやつら》もそれつきり収《をさ》まつて手《て》出《だ》しをせなくなりました。

自分《じぶん》は妙《みやう》な氣風《きふう》で、人《ひと》の様《やう》に凧《たこ》を上《あ》げるとか、獨楽《こま》をまわすとか云《い》ふ事《こと》を子供《こども》の頃《ころ》から嫌《きら》ひで、壮年《さうねん》になつても若《わか》い者《もの》からよくない相談《さうだん》を持《も》ちかけられ。朱《しゆ》に交《まじは》れば赤《あか》くなるてえ諺《ことわざ》があるが、誘《さそ》はれて行《ゆ》かないのは卑怯《ひけふ》だ、誘《さそ》はれた時《とき》は行《い》つてその人《ひと》をこりさしてやれと又《また》ぞろ彈《はぢ》き出《だ》す清水式《しみずしき》の算盤玉《そろばんだま》。一ッ二ッ申《まを》し上《あ》げましやう。

▲誘惑

或《あ》る時《とき》、吉原《よしはら》へ博覧會《はくらんくわい》見《み》に行《ゆ》かうと相談《さうだん》をされた。私《わたくし》は一も二もなく快諾《くわいだく》した、但《たゞ》し行《ゆ》く代《かは》りに此方《こつち》の條件《じやうけん》として成《な》るべく淋《さび》しい土地《とち》を通《とほ》つて行《ゆ》く約束《やくそく》をしました。先《ま》ず佐竹《さたけ》ッ原《はら》。その頃《ころ》は晝間《ひるま》も淋《さび》しくて出《で》るものは追剥《をひはぎ》ばかりだと言《い》はれた位《くらゐ》、すゝきなどが茫々《ばう〱》と生《は》えて居《ゐ》る。それから阿部川町《あべかはまち》、あの邊《へん》は狸《たぬき》が石《いし》の雨《あめ》を降《ふ》らせるとて、夕景《ゆふけ》から人《ひと》ッ子《こ》一人通《ひとりとほ》らない。太郎稲荷《たらういなり》から田甫《たんぼ》を脱《ぬ》けて裏《うら》から吉原《よしはら》へ這入《はい》つたもんです。然《しか》も仕事着《しごとぎ》のボロ袢纏《ばんてん》を着《き》て鐚《びた》一文《もん》持《も》たず、誘《さそ》つた人《ひと》も呆《あき》れてしまつた。歸《かへ》りにも同《おな》じ道《みち》を通《とほ》ると云《い》ふと先方《せんぱう》は厭《いや》だと拒《こば》む、なんなら俺一人歸《おれひとりかへ》るとサツサと歸《かへ》つてしまつた。

吉原《よしはら》へ燈籠《とうろう》見《み》に行《ゆ》かうと誘《さそ》はれた、此《こ》れ又《ま》た快諾《くわいだく》した。連《つ》れの男《をとこ》

は大分馴染《だいぶんなじみ》があると見《み》へ燈籠《とうらう》を見終《みをは》つて大門口《だいもんぐち》の引手茶屋《ひきてぢや》へ引《ひ》つ張《ば》り込《こ》まれ、頻《しき》りと招《まね》かれたが此方《こつち》は頑《ぐわん》として承知《しようち》せず『此方《こつち》は燈籠《とうらう》を見《み》に來《き》たので遊《あそ》びに來《き》たのぢや無《な》い勝手《かつて》に其方《そつち》で遊《あそ》ぶがいゝ』とそのまゝツーツと歸《かへ》る。

揚弓場《ようきうば》、矢場《やば》へ引《ひ》つ張《ば》つて貰《もら》つた時《とき》、勝手《かつて》に弓《ゆみ》を射《い》つてそのあとで會計《くわいけい》は自分《じぶん》に任《まか》せてくれと連《つれ》に言《い》ひ渡《わた》して、女《をんな》に聞《き》くと『覺《おぼ》し召《め》しを』と云《い》ふ。女《をんな》の覺《おぼ》し召《め》しとは尠《すこ》しでも澤山《たくさん》欲《ほ》しい下意《したごころ》は判《わか》つて居《ゐ》るが、覺《おぼ》し召《め》しと云《い》ふんだから平氣《へいき》で矢《や》一杯文久《ばいぶんきう》二文《もん》づゝ拂《はら》つたので女《をんな》はプウと頰邊《ほうぺた》を膨《ふく》らまして返辭《へんじ》もせず、有《あ》り難《がた》うとも言《い》わぬ。連《つ》れの者《もの》は非常《ひじやう》に不面目《ふめんもく》で仁平《にへい》さん（晴風氏本名《せいふうしほんめう》）を誘《さそ》ふのは凝《こ》り〳〵だと引《ひ》き下《さが》つたので此方《こつち》は大喜《おほよろこ》び。計畫正《けいくわくまさ》に圖《づ》に中《あた》れり矣《い》。

その頃《ころ》から近所《きんじよ》にその様《やう》な遊《あそ》び友達《ともだち》を拵《こしら》へず、却《かへつ》て遠《とほ》くで氣《き》の合《あ》つた人《ひと》を見《み》つけました。竹内久一《たけうちきう》さん（東京美術學校教授《とうきやうびじゆつがくかうけうじゆ》）などそうです。

▲遊●食●會●

明治《めいじ》十一年頃《ねんごろ》、竹内久一《たけうちきう》君《くん》の父君《ちゝぎみ》が大層趣味《たいそうしゆみ》の廣《ひろ》い方《かた》で、題《だい》を出《だ》して一點《てん》づゝの食物《しよくもつ》をよせて皆《みな》で批評《ひへう》しながら賞味《しやうみ》すると云《い》ふ意味《いみ》で遊食會《いうしよくくわい》と云《い》ふのを起《おこ》された。それが七年間繼續《ねんかんけいぞく》して、遂《つひ》には遊食《いうしよく》連《れん》と云《い》ふ連中《れんちう》が出來《でき》た。遊食連《いうしよくれん》と云《い》ふと當時《たうじ》の所謂粹士《いはゆるいゐし》の集《あつ》まりだつたのである。

假名垣魯文氏《かながきろぶんし》の假名《かな》よみ新聞《しんぶん》なぞで大《おほ》いに提灯《ちやうちん》を持《も》つてくれました。然《しか》しどうも俳優《はいいう》なぞが入《はい》つて來《く》ると連中《れんぢう》のよしみで義理見物《ぎりけんぶつ》なども やる、出費《しゆつぴ》がかさむから中流以下《ちうりういか》のものでは底到《たうてい》やり切《き》れない、それもだんだん末《すゑ》になると自宅《じたく》で拵《こしら》へずに料理屋《れうりや》の仕出《しだ》しを取《と》る人《ひと》がありサツパリ本來《ほんらい》の精神《せいしん》もなくなつた、これでは面白《おもしろ》くない、何《ど》處《こ》までも珍物《ちんぶつ》を探《さが》しに行《い》つて功名《こうめう》を誇《ほこ》るがその趣旨《しゆし》であつたのである。

でも今脱會《いまだつくわい》するのはつまらん、いつそ解散《かいさん》したらと廣重《ひろしげ》の宅《たく》で遊《いう》食會《しよくくわい》をした時《とき》を期《き》として解散《かいさん》してしまゐました仲間《なかま》には今《いま》の幸堂得《こうだうとく》知翁《ちおう》なども入《はい》つて居《ゐ》ました。

私《わたくし》が玩具《ぐわんぐ》を研究《けんきう》する動機《どうき》はその遊食會《いうしよくくわい》に加《くは》はつた時《とき》からである。十三年《ねん》に向島《むかふじま》の言問《こととひ》ヶ岡《をか》で竹馬會《ちくばくわい》と云《い》ふ名《な》で遊食《いうしよく》をやつた。つまり趣意《しゆい》は子供《こども》の時分にかへつて一日を子供《こども》らしくしてやらうと云《い》ふので出品《しゆつぴん》した食物《しよくもつ》も振《ふる》つたのがありました。一例《れい》を言《い》ふとシンコ細工《ざいく》の題《だい》で、摺《す》り芋《いも》を平《ひら》たくのべ、山葵《わさび》やなぞで色《いろ》を置《お》く。タンキリ飴《あめ》の類《るゐ》で守口大根《もりぐちだいこん》の奈良漬《ならづけ》を手頃《てごろ》に切《き》つて出《だ》す。まア此《こ》の様《やう》な風《ふう》で餘《よ》興《きよう》として玩具《ぐわんぐ》を一品《ひとしな》づゝ出品《しゆつぴん》しました。

私《わたくし》はその時《とき》つくづくと感《かん》じたのです。

書畫骨董類《しよぐわこつとうるゐ》は價《あたひ》は高《たか》し、初心者《しよしんもの》には僞物《いかもの》を脊負《せお》ひ込《こ》む心配《しんぱい》がある。玩具《ぐわんぐ》はその心配《しんぱい》なし一ッ玩具《ぐわんぐ》を集《あつ》めて見《み》やう。早速當日皆《さつそくたうじつみんな》に自《じ》分《ぶん》の集《あつ》めた古物《こぶつ》と玩具《ぐわんぐ》と交換《かうくわん》の約束《やくそく》を結《むす》びそれを夕子として今日《こんにち》にいたつたものです。

▲困つたこと　▲卅●二●年●

玩具《ぐわんぐ》を集《あつ》める様《やう》になつたのは忘《わす》れもしない、十三年《ねん》の三月《ぐわつ》の六《む》日《か》。今日《こんにち》まで三十二年《ねん》になる、その當時玩具《たうじぐわんぐ》に志《こゝろざ》したのは廣《ひろ》い東京《とうきやう》に私一人《わたくしひとり》だつたので、價《あたひ》は廉《やす》くて面白《おもしろ》いものが手《て》に入《い》りました。道具屋《だうぐや》なぞで偶々《たま〳〵》古《ふる》い玩具《ぐわんぐ》なぞが手《て》に入《い》ると淸水《しみづ》があれを集《あつ》めてるからと持《も》つて來《く》る、最初《さいしよ》は苦心《くしん》せずに集《あつ》まり、今《いま》も諸國《しよこく》の友達《ともだち》と交換《かうくわん》して居《ゐ》ますが、日本中《にほんぢう》の玩具《ぐわんぐ》で大抵《たいてい》知《し》らぬものは有《あ》りますまい。

明治《めいじ》二十六年《ねん》にうないの友第《だい》一號《がう》を發行《はつかう》しました、これは木版士《もくはんし》の木村徳太郎《きむらとくたらう》と云《い》ふ人《ひと》と共同《きようどう》し利益《りえき》なしに出版《しゆつぱん》したもの、用紙《ようし》がよく版《はん》が奇麗《きれい》で六十錢《せん》の定價《ていか》に賣《う》れなかつた。前田香雪氏《まへだかうせつし》が題《だい》を名《なづ》け、序文《じよぶん》も書《か》いてくれる、百部《ぶ》ばかりのものを持《も》て餘《あま》した。尤《もつと》も今《いま》あつたら大變《だいへん》に高《たか》いものです。

賣《う》れなかつたから京都《きやうと》へ讓《ゆづ》り渡《わた》した。ところが近來時運《きんらいじうん》が到來《たうらい》して第《だい》一號《がう》より粗惡《そあく》な用紙《ようし》をつかひいろ〳〵劣《おと》つてるにか、わらず一圓《ゑん》五十錢《せん》の定價《ていか》が羽《はね》が生《は》へて飛《と》んで行《ゆ》く樣《やう》な始末《しまつ》。何《なん》でも工藝家《こうげいか》が買《か》つて意匠《いせう》の參考《さんかう》にするさうです。私《わたくし》は狹《せま》い家《いへ》のことで集《あつ》めたものも右《みぎ》から左《ひだり》と讓《ゆづ》り渡《わた》しますが、紙《かみ》にチヤンと寫《うつ》してとつて置《お》きますから、今《いま》それが丁度《ちやうど》五十冊《さつ》になつて居《ゐ》る。うなゐの友は目下第《もくかだい》五號《がう》であるが、死《し》ぬまで第《だい》十號《がう》まで位出版《ぐらゐしゆつぱん》したいと思《おも》ひます。

只《たゞ》、何氣《なにげ》なしに集《あつ》めた玩具《ぐわんぐ》が、集《あつま》つて來《く》るにつれ沿革《えんかく》を調《しら》べ、製《せい》造《ざう》から製造地《せいざうち》の風土《ふうど》を研究《けんきう》し考證《かうしやう》し、神佛《しんぶつ》の迷信《めいしん》につきても興味《きようみ》ある材料《ざいれう》を得《え》。延《ひ》いて玩具《ぐわんぐ》と教育《けういく》の接近《せつきん》と云《い》ふ事《こと》も感《かん》じさせられました。

▲失敗した事

失敗《しつぱい》した事《こと》も數多《かずおほ》い、又《ま》た掘《ほ》り出《だ》しものも數多《かずおほ》い。伏見《ふしみ》の玩具屋《おもちやゝ》へ行《い》つて主人《しゆじん》に『お前の宅《たく》の椽《えん》の下《した》を搜索《さうさく》さしてくれろ』と頼《たの》むと、主人《しゆじん》は何《なに》を妙《めう》な事《こと》を言《い》ふと云《い》つた風《ふう》に拒絕《きよぜつ》する。それで此方《こつち》は『若《も》し椽《えん》の下《した》から出《で》たら店《みせ》で賣《う》るのと同《おな》じ値段《ねだん》で買《か》ふ』と約束《やくそく》してやつと納得《なつとく》させ、車夫《しやふ》と二人《ふたり》で床下《ゆかした》に這《は》ひ込《こ》み笊《ざる》に一杯《ばい》着色《ちやくしよく》したのとしないのとを探《さが》し出《だ》して買《か》ひ込《こ》みました。奇《き》を好《この》むので無《な》くて止《や》むを得《え》ずやるのです。

同《おな》じく伏見《ふしみ》の東福寺門前《とうふくじもんぜん》で、婆《ばあ》さんが人形《にんげう》に頻《しき》りに着色《ちやくしよく》して居《ゐ》たからその着色《ちやくしよく》せぬのをくれろと言《い》つて怒鳴《どな》りつけられ、着色《ちやくしよく》せぬのをしたのと同値《どうね》で買《か》ふと云《い》つて納得《なつとく》させて買《か》つた事《こと》もあり一度《ど》は伏《ふし》見《み》でコテと買《か》ひ込《こ》んで、京都《きやうと》の旅籠屋《はたごや》の床《とこ》の間《ま》にずらりと並《なら》べて後《のち》柳行李《やなぎごり》と古綿《ふるわた》を買《か》ひ込《こ》み、小包《こづゝみ》にして東京《とうきやう》へ送《おく》り届《とど》け、歸京《きゝやう》して包《つゝ》みをあけると皆毀《みなこは》れて一つも滿足《まんぞく》なのが無《な》いのでガツカリ。

京都《きやうと》の壬生《みぶ》の祭《まつ》りで、その門前《もんぜん》で壬生踊《みぶおど》りの面《めん》を賣《う》つて居《ゐ》たそれを買《か》つて歸《かへ》つて着色《ちやくしよく》しやうと思《おも》ひ近所《きんじよ》から柳行李《やなぎごり》を買《か》つて來《き》てそれに入《い》れ、先例《せんれい》があるから毀《こは》されぬ樣《やう》、毎日包《まいにちつゝ》みに入《い》れて背負《せお》つて歩《ある》いて居《ゐ》ましたが、名古屋《なごや》の山田《やまだ》と云《い》ふ宿《やど》へ泊《とま》つた時《とき》、翌朝行李《よくてうかうり》が見《み》へぬ聞《き》くと女中《ぢよちう》が氣《き》を利《き》かして手荷物《てにもつ》として頼《たの》み込《こ》んでくれたので、弱《よわ》つてしまゐ一道《だう》の希望《きぼう》を殘《のこ》して歸京匆々《きゝやうさう〳〵》開《あ》けて見《み》ると、行李《かうり》の中《なか》の面《めん》は粉微《こなみ》盡《じん》！

九州《しう》は太宰府《だざいふ》、北《きた》は青森仙臺《あおもりせんだい》、土地《とち》の祭禮《さいれい》ではなくて賣《う》らぬ玩具《ぐわんぐ》もあり、わざわざ玩具《ぐわんぐ》を買《か》ひに旅行《りよかう》をした樣《やう》な始末《しまつ》です。

「江戸の春の思ひ出」

(『書画骨董雑誌』四十五號　明治四十五年二月刊行　より)

▲凧遊び

眼《め》を閉《と》ぢると、江戸《えど》の春《はる》の俤《おもかげ》は歷々《れき〳〵》として眼《め》の前《まへ》に現《あらは》れて來《き》ます。私《わたし》は外神田《そとかんだ》に育《そだ》つて、明治《めいぢ》四十五年《ねん》と云《い》ふ年《とし》まで、種々《いろ〳〵》のお正《しやう》月《ぐわつ》をしたが、毎《いつ》も思《おも》ひ出《で》るのは江戸《えど》の春《はる》。

江戸《えど》の春《はる》の、一等趣《とうおもむ》きの現《あらは》れて居《い》るのは凧遊《たこあそ》びである。維新前《ゐしんぜん》まで、連雀町《れんじやくちやう》に大和郡山《やまとこほりやま》の殿樣《とのさま》、青山下野守《あをやましもつけのかみ》と云《い》ふ人《ひと》の邸宅《ていたく》が有《あ》りました。丁度《ちやうど》、今《いま》の連雀町《れんじやくちやう》十八番地《ばんち》の一廓《くわく》。邸《やしき》の外《そと》は八辻《やつつじ》ヶ原《はら》と云《い》ふ原《はら》つぱである。其處《そこ》で町人《ちやうにん》が凧《たこ》を揚《あ》げて遊《あそ》ぶ。凧《たこ》のからみ合《あ》ひ、これが何《なに》よりの樂《たの》しみと見《み》えてお正月《しやうぐわつ》には暇《ひま》さへ有《あ》ると其處《そこ》へ出《で》かけて青山樣《あをやまさま》の邸内《ていない》と凧《たこ》のからみ合《あ》ひをして居《ゐ》る子供《こども》が多《おほ》く御座《ござ》りました。

からみ合《あ》ひをして、此方《こつち》が勝《か》てば對手《あひて》の凧《たこ》を取《と》つて了《しま》ふ。其處《そこ》に言《い》ふに言《い》はれぬ面白味《おもしろみ》がある。青山樣《あをやまさま》の外《ほか》に御成道《おなりみち》に堀樣《ほりさま》と云《い》ふ邸《やしき》が有《あ》りました。これは今《いま》の末廣町《すゑひろちやう》十六番地《ばんち》の處《ところ》です。堀《ほり》さんの凧《たこ》は一風變《ぷうかは》つて居《ゐ》ました。此《こ》のからみ凧《だこ》の拵《こしら》へ方《かた》は、必《かな》らず二枚《まい》のもの

と定《き》まつて居《を》りましたが、堀《ほり》さんの凧《たこ》には草書《さうしよ》の大字《たいじ》で龍《りう》を書《か》いてある。俗《ぞく》に『堀龍《ほりゝう》』と云《い》つて名高《なだか》かつたものです。

▲からみ凧

堀《ほり》さんのは中骨《なかぼね》を一本《ぽん》ぬいてある。搦《から》み凧《だこ》には糸《いと》に鑢《やすり》がん木《ぎ》と云《い》ふのをつけ、糸《いと》は岩なひと云《い》ふのを用《もち》ゐて居《ゐ》ました、搦《から》み凧《たこ》は、糸目《いとめ》も他《た》の凧《たこ》と違《ちが》つて尠《すくな》く、萬事《ばんじ》が輕《かろ》く輕裝《けいそう》に出來上《できあが》つて居《い》る、糸《いと》は普通《ふつう》一と玉《たま》を使《つか》ふ、別《べつ》に緒《を》もつけねば、唸《うね》りもつけぬ、搦《から》み凧《たこ》は又《ま》た字凧《じだこ》に限《かぎ》つて居《ゐ》ました。普通《ふつう》のは障子骨《しやうじほね》と云《い》つて、それと此《こ》れとは大變《たいへん》な相《さう》違《ゐ》です。

凧《たこ》の揚《あ》げ方《かた》に三種《しゆ》ある、第《だい》一搦《から》み合《あ》ひ、第《だい》二障子骨《しやうじほね》をあげる式《しき》、第《だい》三大凧《おゝだこ》の揚《あ》げ方《かた》。障子骨《しやうじほね》は只高《たゞたか》く飛《と》ばす丈《だ》けでサツパリ趣味《しゆみ》がない、大凧《おゝだこ》も同様《どうやう》、一等《とう》、江戸《えど》ッ子《こ》の氣《き》に合《あ》つたのは搦《から》み凧《たこ》であつた、凧《たこ》は奴凧《やつこだこ》や、鳶凧《とびだこ》は極《きわ》めて幼稚《ようち》のものであまり喜《よろこ》ばれなかつた。

繪《ゑ》はどの様《やう》なものかと云《い》ふと、金太郎《きんたろう》だの桃太郎《もゝたろう》だの、達磨《だるま》に神《じん》功皇后《ごうこうごう》と云《い》つた様《やう》な勇《いさ》しいので、其《そ》の價《ね》は三十二文位《もんくらい》、其《そ》の頃《ころ》は一体《たい》に物價《ぶつか》が廉《やす》かつたものですから。

▲今と昔

余計《よけい》な話《はなし》になりますが、昔《むかし》は天保《てんぽう》一枚《まい》で鰻《うなぎ》を食《く》つて、舟《ふね》へ乘《の》つて、芝居《しばい》を見《み》て、女《をんな》を買《か》ふと云《い》ふ事《こと》が出來《でき》た。全体《ぜんたい》どうするのかと云《い》へば、連雀町邊《れんじやくちやうへん》に屋臺《やだい》のすし屋《や》がある、三ッで八文位《もんくらい》、其《そ》の隣《とな》りに鰻《うなぎ》のすしがある。それが十二文位《もんぐらい》、それを食《く》つて今戸《いまど》の渡《わた》しあたりを渡《わた》る、渡《わた》し賃《ちん》が二文《もん》、芝居《しばい》と云《い》つても大《たい》したもので無《な》いが、奥山《をくやま》あたりのおでこ芝居《しばい》で、其《そ》の木戸《きど》が十二文《もん》。女《をんな》を買《か》ふと云《い》つて、夜鷹《よたか》だが、兎《と》も角女《かくおんな》は女《おんな》だ、それが二十四文《もん》。お湯錢《ゆせん》の六文《もん》に、蕎麥《そば》を食《く》つても十二文《もん》、それで未《いま》だ殘《のこ》つてる。

成《な》る程《ほど》、すしも食《く》ひ、鰻《うなぎ》も食《く》ひ、舟《ふね》に乘《の》つて芝居《しばい》を見《み》て、女《おんな》を買《か》つて、お湯《ゆ》に入《い》つて、蕎麥《そば》を食《く》つた譯《わけ》だ、こりや間違《まちがい》がない。

昔《むかし》はその様《やう》に物價《ぶつか》がやすかつた。私《わたし》の親《おや》なぞ、旅行好《りようかうす》きで、旅《たび》などへ出《で》ると一晩《ばん》百六十文《もん》と云《い》ふのに泊《とま》つた。極《ご》く上宿《じようやど》で、晝辨當《ひるべんたう》までつく位《くらい》、今《いま》の人《ひと》が苦《くる》しいと云《い》ふのは、收入以上《しうにういじよう》に奢侈《ぜいたく》になつた結《けつ》果《くわ》です。

▲藝妓《げいぎ》の話

此《こ》の間《あいだ》、講武所《かうぶしやう》の藝妓《げいぎ》に、こんな事《こと》を話《はな》しましたが、藝妓《げいぎ》が苦《くる》しい苦《くる》しいと云《い》ふので、私《わたし》は、そりやお前達《まへだち》の心掛《こころがけ》が間違《まちが》つて居《い》る、收入《しうにう》を比較《ひくわく》して見《み》ると今《いま》の方《はう》がズツトいゝ筈《はづ》である。必竟《ひつきよう》するに奢《おご》りが過《す》ぎるんだ。

講武所《かうぶしよ》は藝妓《げいぎ》の出來《でき》ましたのは、慶應《けいおう》から元治《げんち》の頃《ころ》です。其《そ》の頃《ころ》の藝妓《げいぎ》の座敷着《ざしきぎ》は、今《いま》の人《ひと》の平素着位《ふだんぎぐらい》であつた。今《いま》の秋葉《あきば》つ原《はら》の所《ところ》で、秋葉社《あきはしや》の土持祭《つちもちさい》と云《い》ふのがある。外神田《そとかんだ》八ヶ町《ちよう》から山車《だし》を引《ひ》き出《だ》して、大層《たいそう》な賑《にぎは》ひ、講武所《かうぶしよ》の藝妓《げいぎ》も、黙《だま》つて見《み》ては居《お》られず、金《かな》棒引《ぼうびき》に出《で》て來《き》た。其《そ》の日《ひ》の扮装《いでたち》は。上着《うわぎ》は白《しろ》の金巾《かなきん》にこれに朱《しゆ》で模《も》様《やう》を畫《か》き、裁付袴《さいつきはかま》を穿《は》いて、髪《かみ》は茶筅《ちやせん》の束《つか》ね。ワアワツと大《たい》した評《ひやう》判《ばん》。今日《こんにち》は、金巾《かなきん》のなどをきてると牛方《うしかた》や馬夫《うまかた》でも喜《よろこ》ばぬ、まして華美《けで》商賣《しようばい》の藝妓《げいぎ》は一層《そう》のこと。其《そ》の頃《ころ》は、二朱《しゆ》の玉《ぎよく》に、一分《ぶ》の祝《しう》儀《ぎ》、つましく暮《くら》せば一日《じつ》に一度《ど》お座敷《ざしき》に出《で》て、それで充分《じうぶん》に暮《くら》す事《こと》が出來《でき》ましたからねえ。これは、話《はなし》がとんだ横道《よこみち》に外《はづ》れてしまいました。

▲花合せ

花合せは、今日《こんにち》、下等《かとう》の遊《あそ》びの様《やう》になりましたが、以前《いぜん》は却々《なか〳〵》高《かう》尚《しやう》な遊《あそ》びで有《あ》りました、何時頃《いつごろ》から惡《わる》くなつたかと云《い》ふと、文化文《ぶんくわぶん》政《せい》の頃《ころ》から。その頃《ころ》、ウンスカルタと云《い》ふのが有《あ》つた。ウンスカルタは、丁度今日《ちやうどこんにち》のカードの様《やう》なものである。天正頃《てんせいごろ》に舶來《はくらい》したもので、一時《じ》は、此《こ》の遊《あそ》びを知《し》らぬものは話《はな》せない、往來《をうらい》を歩《ある》かれぬ位《くらい》に盛《さかん》であつた。其《そ》の結果《けくくわ》、生産力《せいさんりよく》の減退甚《げんたいはなはだ》だし、とありて寛政頃《かんせいごろ》にお廃止《はいし》になつた。其《そ》のあとで、メクリカルタと云《い》ふのが出來《でき》た、極《ご》く卑《いや》しいもので、主《おも》に下僕等《しもべら》が、弄《もてあそ》んで居《い》た。以前《いぜん》は、極《きは》めて高尚《かうしやう》な凡《すべ》ての花鳥禽獣《くわちようきんじう》を網羅《もうら》した花合《はなあは》せは、此《こ》の時代《じだい》に於《おい》て改《あらた》められ、誰《たれ》にでも覺《おぼ》え易《やす》い様《やう》、四十八枚《まい》に直《なほ》されてしまつた。花合《はなあは》せのいやしくなつたのは、其《そ》の時《とき》から。小倉《をぐら》百人《にん》一首《しう》だの、古今集《こきんしう》だの云《い》ふのを、カルタと云《い》ふは間違《まちが》つて居《い》る、本當《ほんたう》は對末《たいまつ》と云《い》ふ。ツイマツとも、タイマツとも呼《よ》ぶ。上《かみ》の句《く》と、下《しも》の句《く》を合《あは》せるので對末《たいまつ》、それがいつかカルタと混同《こんどう》された。カルタを歌留多《かるた》とこぢ付《つ》けたのは其《そ》の後《ご》の事《こと》である。つまりウンスカルタより轉《てん》ぜるもの、支那《しな》では賭博《とばく》の事《こと》をカルタと云《い》ふのです。

▲繪双六

繪《ゑ》双《すご》六のはじまりには、淨土《じやうど》双《すご》六と云《い》ふのがあつた。つまり、双《すご》六盤《ばん》でやる双《すご》六を今少《いますこ》し換骨脱胎《くわんこつだつたい》して、輕便《けいべん》につくり直《なほ》したのである。淨土《じやうど》双《すご》六とは、佛者《ぶつしや》の方便《はふべん》から考案《かうあん》せられたものである様《やう》に見《み》える。上《あが》りが極樂《ごくらく》で、落《を》ちれば地獄《ぢごく》で、餓鬼《がき》、畜生《ちくしやう》、になる。其《そ》のさいころが南無分身生佛《なむぶんしんじやうぶつ》と云《い》ふ。別《べつ》に、佛法双《ぶつぱうすご》六と云《い》ふのがある。これは、寺《てら》の住職《じうしよく》が小僧《こぞう》や徒弟《とてい》に早《はや》く呑《の》み込《こ》ませる爲《た》めに考案《かうあん》したものと云《い》ふ。その後《ご》、双《すご》六の考案《かうあん》は益《ます》す進歩《しんぽ》して、廻《まは》り双《すご》六も出來《でき》れば、道中双《どうちうすご》六も出來《でき》た。遊里《ゆうり》や芝居《しばい》の事《こと》を淨土双《じやうどすご》六的《てき》につくつた事《こと》もある。道中双《どうちうすご》六の出來《でき》たのは、亨保《きやうほ》以後《いご》の事《こと》である。支那《しな》では双《すご》六の事《こと》を袁彦道《えんげんどう》と云《い》つて居《い》る相《さう》に聞《き》き及《をよ》ぶ。

▲羽子板

羽子《はご》突《つ》きに、毬《まり》は女《をんな》の子《こ》の樂《たの》しみ、これは体育《たいいく》の上《うへ》から云《い》つて大《おゝ》いに推稱《すいしよう》すべきものです。昔《むかし》の羽子板《はごいた》は大抵《たいてい》、神功皇后《じんこうこうごう》とか、應神《をうじん》天皇《てんのう》とか、勇《いさ》ましいものであつたが、近來《きんらい》は役者《やくしや》の似顔《にがほ》一手《て》となつた、誠《まこと》に面白《おもしろ》からぬ事《こと》である。元來《ぐわんらい》、羽子板《はごいた》は二用途《ようと》しかない、装《そう》飾的《しよくてき》と實用的《じつようてき》、飾《かざ》るか突《つ》くかの二つである。近來《きんらい》の羽子板《はごいた》は此《こ》の二通《とう》りの目的《もくてき》に全《まつた》く添《そ》はないものとなつて居《い》る。役者《やくしや》の似顔《にがを》がどうして、立派《りつぱ》な座敷《ざしき》にかけられ様《やう》か、突《つ》くにもあまりに押《を》し繪《ゑ》に手《て》を入《い》れた爲《た》め實用向《じつようむ》きでない。今年《こんねん》、たつた一つ快心《くわいしん》のものを得《え》た。勅《ちよく》題松上《だいしようじやう》の鶴《つる》の圖案《づあん》である。正《まさ》に之《こ》れだ〳〵。

江戸《えど》の初春《はつはる》を飾《かざ》る遊《あそ》びには、竹馬《たけうま》もあれば獨樂《こま》もある。十六むさしもある。

▲昔の廻禮

昔《むかし》の江戸《えど》と今《いま》の東京《とうきよ》、往來《をうらい》を電車《でんしや》が走《はし》つて、便利《べんり》な世《よ》の中《なか》になりましたとは言《い》ひ條《でう》、其《そ》の趣《おもむ》きから言《い》へば江戸《えど》の頃《ころ》がサツパリして宜《よろ》しかつた様《やう》です。

松飾《まつかざ》りをして、打水《うちみづ》新《あたら》しく、三ヶ日《にち》は大戸《おゝど》を下《を》ろし、往來《をうらい》の人《ひと》は麻《あさ》上下《かみしも》か革羽織《かわばおり》に白袴《しろはかま》、正月《しやうがつ》らしい心持《こゝろもち》はその方《はう》が勝《まさ》つて見《み》えました。


（をわり）

五月人形と雛と白酒

（『書画骨董雑誌』四十六號　明治四十五年三月刊行　より）


五月《ぐわつ》の節句《せつく》は男《をとこ》の節句《せつく》であるが、此《こ》の五月人形《ぐわつにんげう》と云《い》ふものは、雛《ひな》とは違《ちが》つてあまり振《ふる》はない。其《そ》の種類《しゆるゐ》と云《い》つて諸國《しよこく》を比較《ひかく》しても格《かく》別《べつ》の差《さ》は無《な》いのである。歴史《れきし》も極《ご》く新《あたら》しい事《こと》であるし、人形《にんげう》の趣味《しゆみ》の上《うへ》からも特《とく》に尊重《そんちよう》すべきものでも無《な》い。古雅《こが》な點《てん》などゝいふ注文《ちうもん》は五月人形《ぐわつにんげふ》になど持《も》ち出《だ》すべきものではない。

五月人形《ぐわつにんげう》は、いづれも武張《ぶば》つたもので、武家《ぶけ》の子《こ》が弄《もてあそ》んだ本物《ほんもの》の武器《ぶき》が追〳〵《おひ〳〵》に人形化《にんげうくわ》したものであるから、其《そ》の種類《しゆるゐ》の多《おほ》くありさうで尠《すくな》いのと、年代《ねんだい》の新古《しんこ》に拘《かゝは》らず千遍《べん》一律《りつ》である事《こと》、之《こ》れ又止《またや》むを得《え》ない事《こと》である。

雛《ひな》と云《い》ふものは、纏《まと》めて仕舞《しま》ふと男《をとこ》と女《をんな》、内裏《り》と女官《ぢよくわん》との一對《つひ》に縮《ちゞ》められるが、其《そ》の範圍《はんゐ》は頗《すこぶ》る廣《ひろ》いものである。

五月人形《ぐわつにんげう》の夕子は、最初《さいしよ》、子供《こども》の誕生《たんじやう》を祝《いは》ふ爲《た》め、鎧《よろひ》とか兜《かぶと》とかを小形《こがた》に拵《こしら》へ、太刀《たち》等《など》も形状《かたち》は眞物《ほんもの》と些《すこ》しも違《ちか》はぬ様《やう》に拵《こしら》へ無論中《むろんなか》身《み》は木《き》であるにせよ、少年時代《せうねんじだい》より武《ぶ》を忘《わす》れず武《ぶ》に親《したし》む習慣《しふくわん》をつける必要《ひつえう》から出發《しゆつぱつ》して拵《こしら》へられて居《ゐ》たものである。故《ゆゑ》にすこし古《ふる》いものであると、眞物《ほんもの》と尠《すこ》しも違《ちが》はぬ甲冑《かつちう》を見《み》る事《こと》が出來《でき》る。元禄以降《げんろくいかう》の後世《こうせい》は、萬事《ばんじ》が奢侈《しやし》な世《よ》の中《なか》となつた故《ゆゑ》に、美《び》を競《きそ》ふ事《こと》のみ多《おほ》くなり、五月人形《ぐわつにんげう》の本領《ほんりやう》を没却《ぼつきやく》した傾向《けいこう》があり、其《そ》の取材《しゆざい》にも武張《ぶば》つた事《こと》が減《げん》じて只綺羅《たゞきら》びなやかにすると云《い》ふ方《はうへ》のみ傾《かたむ》いて來《き》た様《やう》である。

何處《どこ》へ行《い》つても、五月人形《ぐわつにんげう》と云《い》ふと子供《こども》の智識《ちしき》を標準《へうじゆん》とするものであるから、義經《よしつね》とか、辨慶《べんけい》とか、相場《さうば》は定《き》まつて居《ゐ》る様《やう》である。金太郎等《きんたらうなど》は後世《こうせい》のものである。武内宿禰《たけのうちのすくね》が應神天皇《おうじんてんわう》を抱《いだ》き奉《たてまつ》り、神《じん》功皇后《ぐうくわうごう》が弓《ゆみ》を杖《つゑ》ついでお出《い》でになるところなどは五月人形《ぐわつにんげう》には誠《まこと》にふさはしい題材《だいざい》である。兎《と》に角女性《かくによせい》の身《み》であり乍《なが》ら、外國《ぐわいこく》へ踏《ふ》み出《だ》し戰勝《たゝか》つて凱旋《がいせん》し同時《どうじ》に皇子御出産《わうじごしゆつさん》と云《い》ふのであるから、芽《め》出度《でた》い事《こと》に相違《さうゐ》ない。加《くは》ふるにお側付《そばづき》の武内宿禰《たけしうちのすくね》が三百十五才《さい》と云《い》ふ高齢《かうれい》を保《たも》てる人《ひと》である以上《いじやう》は慶賀《けいが》の意義《いぎ》が一層強《そうつよ》くなつて來《く》る。五月人形《ぐわつにんげう》に之《こ》れを撰《えら》ぶのは誠《まこと》に當《たう》を得《え》たものと云《い》つていゝ。

のぼりは昔《むかし》は繪のぼりで、地《ぢ》は紙《かみ》を用《もち》ゐた。要《えう》するに本物《ほんもの》の模倣《もほう》で、子供《こども》の樂《たの》しみであるから、親達《おやたち》が力《ちから》を入れて居《ゐ》た事《こと》は事實《じじつ》であるにせよ、最初《さいしよ》はそれ程《ほど》おまつり騒《さわ》ぎを演《えん》じなかつたものと見《み》える。縮緬《ちりめん》とか絹《きぬ》とかの極彩色《ごくさいしき》と云《い》ふのは元祿以後《げんろくいご》の事《こと》で、何事《なにごと》の流《りう》行《かう》にしろ、元祿《げんろく》と云《い》ふ年《とし》が一期《き》を劃《くわく》して居《ゐ》る様《やう》に見《み》える。

のぼりと同《おな》じ物《もの》に吹《ふ》き流《なが》しがある。之《こ》れは町家《ちやうか》に用《もち》ふる事《こと》を許《ゆる》されなかつた。若《も》し用《もち》ふれば罰《ばち》を食《く》ふ様《やう》な事《こと》であつた。之《こ》れに代《か》ふるものが出來《でき》て來《こ》ねばならぬ。それが鯉《こひ》の吹《ふ》き流《なが》しである。鯉《こひ》と云《い》ふ魚《うを》は元來小氣味《ぐわんらいこきみ》のいゝ魚《うを》であつて、水《みづ》から揚《あ》げられる時《とき》は

反抗《はんこう》してピンピンと飛《と》んだり跳《は》ねたりするけれど、一旦料理人《たんれうりにん》の手《て》に渡《わた》り眞魚板《まないた》の上《うへ》にある時《とき》は、泰然《たいぜん》として動《うご》かぬ。之《こ》の氣性《きしやう》が江戸《えど》ツ子《こ》の氣《き》にのつて居《ゐ》るので、まゝよと紙《かみ》でつくつて竿《さほ》の先《さき》につけた。風《かぜ》がサツと其《そ》の口《くち》をふきぬけると鯉《こひ》は活《い》けるが如《ごと》く空中《くうちう》を浮遊《ふいう》する。空《そら》を瀧《たき》と見立《みた》てた江戸《えど》ツ子《こ》も却々《なか〳〵》洒落《しやれ》もの。昔《むかし》から縁起《えんぎ》とか何《なん》とか非常《ひじやう》に尚《たつと》ばれたものだ。菖蒲太刀等《しやうぶだちなど》もその一ツで、菖蒲《しやうぶ》が尚武《しやうぶ》に通《つう》ずるからと云《い》ふ。猶《なほ》こんな事例《じれい》は澤山《たくさん》に見《み》る事《こと》が出來《でき》るであろう。

男《をとこ》の五月《ぐわつ》は然《しか》し乍《なが》ら女《をんな》の三月《ぐわつ》には、どうしても敵《かな》はぬ様《やう》である。女《をんな》の羽子板《はごいた》が流行《はや》るのに、男《をとこ》の破魔弓《はまゆみ》が流行《はや》らぬと云《い》ふ事《こと》はいゝ對《たい》照《せう》かもしれぬ。尚武《しやうぶ》がどうの斯《か》うのと云《い》つても趣味上《しゆみじやう》の問題《もんだい》であるから、武者人形《むしやにんげう》に飽《あ》きつぽく、雛《ひな》には捨《す》て難《がた》い處《ところ》が多《おほ》いのであるから、其《そ》れ等《ら》の相違《さうゐ》を云《い》ふ丈《だ》け野暮《やぼ》であるかも知《し》れない。

雛《ひな》と云《い》ふと、東京《とうきやう》あたりでは雛段《ひなだん》と云《い》ふ段《だん》をつくつて、其《そ》の上《うへ》に鎮坐《ちんざ》ましますものだけを雛《ひな》と云《い》ふ様《やう》であるが、地方《ちはう》では普通《ふつう》の人形《にんげう》でも雛《ひな》と云《い》ふ。已《すで》に名古屋邊《なごやへん》でも左様《さう》云《い》ふし、北國《ほくこく》へ入《はい》つて金澤邊《かなざはへん》でもさう云《い》ふ。雛《ひな》をくれと云《い》ふと普通《ふつう》の人形《にんげう》を持《も》つて來《く》る。雛《ひな》とは要《えう》するに小《ちい》さなものとの名稱《めいしよう》を下《くだ》さゞるを得《え》なくなる。鶏《とり》の子《こ》を雛《ひな》と云《い》ひ、今日《こんにち》では標本《へうほん》とか何《なん》とか云《い》ふが従来《じゆうらい》は雛形《ひながた》と云《い》つたものだ。其《そ》の邊《へん》の事《こと》を考《かんが》へて見《み》ると面白《おもしろ》いものだと思《おも》ふ。

雛《ひな》は兎《と》に角《かく》もとはいつけるものと極《き》まつてゐなかつた。自分《じぶん》の勝《かつ》手《て》な時《とき》に出《だ》して遊《あそ》んで居《ゐ》たもので、今日《こんにち》の雛祭《ひなまつ》りは例《れい》の上己《じやうみ》の祝《いはひ》と混同《こんどう》せられたのである。上己《じやうみ》の祝《いはひ》には桃《もゝ》の花《はな》を浸《ひた》した酒《さけ》をのむ。其《そ》の式《しき》をそのまゝ雛祭《ひなまつ》りに採用《さいよう》して居《ゐ》るので、白酒《しろざけ》を用《もち》ふるのは略《りやく》式《しき》で、女小供《をんなこども》には普通《ふつう》の酒《さけ》に桃《もゝ》の花《はな》を浸《ひた》したのなどは飲《の》め様譯《やうわけ》がないから、今日《こんにち》の様《やう》な白酒《しろざけ》——味淋《みりん》と糯米《もちがめ》で醸《かも》した酒《さけ》といふ事《こと》になつたのである。

どなたも御承知《ごしようち》の事《こと》であらうけれど、昔《むかし》は今日《こんにち》の様《やう》な酒《さけ》が無《な》かつた。酒《さけ》と云《い》ふと濁酒《にごりさけ》ばかりであつた。私《わたし》は酒《さけ》飲《の》みでないから知《し》らないが、今日《こんにち》の清酒《せいしゆ》は近代《きんだい》のものに相違《さうゐ》ない。

以前《いぜん》の酒《さけ》と云《い》ふと、一ツの酒《さけ》から上澄《うはず》みと中汲《なかく》みと濁酒《にごりさけ》の三通《みとほ》りが出來《でき》た。上澄《うわずみ》が最上等《さいじやうとう》で上流社會《じやうりうしやくわい》の飲料《いんれう》、中汲《なかく》みが中流《ちうりう》、濁酒《どぶろく》が下流《かりう》、酒《さけ》の色《いろ》と云《い》ふと只《たゞ》白《しろ》いものであつた。今《いま》でも此《こ》の濁酒《どぶろく》の事《こと》を、諸白《もろはく》とか神代酒《じんだいしゆ》とか唱《とへ》へるが、其《そ》の以前最上《いぜんさいじやう》の上澄《うはず》みでも、今日《こんにち》の清酒《せいしゆ》と違《ちが》つて、同《おな》じ濁酒《どぶろく》の上澄《うはず》みだから色《いろ》が白《しろ》かつたに相違《さうゐ》ない。其《そ》の上澄《うはず》みに桃《もゝ》の花《はな》を浸《ひた》して飲《の》んだ。白酒《しろざけ》はその變形《へんけい》である。

今日《こんにち》の酒《さけ》が出來《でき》る様《やう》になつたに就《つい》て、之《こ》れも來《く》る人《ひと》の話《はなし》であるが、或《あ》る酒造家《しゆざうか》で其家《そのいへ》に雇《やと》はれて居《ゐ》た杜氏《とうじ》に何《なに》か惡《わる》い事《こと》があつて解雇《かいこ》すると、杜氏《とうじ》は大層恨《たいそううら》みに思《おも》つて思案《しあん》を凝《こ》らし或《あ》る夜《よ》密《ひそ》かに一種《しゆ》の藥品《やくひん》を酒《さけ》の中《なか》に投《とう》じて去《さ》つた。杜氏《とうじ》の意《い》は勿論《もちろん》その酒《さけ》の全部《ぜんぶ》を酸敗《さんぱい》せしめて、主人《しゆじん》へ對《たい》して恨《うらみ》を晴《はら》さうと云《い》ふ意《い》であつたが、怪我《けが》の功名《こうめう》で藥《くすり》の具合《ぐあひ》が非常《ひじやう》に上等《じやうとう》な、味《あぢ》と云《い》ひ色《いろ》と云《い》ひ、今《いま》まで嘗《かつ》て見《み》ない上等《じやうとう》な酒《さけ》が出來《でき》たので、主人《しゆじん》の方《はう》では驚喜《びつくり》して、早《はや》く先《さき》の杜氏《とうじ》を探《さが》し出《だ》して禮《れい》を述《の》べ且《か》つ酒《さけ》の醸《かも》し方《かた》の傳授《でんじゆ》を受《う》けたいと人《ひと》を以《もつ》て行方《ゆくえ》を捜索《さうさく》させ、やつとの思《おも》ひで探《さが》し當《あ》てゝ、叱《しか》られると思《おも》つた杜氏《とうじ》は漠大《ばくだい》なる褒美《ほうび》を受《う》けたとの話《はなし》である。して見《み》ると今日《こんにち》の清酒《せいしゆ》なるものは案外歴史《あんぐわいれきし》の浅《あさ》いもので、それまでは此《こ》の白酒《しろざけ》の辛酒《からさけ》をのんで居《ゐ》たのである。

竹内氏《たけうちし》が奈良《なら》の方《はう》から、赤《あか》い猪口《ちよく》を持《も》つて歸《かへ》られた事《こと》がある。之《こ》れが昔《むかし》の猪口《ちよく》であつたに相違《さうゐ》ない事《こと》は、昔《むかし》の酒《さけ》は白《しろ》かつた、白《しろ》い酒《さけ》を白《しろ》い杯《さかづき》に注《つ》いではサツパリ甘味《うまみ》がないので、自然《しぜん》の要求《ようきう》から杯《さかづき》が赤《あか》いのでなくては行《おこな》はれなかつた。

之《こ》れも同《おな》じく酒《さけ》についた話《はなし》の副産物《ふくさんぶつ》であるが、昔《むかし》の繪巻《ゑまき》を見《み》ると、凱旋式等《がいせんしきなど》の圖《づ》で、大將《たいしやう》が正面《しやうめん》に虎《とら》の皮《かは》でもしいて、座《すは》つて大杯《たいはい》を抱《かゝ》へてると、側《わき》から下郎《げらう》が銚子《てうし》を以《もつ》て酌《しやく》をして居《ゐ》るのがある。之《こ》れで誰《だれ》も氣《き》がつくであらうが、其《そ》の下郎《げらう》の鼻《はな》が素敵《すてき》に赤《あか》い、竹内《たけうち》さんがいつで有《あ》りましたか、此《こ》の繪巻《ゑまき》の中《なか》の人物《じんぶつ》に扮《ふん》せられた時《とき》に、鼻《はな》を赤《あか》く染《そ》めて行《ゆ》かれた。濁酒《にごりさけ》と云《い》ふものを飲《の》むと妙《みう》に鼻《はな》が赤《あか》くなるんださうである。下郎《げらう》の身分《みぶん》であるから上等《じやうとう》の酒《さけ》はのめない、だから濁酒《にごりさけ》を呷《あふ》る事《こと》になる。價《あたひ》の廉《やす》い酒《さけ》に酔《よ》つて鼻《はな》を赤《あか》くした連中《れんぢう》が兎《と》に角《かく》、市中《しちう》を闊歩《くわつぽ》して居《ゐ》た時代《じだい》があるに相違《さうゐ》ない。

五月人形《ぐわつにんげう》の話《はなし》が、とんだ方面《はうめん》へそれて仕舞《しま》つた。要《えう》するに五月人形《ぐわつにんげう》と云《い》ふものは、それを飾《かざ》る處《ところ》の精神《せいしん》にあつて、人形鑑賞家《にんげうかんしやうか》の側《がは》から云《い》へば、雛《ひな》と比較《ひかく》すれば格段《かくだん》の差《さ》がある——雛《ひな》ほどの趣味《しゆみ》はないと云《い》ふ事《こと》を言《い》はねばならない。

「會員談叢（三）清水晴風談」

（『集古會誌』 大正二年九月刊行 より）

私は元來繪を習つたことはないので自己流で書き出したのです或時先年死んだ三代目の廣重が來て弟子といつチヤー何んだけれど社中になつて呉れといふので承知をすると私に重春といふ名を呉れたそれから錦繪などに廣重門重春などゝ署名して出したつまり自分に弟子のあるのが吹聽したかつたのです此人は頭のない人故少し困難な繪になると何時も私のところへ知恵を借りに來るつまり活きた粉本にされたのです

假名垣魯文さんからも戯名を貰つて居る假名垣といふ處から魯文といふ様にいろはに因んで文のつく名を大勢で貰つてつけたことがあるが誰れもへの字を貰はないそこで私がへの字を貰つて清垣《きよがき》へ文といふ號をつけた魯文さんも廣重も死後私等が重に關係して跡始末をつけましたそれから私が玩具の好きになつたのは忘れもしない明治十三年の三月六日に向島言問岡の業平堂の側の貸席で開いた竹馬

會からです此會は連中一同一日小供になつて遊ばうといふので催したのですが會主は竹内久一さんと河井寸洲といふ人で出席者の今記臆に殘つて居るのは久一さんの親父の竹内梅月、柳亭燕枝、中川才麿、笠亭仙果、大鬼山人、上田茂吉（上茂といふ）、戸崎文彦等ですが其日の趣向をいふと玄關前にはドン〳〵橋が造つてあり柱には爲朝大明神や馬の字の三つ書た紙が貼つてあつたり庭には穴一の筋が引てあるといふ風で先づ玄關を上ると草履かくしだといつて履物をかくされるやら座に就くと御茶坊主の趣向でお酌人が目陰くしをして御茶を出したり銘々に紙をつきつけて御席書をやらせる、久一さんの彫つた銘々の三文判を貰つてそれに捺すやら遊食の課題も凡て小供遊びの趣向でした今でも最妙だと思つて覺えて居るのは大根おろしや海苔や菊で只しんこを利かせたのです其席上の餘興に古い玩具や地方の玩具をならべてあつたがこれは面白いと感じてそれから玩具を集め出したのです

　私の住居の旅籠町一丁目に馬具兼といふ一奇人が居た此人とは私などゝは一寸時代違ひで竹内さんの親父などの知り合ひだつた此人は千社連の一人で此仲間では名高いものです今も諸國の神社佛閣に此馬具兼の張札は殘つて居ませう通稱を三河屋兼吉といつて馬具屋を商賣にして居たが頗る名聞家で常に活きた錢をつかはなくツチヤーと言つて居たが普通云ふ活きた錢ではなくつて五十錢使つて一圓徳を取るといふ風だから私の親父などゝは意氣が合はなかつただが人からは愛されて商賣の方では御得意を澤山持つて居て繁盛して居た

　維新後筋違の見付か取り拂はれた時其柱を拂下げて燈明臺を拵らへ上野の權現樣に納めやうとしたが社司のいふには御志は難有い可成ならば石段の下が暗いからあすこへ立てゝ下さいと言れたものだから名聞を好む男故あんな處に上げる位なら上げない方が好いと言つて態々拵らへた葵の紋を剥いて巴の紋と取替へて神田の明神樣に納めて了つた

　中々負け惜しみの強い男で一例をいふと千社札を竹内の親父に書いて貰ふと思つて下書を見せたが馬具兼とあつて馬の字の下か横につき出て居る具の字も日の下に大の字になつて居るので注意すると中々承知しない具の字丈けは後に改めたが馬の字はこれは己れの馬の字だといつて到頭それで通して了つただから此人の千社札には獨特の馬の字が書いてある

　私とは大分年が違つて居て丸で小供あつかいにされていつも「せがれ」〳〵と言はれて居た或時又馬具兼の家に遊びに行くと江漢の書いた舞子の濱の額が掲かつて居たこれは元と阿部樣の用人をして居た山岡樣の家にあつたもので馬具兼が頻りに譽めるとどこの景だか當てたらやらうといふので舞子の濱は承知ながら初めから當てゝは曲がないから三保の松原だろうといふと違ふといふそんなら舞子の濱だそら當つたろうといふので山岡さんから貰つて來たものだと頻りに鼻を高くして居るソンナラ叔父さん書いた人を知つて居るかいといふとベラ棒めナンノ書いた奴が分かるもんけエといふ叔父さん當てゝ見樣かといへばナンノ「せがれ」に分るものかとてんで對手にしないこれはかう〳〵いふ人だと説明すると大變驚いて居た其後勸めて美術會に出品させたが戻つて來ると大自慢で來る人〳〵をつかまへて繪の講釋をして居た

　太田花兄といふのは神田旅籠町三丁目の花淸といふ料理屋の若主人だつた通稱を勝次郎といつて中々の好事家で珍書を澤山持つて居たが一體讀むんヂヤアない只持つて喜ぶばかり活東子の燕石十輯に新に珍書を加へて百巻として木村と染谷との兩人に寫つさせた花兄の歿後に私が引取つたが寫本の拙いので持ち扱かつて後に加藤直種さんに讓つた此花兄といふ人は明治廿年頃に三十二三で歿して了つ

たが性質は温和の人物だつたが何品に拘らず人が珍重してほこつて居るとそれが欲しくなるのが病氣で之れが手にさへ這入つて了へば直に人に廉く拂て了ふといふ風で人が自慢するのが癪に障はると見えてこれはチツト狂氣ぢみて居た私の家に何か欲しいものがあると毎日の様に來るがさりとて其のこと言ひ出すのでもない大概こちらで察して咄をつけるといふ風であつたから諸事道具屋の喰物になつて了つた晩年には書物も大方賣つて了つて煙草入道樂となつた

花兄の藏書印は花兄の二字で狸の顔になつて居る印、細長い印の玉面堂、皷をまともに見たところの中に狸の一字を入れたもの、四角な印で太田花影の四字のものなどがある、玉面堂と狸の顔の印とは竹内久一さんの字入れです狸を好んだのも最初は芳原田甫に居た畫家の松本芳延が古くから狸を集めて居たが花清の女中が芳延にやらうと思つて取つて置いた狸の根付を持つて居たのと其時分自分の狸の置物が何かを得たものだから急に狸好になつて芳延の株を奪つて了つた久一さんに注文して白檀で狸の座像を彫らせたことがある出來上つてから狸の髯に鼠の生毛を植えることになつたが誰アれも受合ふものがないから私が引受けて金網で鼠をつかまへて一間へ追ひはなし散々追ひ廻して勞れ切つたところで片手で鼠をキユーツと握つてから久一さんを呼び立て傍に膠を溶かして置いて一本一本毛拔きで拔いチヤア先きを膠に漬け狸の口の廻りに植えこんで了つた一體鼠といふものは胴中を強く握りさへすればどうすることも出來るもんじやアない

此狸は名作で凄い程の出來だ没後に私か貰つてから得意先の旦那の懇望でゆづつたが間もなく還しに來ていふにはあの像を置くと小供がおびえて夜ねつかないから代は要らないから引取つて來れといふことでそれから後に笠置といふ人にゆづつたか今はどうなつて了つたが

さつき咄した燕石十輯の書足しの寫し人の染谷といふ人も奇人だつた名を藤七といつたか元神田松田町に住んで金銀の鑄つぶしを業として居た始終ニコ〳〵して居る温和な人でこれも藏書家であつた人の好い人だから貸した本の督促をしたことがない此家に出入した魯文などは皆本をかりばなしにする風であつた

魯文の拵らへた十六畫漢中の一人で、ぐづな尊者といふのがそれで癇癪を起すとよく物を擲つ癖かあるので傍にさゞえを置き馬と鹿をあしらつたものだか能く穿つてあつた或る惡摺りに「梅ヶ香やだまつて居ても面白し」とあつたのは能く其人を現はして居ると思ふ明治十年の博覽會見物に行つて數日かへつて來ない家では大變な心配をして居るとブラリと歸へつて來た會場で猿橋の模型を見ると急に見物したくなつて其まゝ甲州へ行つて來たとマアかういふ風の人で明治十四年萬世橋の向ふからの火事で風下となつて手傳いなんかゞ來て家財を出す最中荷物の中から巻物が落ちたのを優々披げて見て居たとのことです晩年には菊屋橋の側で本屋をして後には藏書家の奈良崎の紙屋の番頭をして居た

読売新聞　明治二十九年一月二十七日朝刊五面

車屋晴風《くるまやせいふう》

居酒屋《ゐざかや》の玉成《たまなり》と好《かう》一対《つい》の奇人《きじん》といふべきハ卑《いや》しき業《げふ》を営《いとな》みながら風雅《ふうが》の志篤《こゝろざしあつ》く車屋晴風《くるまやせいふう》とて神田旅籠町《かんだはたごちやう》に住《す》む荷車屋《にぐるまや》の主人《しゆじん》なり通称《つうしよう》を清水仁兵衛《しみづにへゑ》と呼《よ》び性頗《せいすこぶ》る諧謔《かいぎやく》にして狂歌《きやうか》を嗜《たしな》み夙《つと》に美術《びじゆつ》に潜心《せんしん》し又最《またもつと》も玩具《もてあそび》の保存《ほぞん》に力《つと》む思《おも》へらく玩具《ぐわんぐ》ハ最《もつと》も幼稚《ようち》なる美術品《びじゆつひん》に過《す》ぎざれども既往《きわう》に溯《さかのぼ》るに随《したが》ひて無邪氣《むじやき》なる間《あひだ》に一種《しゆ》の風致《ふうち》あり且《か》つ時《じ》代《だい》に連《つ》れて趣《おもむき》を異《こと》にするものなれバ之《これ》に依《よ》りて多少風俗人情《たせうふうぞくにんじやう》の變遷《へんせん》などをも窺《うかゞ》ふ可《べ》しされど命數甚《めいそうはなは》だ短《みじ》かくして五年乃至《ねんないし》八十年《ねん》の中《うち》に跡形《あとかた》もなく成行《なりゆ》くハ嘆《なげ》かはしき事《こと》なりとの面白《おもしろ》き考《かんがへ》を起《おこ》して熱心其《ねつしんその》

蒐集《しうしふ》と保存《ほぞん》とに勉《つと》め去《さり》ぬる明治《めいぢ》十三年《ねん》故人《こじん》川合《かあひ》寸洲《すんしう》等《ら》が向島言問《むかふじまこと〻ひ》の寮《れう》に竹馬會《ちくばくわい》を開《ひら》きし折彫刻家《をりてうこくか》竹内久一《たけのうちきう》氏等《しら》と共《とも》に其席《そのせき》に臨《のぞ》みて此事《このこと》を説《と》き人々《ひと〳〵》の贊成《さんせい》を得《え》て益々《ます〳〵》蒐集《しうしふ》の歩《ほ》を進《すゝ》めけるに爾来晴風《じらいせいふう》の手《て》に歸《き》したる玩具《ぐわんぐ》の數《かず》ハ長持葛籠《ながもちつゞら》などに幾杯《いくはい》となくありて殊《こと》に雛人形《ひなにんぎやう》の如《ごと》きハ數《すう》十種《しゆ》に止《とゞ》まらずと云《い》ふ今其中《いまそのうち》にて重《おも》なるものを挙《あ》ぐれバ室町雛《むろまちびな》なり形左《かたちさ》まで大《だい》ならざれ共衣装《ともいしやう》ハ同時《とうじ》の絹帛《けんぱく》を用《もち》ひて其製現今《そのせいげんこん》のものに勝《まさ》れり之《これ》に次《つい》でハ立雛《たちびな》、吉野雛《よしのびな》、王子雛《わうじびな》、芋雛《いもびな》、治郎左衛門雛《じろさゑもんひな》、琉球雛《りうきうびな》、薩摩雛《さつまびな》、土佐雛《とさびな》、折雛《をりびな》、守雛《まもりびな》、お召雛《めしびな》、一文雛《もんびな》、伏見雛《ふしみびな》、八丈雛《はちぢやうびな》、むつみ雛《びな》、葛子雛《びな》、淺草雛《あさくさびな》、奈良雛《ならびな》、鴻《こう》の巣雛《すひな》、飛驒雛《ひだびな》、姫瓜雛《ひめうりびな》、伊勢小米雛《いせこゞめびな》、紙雛《かみびな》、加賀雛《かゞびな》、鴨川雛及《かもがはびなおよび》お伽這子《とぎはふこ》等《とう》にして各々數種《おの〳〵すうしゆ》あり薩摩雛ハ已然薩州侯城内《いぜんさつしうこうじやうない》に雛祭《ひなまつ》りして種々《しゆ〳〵》なる紙雛《かみひな》、糸雛等《いとひなとう》を作《つく》り之《これ》を伺候《しこう》せるものに分《わか》ち賜《たまは》りしことより起《おこ》り其形《そのかたち》もまた種々《しゆ〳〵》あり、鴻の巣雛ハ仲仙道鴻《なかせんだうこう》の巣《す》より出《い》づるものにて一体《たい》なり今《いま》ハ天満宮《てんまんぐう》に似《に》たる練ものなれども昔《むかし》ハ山車人形《だしにんぎやう》の如《ごと》く又支那《またしな》婦人《ふじん》の如《ごと》く前《まへ》に造花《つくりばな》を飾《かざ》り出世鯉杯《しゆつせごいなど》をも附《ふ》せり、むつみ雛ハ其年代《そのねんだい》を知《し》らざれ共男女肌《ともなんによはだ》を脱《ぬ》ぎ立《た》ちながら組合《くみあい》になるものにて中《なか》より割《わる》るなりされど毫《がう》も醜猥《しうわい》の所《ところ》なし、葛子雛ハ三河《みかは》より出《いで》し往昔《わうせき》の作《さく》にして竹花筒《たけはなづゝ》に葛子と云《いへ》る新藁様《しんわらやう》の草《くさ》を挿《さ》し髪《がみ》の如《ごと》くして千代紙《ちよがみ》もて衣装《いしやう》を着《き》せたり、飛驒雛ハ飛驒城址《ひだじやうし》より掘出《ほいいだ》せしものにて頭及冠《かしらおよびかんむり》ハ木彫《きぼ》りなり古代錦《こだいにしき》の衣裳《いしやう》を着《き》せて少《すくな》くも二百年《ねん》の製作《せいさく》にかゝれり、守雛ハ一に小米雛《こゞめびな》と云《い》ふ淡島《あわしま》より出《いづ》るものなり、之《これ》ハ神功皇后《じんこうくわうごう》三韓《かん》を伐《うつ》て凱旋《がいせん》し給《たま》へる折少名彦名《をりすくなひこな》の命《みこと》の形《かたち》の小《せう》なるを見そなはし之《これ》に形《かたど》り紙《かみ》もて小《ちい》さき雛形《ひながた》を作《つく》りて淡島《あはしま》の神《かみ》に奉《たてまつ》る其後仁徳帝之《そのごにんとくていこれ》を繼續《けいぞく》し給《たま》ひ以《もッ》て人々《ひと〳〵》永陸の災《わざはひ》を免《まぬ》かるゝの守《まもり》とせられたり、思《おも》ふに雛《ひな》の起《をこ》りと云《い》ふハ之《これ》なるべく又夫《またか》の淡島《あはしま》へくゝり猿《ざる》を納《おさ》むるハ此遠例《このえんれい》によりしにや古代雛《こだいひな》の圖中《づちう》にお伽這子《とぎはふこ》の記《しる》せしもまた是等《これら》に縁故《えんこ》あるなるべし、八丈雛と云《いふ》ハ總体紙製《そうたいかみせい》の立雛《たちびな》にて形小《かたちせう》なり今様《いまやう》の打扮《いでたち》なれ共経歴《ともけいれき》面白《おもしろ》く初《はじ》め文晁《ぶんてう》の所蔵《しよざう》なりしが後笠亭仙果《のちりつていせんくわ》に傳《つた》はり更《さら》に晴風《せいふう》の手《て》に歸《き》したるなり（下畧《げりやく》）又晴風《またせいふう》ハ筆《ふで》に随《したが》て倭日史記《やまとにしき》と云《い》ふを草《さう》して既《すで》に六巻《くわん》に及《およ》び重《おも》に日清戦争《にッしんせんさう》に關《くわん》する織物圖書等總《おりものづぐわとうすべ》て美術《びじゆつ》の標本《へうほん》たるべきものを集寫《しふしや》したるものなりと

●車屋晴風

居酒屋の玉成と好一對の奇人といふべきハ卑しき業を營みながら風雅の志厚く車屋晴風とて神田旅籠町に住む荷車屋の主人なり通稱を淸水仁兵衛と呼び性頗る諧謔にして狂歌を嗜み夙に美術に潜心し又最も玩具の保存に力む思へらく玩具ハ最も幼稚なる美術品に過ぎざれども既往に溯るに随ひて無邪氣なる間に一種の風致あり且つ時代に連れて趣を異にするものなれバ之に依りて多少風俗人情の變遷をも窺ふ可しされど命數甚だ短かくして五年乃至ハ十年の中に跡形もなく成行くハ嘆かはしき事なりとの面白き考を起して熱心其蒐集と保存とに勉め去ぬる明治十三年故人川合寸洲等が向島言問の寮に竹馬會を開きし折彫刻家竹内久一氏等と共に其席に臨みて此事を説き人々の贊成を得て益々蒐集の步を進めけるに爾來晴風の手に歸したる玩具の數ハ長持葛籠などに幾杯となくありて殊に雛人形の如きハ數十種に止まらずと云ふ

飛驒城址より掘出せしものにて頭及冠ハ木彫りなり古代錦の衣裳を着せて少くも二百年の製作にかゝれり、守雛ハ一に小米雛と云ふ淡島より出るものなり之ハ神功皇后三韓を伐て凱旋し給へる折少名彦名の命の形の小なるを見そなはし之に形り紙もて小さき雛形を作りて淡島の神に奉る其後仁德帝之を繼續し給ひ以て人々水陸の災を免かるゝの守とせられたり、思ふに雛の起りを云ふハ之なるべく又夫の淡島へくゝり猿を納むるハ此遠例によりしにや古代雛の圖中にお伽這子の記せるもまた是等に緣故あるなるべし、八丈雛と云ハ總体紙製の立雛にて形小なり今樣の打扮なれ共經歷面白く初め文晁の所藏なりしが後笠亭仙果に傳はり更に晴風の手に歸したるなり(下畧)又晴風ハ筆に随て倭日史記と云ふを草して既に六卷に及び重に日淸戰爭に關ある織物圖畫等總て美術の標本たるべきものを集寫したるものなりと

読売新聞　明治卅六年四月十日
手遊博士《おもちやはかせ》の吃驚《びつくり》

手遊博士《おもちやはかせ》として知《し》られたる清水晴風《しみづせいふう》の宅《たく》へ、此程《このほど》五十有餘《いうよ》の白髯《しらひげ》を貯《たくは》へたる老壮士《ろうさうし》とも覺《おぼ》しき男入來《をとこいりきた》りて、極《きは》めて鷹揚《おうやう》に主人《あるじ》に御目《おめ》にかゝりたしといふ。折《をり》しも主人《あるじ》ハ奥《おく》の間《ま》にありて何をか揮毫中《きがうちう》なりしかバ、取次《とりつぎ》に立《た》ちたる娘《むすめ》ハ客《きやく》の様子《やうす》を奥《おく》に通《つう》じて先《ま》づ兎《と》も角《かく》もと別室《べつしつ》に招《せう》じ、程《ほど》なく晴風立出《せいふうたちい》でゝ其客《そのきやく》に面會《めんくわい》すれバ、未《いま》だ嘗《かつ》て見《み》知《し》らぬ顔《かほ》なり。されど客《きやく》ハ甚《いた》く馴々《なれ〱》しく、年久《としひさ》しき事《こと》なれバ定《さだ》めて御忘《おわす》れになりたるべし、拙者事《せつしやこと》ハ過《すぐ》る西南《せいなん》の役《えき》に田原坂《たはらざか》に力戰《りよくせん》したるもの、命《いのち》あれバこそ斯《か》く再《ふた》ひ御目《おめ》にハ懸《かゝ》り得《う》るなれといふ。晴風《せいふう》年頃巡査《としごろじゆんさ》の中《なか》にハ懇意《こんい》にするものなきにあらねバ、或《あるひ》ハその中《うち》の一人《にん》ならんかと思《おも》へど、其顔《そのかほ》見《み》るさへ始《はじ》めてなるより、客《きやく》の言葉容易《ことばえうい》に腑《ふ》に落《お》ちねど、或《あるひ》ハ我《わ》が度忘《どわす》れなるべしと、して御出《おいで》の御用向《ごようむき》はと丁寧《ていねい》に其由尋《そのよしたづ》ぬれバ、さればで御座《ござ》る、拙者《せつしや》も其後商法《そのごしやうはう》に失敗《しつぱい》して、此様《このやう》に零落《れいらく》したれバ、用談《ようだん》ハ云《い》はずとも推察《すゐさつ》ありたしとて耻《はぢ》らふ氣色《けしき》もなし。晴風驚《せいふうおどろ》く事大方《ことおほかた》ならず、されバこそ見知《みし》らぬも道理《だうり》なれ、左《さ》りとハ餘《あま》りに圖太《づぶと》き物貰《ものもら》ひよと、直《たゞち》に聲《こゑ》を勵《はげ》まして、拙者《せつしや》ハ貴客《あなた》に些《さ》の面識《めんしき》なけれど、始《はじめ》より筋道正《すぢみちたゞ》しく合力《かふりよく》あらバ些少《させう》の志《こゝろざし》ハ出《だ》さぬにあらねど、其言葉《そのことば》を聞《き》く上《うへ》ハ僅《わづ》か一錢《せん》の事《こと》もなし難《がた》しと遂《つひ》に其者《そのもの》を追返《おひかへ》したりとぞ。此事《このこと》この頃晴風《ごろせいふう》が自慢話《じまんばなし》の一になりしが、兎《と》もあれ敵手《あひて》ハ五尺《しやく》の男《をとこ》なれバ日頃取扱《ひごろとりあつか》ふ手遊人形《おもちやにんぎやう》などよりハ骨《ほね》の折《を》れし事《こと》ならん。

読売新聞　明治三十六年四月二十六日
集古會展覧会《しふこくわいてんらんくわい》

坪井《つぼゐ》正《しやう》五郎《ろう》、箕作《みづくり》元《もと》八、大槻如電《おほつきぢよでん》、清水晴風等《しみづせいふうら》の考古家《かうこか》及《および》美術家《びじゆつか》の團体《だんたい》より成《な》れる同會《どうくわい》ハ來《らい》月九日午後《ごゞ》一時《じ》より神田《かんだ》区《く》仲《なか》町青柳亭《あおやぎてい》に開會《かいくわい》し古銅器類《こどうきるゐ》（古鏡《こきやう》、古鈴《これい》、鐸《たく》、鼎《かなへ》、文具《ぶんぐ》）及宿驛《およびしゆくえき》に關《くわん》するものを蒐集《しうしふ》して展覧《てんらん》に供《きよう》すと云《い》ふ

読売新聞　明治三十八年五月二十日
風の便り

林《はやし》と江間《えま》の撰擧競争《せんきよきやうそう》に就《つい》て面白《おもしろ》い話《はなし》がある、神田旅籠町《かんだはたごちやう》に住《す》む例《れい》の玩具博士《おもちやはかせ》清水晴風《しみづせいふう》が、是《これ》まで區會《くわい》に寄《よ》らず、市會《しくわい》でも府會《ふくわい》でも衆《しう》議院《ぎゐん》でも、苟《いやし》くも議員《ぎゐん》と名《な》の附《つ》く撰擧競争《せんきよきやうそう》にハ、例《いつ》も其區《そのく》の運動者《うんどうしや》から何々君《なに〱くん》撰擧事務所《せんきよじむしよ》と云《い》ふ看板《かんばん》の揮毫《きかう》を依頼《いらい》される▲所《ところ》で清水《しみづ》の書《か》いた看板《かんばん》を懸《か》けて置《お》くと、屹度其人《きつとそのひと》が當撰《たうせん》するので、運動者《うんどうしや》ハ何《いづ》れも不思議《ふしぎ》に念《おも》つて居《ゐ》る▲此《こ》んな嘉例《かれい》があるので、今度《こんど》の撰擧《せんきよ》に就《つい》ても、林派《はやしは》の運動者《うんどうしや》なる角田眞平《つのだしんぺい》、大津《おほつ》淳《じゆん》一郎等《ろうら》の人々《ひと〱》より、何《ど》うか『林謙三君撰擧事務所《はやしけんぞうくんせんきよじむしよ》』の看板《かんばん》を書《か》いて貰《もら》ひ度《た》いと申込《まをしこ》んだ▲清《し》水《みづ》ハ再《さい》三辞退《じたい》に及《およ》んだが肯《き》かれないので、そこで餘儀《よぎ》なく筆《ふで》を執《と》つて認《した》めた所《ところ》、縁喜《えんぎ》の宣《よ》いのハ不思議《ふしぎ》なもので、林《はやし》が首尾《しゆび》よく當撰《たうせん》することになつたとハ、何《いづれ》にして芽出度話《めでたいはなし》だ。

読売新聞　明治四十四年一月十五日
集古會《しふこくわい》の珍物《ちんぶつ》

今年最初《こんねんさいしよ》の集古會《しふこくわい》は十四日午後《ごゞ》一時《じ》神田青柳亭《かんだあをやぎてい》に開《ひら》かれた課題《くわだい》は「亥《ゐ》に關《くわん》するもの」「最《もつと》も小《ちひ》きもの」「千年以上《ねんいじやう》のもの」清水晴風《しみづせいふう》　林《はやし》若樹《わかき》　諸氏《しよし》は早《はや》くから來《き》て斡旋《あつせん》して居《ゐ》た亥《ゐ》に關《くわん》する者《もの》では藤田友閑《ふじたいうかん》隷書《れいしよ》の摩利支天《まりしてん》儀狙仙筆《ぎそせんふで》の伏猪《ふすゐ》の圖《づ》、安東縣《あんとんけん》で山中笑氏《やまなかせうし》が獲《え》たと云《い》ふ西遊記《さいいうき》の愛嬌者《あいけうもの》猪八戒《ちよかい》の木像《もくぞう》、外《ほか》に晴風氏《せいふうし》の「四四十六組《くみ》の出品《しゆつぴん》」では猪《しゝ》の根附《ねつけ》、猪牙《ちよき》、臥猪置物《ふすゐのおきもの》、伏見焼猪玩具《ふしみやきしゝおもちや》、猪彫刻《しゝてうこく》の鐵鍔《てつゝば》、乾山焼《かんざんやき》の菓子皿等《くわしさらとう》あり、太田正隆翁《おほたまさたかをう》は今戸焼猪形香爐《いまどやきしゝがたかうろ》の奇抜《きばつ》なのを

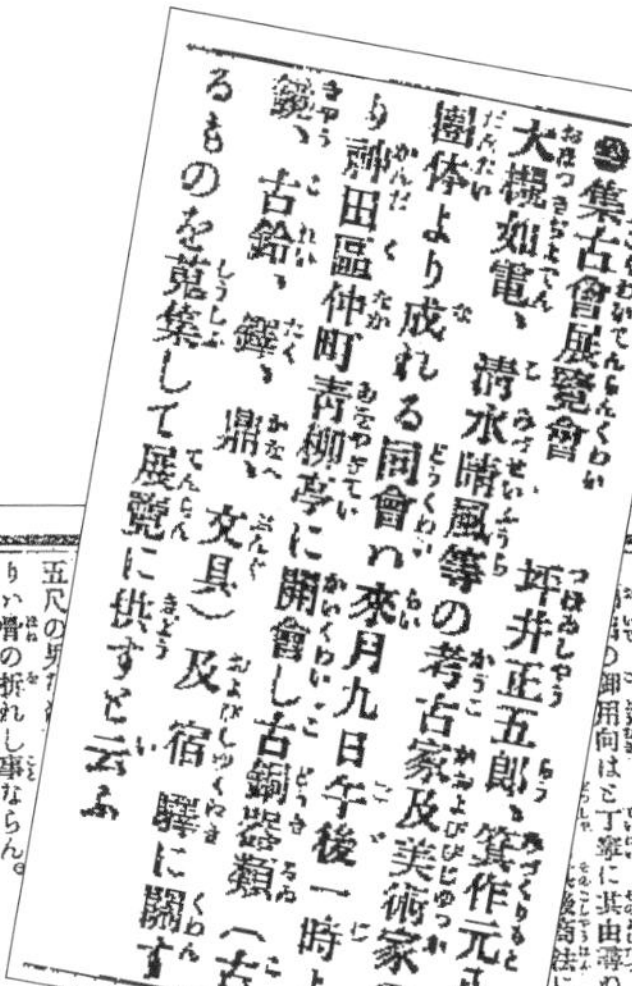

集古會展覽會

坪井正五郎、箕作元八、大槻如電、清水晴風等の考古家及美術家の團体より成れる同會ハ來月九日午後一時より神田區仲町青柳亭に開會し古銅器類（古鏡、古鈴、鐸、鼎、文具）及宿驛に關するものを蒐集して展覽に供すと云ふ

読売新聞　明治36年（1903）4月26日号 朝刊

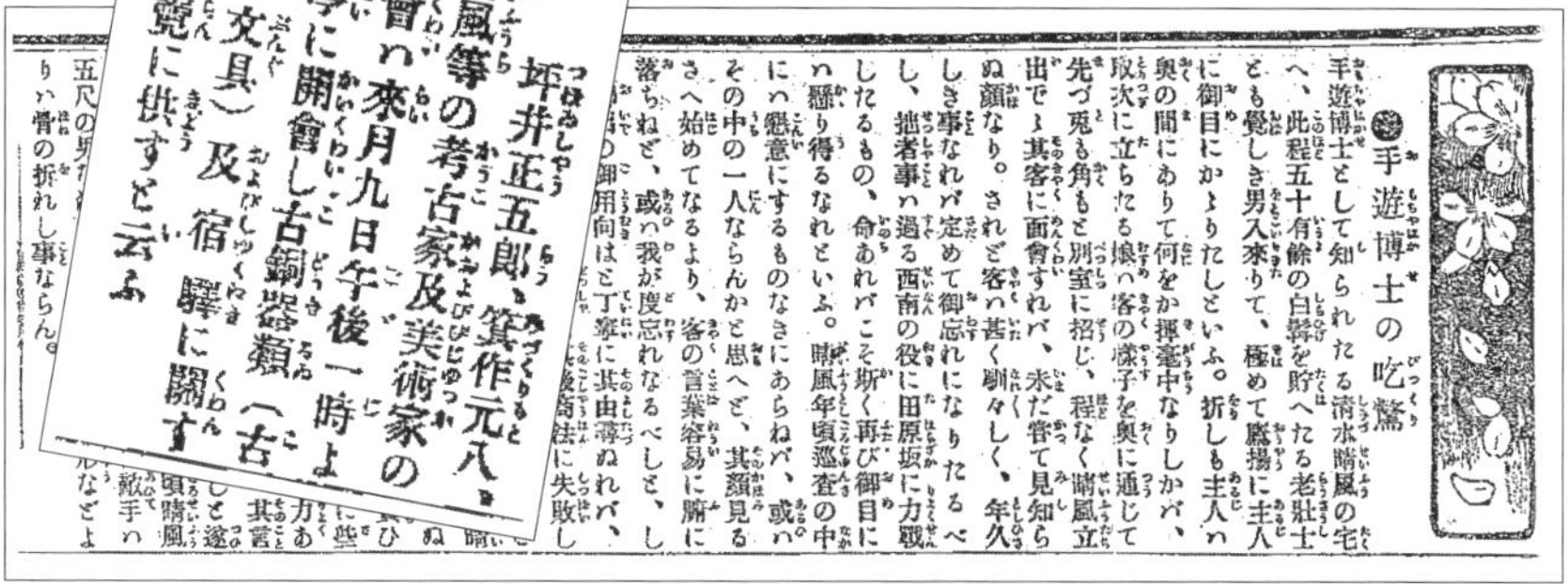

手遊博士の吃驚

手遊博士として知られたる清水晴風の宅へ、此程五十有餘の白髯を貯へたる老壯士とも覺しき男入來りて、極めて鷹揚に主人に御目にかゝりたしといふ。折しも主人ハ奥の間にありて何をか揮毫中なりしかバ、取次に立ちたる娘ハ客の樣子を奥に通じて先づ兎も角もと別室に招じ、程なく晴風立出でゝ其客に面會すれバ、未だ嘗て見知らぬ顔なり。されど客ハ甚く馴々しく、年久しき事なれバ定めて御忘れになりたるべし、拙者事ハ過る西南の役に田原坂に力戰したるもの、命あれバこそ斯く再び御目に懸り得るなれといふ。晴風年頃巡査の中には懇意にするもののなきにあらねバ、或ハその中の一人ならんかと思へど、其顔見るさへ始めてなるより、客の言葉容易に腑に落ちねど、或ハ我が度忘れなるべしと、し……の御用向はと丁寧に其由尋ぬれバ、……法に失敗し

五尺の……り、骨の折れし事ならん。

読売新聞　明治36年（1903）4月10日号 朝刊

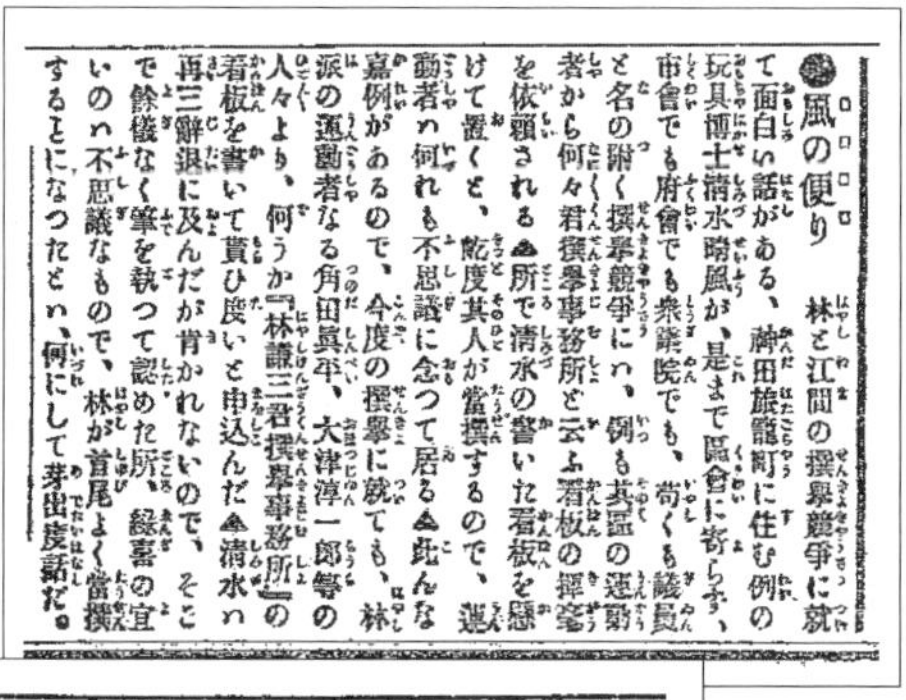

風の便り

林と江間の選擧競爭に就て面白い話がある、神田旅籠町に住む例の玩具博士清水晴風が、是まで區會に寄らず、市會でも府會でも衆議院でも、苟くも議員と名の附く選擧競爭には、例も其區の運動者から何々君選擧事務所と云ふ看板の揮毫を依頼される▲所で清水の書いた看板を懸けて置くと、乾度其人が當選するので、運動者は何れも不思議に念つて居る▲此んな嘉例があるので、今度の選擧に就ても、林派の運動者なる角田眞平、大津淳一郎等の人々より、何うか『林謙三君選擧事務所』の看板を書いて貰ひ度いと申込んだ▲清水は再三辭退に及んだが肯かれないので、そこで餘儀なく筆を執つて認めた所、緣喜の宜いのは不思議なもので、林が首尾よく當選するとになつたとは、何にして芽出度話だ。

読売新聞
明治38年
（1905）
5月20日号
朝刊

集古會の珍物

今年第一初の集古會は十四日午後一時神田青柳亭に開かれた課題は「亥に關するもの」「最も小きもの」「千年以上のもの」清水晴風 林若樹 諸氏は早くから來て斡旋して居た亥に關する者では蜂田友閑讃岐の摩利支天像狙仙筆の伏猪の圖、安東錠で山中笑氏が獲たと云ふ西遊記の愛讀者 猪八戒の木像、外に晴風氏の「四四十六組の出品」では猪の根付、猪牙、臥猪置物、伏見燒猪玩具、猪形刻の緒締、乾山燒の菓子皿等あり、太田正隆翁は今戸燒猪形香爐の奇抜なのを取り出した、千年前の分では清國西安の發見に係る刀鉾斧に同地產の動物土偶、武藏國分寺の瓦片、孝謙天皇の宸翰 封戸勅書の一片、天平錠や大極殿の瓦もある、小きものは大橋微笑氏の胡麻粒中の蛭子大黑を第一とし寶曆頃の豆本伊勢の蛭子大黑八幡 畫像等中で最も感服させたのは晴風氏の諸國羽子板六十五枚を六つの小箱に小さく形を取つた極彩色のもの、來會者は美術學校教授竹内久一氏考古學者關保之助氏等約四十名、清水氏が持參した天永頃の中村座の俳優尾上三朝作木刀を見て太田翁が白髯を撫して「珍中の珍でげすな」

読売新聞　明治44年（1911）1月15日号 朝刊

取《と》り出《だ》した、千年前《ねんぜん》の分《ぶん》では清國西安《しんこくせいあん》の發見《はつけん》に係《かか》る刀鉾斧《かたなほこをの》に同地產《どうちさん》の動物土偶《どうぶつどぐう》、武藏國分寺《むさしこくぶんじ》の瓦片《ぐわへん》、孝謙天皇《かうけんてんのう》の宸翰封戸勅書《しんかんはうこちよくしよ》の一片《ぺん》、天平錠《てんぴやうぢやう》や太極殿《だいぎよくでん》の瓦《かはら》もある、小《ち》きものは大橋微笑《おほはしびせう》氏《し》の胡麻粒中《ごまつぶちう》の蛭子大黒《あびすだいこく》を第一《だい》とし寶暦頃《ほうれきごろ》の豆本《まめほん》、伊勢《いせ》の蛭子大黒八幡畫像《あびすだいこくまんぐわざう》等中《とうちう》で最《もつと》も感服《かんぷく》させたのは晴風氏《せいふうし》の諸国羽子板《しよこくはごいた》六十五枚《まい》を六《む》つの小箱《こばこ》に小《ち》とく形《かたち》を取《と》つた極彩色《ごくさいしき》のもの、來會者《らいくわいしや》は美術学校教授竹内久一《びじゆつがくかうけうじゆたけうちきういち》氏考古學者關保之助《しかうこがくしやせきやすのすけ》氏等約《しらやく》四十名《めい》、清水《しみづ》氏《し》が持参《じさん》した天永頃《てんえいごろ》の中村座《なかむらざ》の俳優尾上三朝《はいいうをのへてう》作木刀《さくぼくたう》を見《み》て太田翁《おほたをう》が白髯《はくぜん》を撫《ぶ》して「珍中《ちんちう》の珍《ちん》でげすな」

三村竹清日記『不秋草堂日暦』に登場する清水晴風

早稲田大学演劇博物館『演劇研究』第十六号〜抜粋
『不秋草堂日暦』は三村清三郎（竹清）の日記。全百四十五冊あり、『演劇研究』第十六号から翻刻連載中。以下は晴風関連事項の抜粋である。

明治四三年（一九一〇）

一月　八日　午前十時頃訪清水晴風君　床上の幅は短冊に千歳飴の袋のもやうを画き　中央の文字は千歳春と記せり　この短冊を題張りにして　其周辺に狗張子を画きたるもの一寸思ひつき也　三人の合作にて狗はりこは晴風君自画也

一月十五日　訪林君　清水晴風君先在坐　午後は談話会　夜は大供会也　談話会の連中引続き夜まで居る　会者清水晴風　幸田成友　内田不知庵貢　和田千吉　坪井正五郎　岡田村雄　赤松磐田以上談話会　西澤仙湖　久留嶋武彦　久保田米斎他二人名を知らぬ人　夜十一時帰宅

この大会の話……談は一転して寺子屋談に入る　寺子屋をよくしれるは晴風君のミ坪井氏は師匠が自分之家に来りし由　後本郷霊雲寺覚玄様ト云内今の湯島小学校へ入りし也　内田君は松前学校和泉はしといふへ行きたりと云

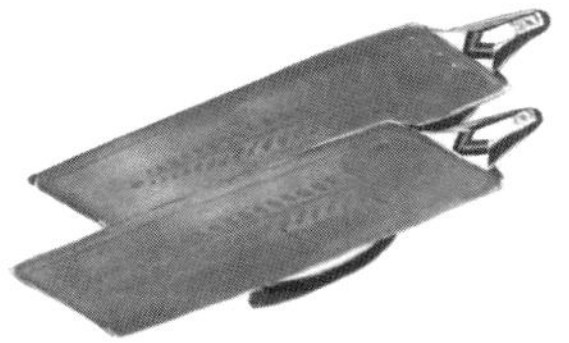

晴風君か二度目ニ行きし寺子屋の師匠は如意を以て背中をうちて折檻したり　其時は「師匠の弟子を打つは憎むに非す　其悪を懲らさんが為め也」コツンとやりたる由　此話をきゝて引導の様也と一座絶倒

十月二十三日

午後訪晴風翁　翁もことしハ胃病にて難義のよし　味噌の類を食へは直にさしとむといはる

十一月三日

…又文行へ帰り　晴風翁を訪ひ　淡路町酒井へより　分袂而帰宅

明治四十四年（一九一一）

一月十四日

午前　集古会の往に晴風君を訪問　同君大分瘠せたり、それより青柳之集古会へ行く　林君　福田菱州君　次々到　石井泰次郎　和田千吉　黒川真道　竹内久一　佐々木信綱　羽柴雄輔　八木奘三郎　諸氏にあふ白石村治氏は初対面也　此人奈良にて牧師をすること多年　頗る好古の癖あり　今住桜木町稀は不振なりしが　晴風翁を四々十六点出品は面白し

大正元年（一九一二）

十二月四日

川喜田君之分部町之家を訪ふ　例之階上之書斎に通る　……不図見れは　そこらの本箱に描帋等之玩具を画きあり　これは予か晴風翁より　木にかきて落ちぬ玩具之事をきゝて　大津絵を本箱之ふたに試ミ画きしをまねられたるなるへし　とかくして主人出来る　……清水晴風翁

此度五十品を譲られ　それにて湯治などいたされしやの話にて　例之椿岳涅槃像へ知友五十名か玩具動物をかきそへし幅は　始は児孫に伝ふる心なりしもこれをも五十点之中に加へて　川喜田君之厚意に酬はれしよしよきこと也……

大正二年（一九一三）

四月十八日　林君遊清送別会　……午後三時過る頃　山中翁来り　横尾君来り　内田不知庵君来り　林君来り　貫井君　幸田成友君　赤松範一君来らる　不参は清水晴風君のミなり　病気との事なり……

五月一〇日　集古会……晴風君よろしからす　枕も上らぬほとなりといふ

五月十五日　朝　清水晴風君を訪ふ　臥床にて面会す　福田菱洲君所蔵天狗孔平横もの　釜駒吉《ふくきち》の字説を譲り受くる也とて見せらる　此度之病は食欲なく　小食にても胸ふさかる如く　いたミありといふ

六月　六日　清水晴風翁を見舞ふ　睡眠中不会面

六月　七日　帽子をわすれて再ひ晴風翁を訪ふ　面談　流動物もすこしより入らすと聞く　心を寒からしむ

六月十三日　晴風君を見舞ふ　大分衰弱之様子なり

六月二十九日　欄外書込　晴風翁を訪ふ　枕頭に侍してかたる　遺言状といふものを見る　談二た時にて辞して……

七月一〇日　夜帰宿すれは　山中翁より葉書あり　晴風翁を見舞たるに容体よろしからす　林氏に咨りたるに　宛も林氏之叔父林董伯も重体にて　若し双方同時に逝去之事あつてハ困る故　集古会として弔辞を作り置きくれとの事を委任されたれは　よろしく頼むとの事也　生前に弔辞を作り置くも心苦しくていやなり　夜雨粛々たり

七月十一日　晴風君を訪ふ　夜来安眠　恰も今目さめて茶をのミ居る処といふ　やかて横に臥してまた熟睡す　令内令息（三十六才）等と一時斗話して帰る
もはや口中よりハ茶のミ通り薬も通ぜすといふ　茶も熱湯ならでハ餘計咽に入る故　嗌せて不通由　手配の滋養　灌腸は受付ず一昨煮出し汁納まり　昨日ソマトーゼ納まりたれば　全体真の丈夫なる人故　もし灌腸納まり衰弱恢復せば　咽の塞きを除く療治をすべしとの事之由

七月十六日　家に帰れは晴風君之訃至るあり　此日零時歿せりと

七月十七日　……それより晴風翁へよる　竹内久一君詰居る　村幸居れり　澤塵外君後至　法号は　泰雅院晴風日皓善男子　晴風家を出て丶諸氏とわかれ道了堂へよりて八丁堀へくる

七月十九日　……晴風翁之通夜に行く　夜十一時半　林　山中両氏と帰る　山中翁には飯田橋　林氏には本村町にてわかる

七月二十日　欄外見出　晴風翁之葬儀

朝六時家を出て　七時清水氏へ行く　山中翁已に在り　青柳にて集古会員之諸氏を接待す　八時葬列をやる

欄外見出　ろ文之はなし

○晴風翁之通夜のときの話に

翁は魯文とハふるき友にて　かつて魯文の仲間にていろは四十八文字をつけて　何垣何文とて四十八人の同勢をつくらんといひし事ありとか

晴風翁は清がきへ文といひたりしとそ……

晴風翁之柩之後より

杖をもちて米之丞といふ人ゆけり　この人翁之縁故之ものにて　この人の親　書画やにて翁も好事となりしとか　この杖ハ　晴風翁自作之鳩杖を手して　竹内久一氏之案せられしもの也　玩具之鳩を竹之先へつけたる也　そは翁は食道癌なり　咽へもの、つかへし時は　鳩の笛にてなでるかよしといふより思いつきしにて　この杖はともに埋むるよし也

大正五年（一九一六）

一月十八日　朝橋田素山君くる……夜村忠へよる　晴風てぬくひ十本一本五角宛素山君入用といふ故とりて帰る

三月　三日　朝　林氏をとふらふ　此間の雪よりすこし工合あし、とか　晴風手百雛飾りあり　林氏も初はか、るもの　うれしかりしなるへしと　をかし

三月二十三日　……橋田素山にあふ……四月一日孔平墓参　同廿日孔平百年忌納札会の事なと話す　此会　林　山中　清水　竹内　澤等補助之処　清水晴風作配ニ付君を加ふるとて　承諾を求めらる

四月二十一日　…夜　木村君と山中翁の狂哥会へ行く　林君在り　貫井君次て来　昨夜は天愚孔平百回忌納札会のよし　夜十一時半になりしと　不相変之弊也　席上にて竹内久一君にあひしに　晴風の碑も　寺院境内へハ建てゝはいけぬか　墓地ならハよしとの事にて　少々後へ下けてたてるよし也
　三年越しの話也

五月十三日　欄外見出　晴風評
斉藤宗一郎曰　岩本梓石評に　ゑらくてゑらくない人　清水晴風と人を以て言を廃すへからず

七月三十一日　朝　橋田素山来　怪我後仙台より飯坂温泉等をめくりて帰京のよし若松の辺　三文菓子やには　必御けしばうこ　三春駒ありしよし也晴風　曽て飯坂温泉に浴せしに　はや三春駒絶えしを老人にたのミて作らせしとて　送らせしことあり　又同人之話に　前年厳しまへ行きし或老爺之守れる小さき店にの三鹿猿の玩具あり　買占て帰れり　又嵯峩に行きし折も嵯峩硯の残物を買占帰れり　云々と　いつれも今尚在るもの也　これは晴風の癖と見ゆ

八月二十一日　欄外見出　御花漬　……うなゐの友五冊かる　晴風君文字なければ多くあやまりたる記事あり　玩具に着目したるハ賞すへし　今の玩具党も大かた文字なき輩也　然して貧乏数奇者に非されは富豪の茶事同様　何となく身分違之事のして見たき者共之戯也　晴風君後なきは嘆すへし

九月十日　……青柳の晴風遺物入札会へ行く　村忠開札にて笠ふせ也　其次に片岡平爺　某々　廣瀬辰五郎　大彦澤塵外等也　林君も居たり　あとより野中完一来　外は皆数名之道具やにて　古行李四ヶ二十銭　箱六十銭なと、いふ始末　みてゐるうちに　廣重伝来豊廣像十貳円　整珉亀六円か大物也　晴風の子息親類三人程傍に扣ふ　殺風景此上なし　畢て辞して八丁堀へ行く

九月十一日　欄外見出　後藤家亡ふ　彫工後藤家も九月七日を以て没落……七日に当主の祖母なる九十斗之老人亭主となりて　知人を招き　名残の茶事をしたるとあり　哀れにも雅ひたる事よと思はる、に　晴風家は未た衣食に窮したるにも非ず　……

九月十八日　……林さんにて晴風翁売立之根附十二ヶ見る　これハ君に取つて置いたとの事故貰ひ置く　木刀三十六本　貳円宛位のふミにて落札の由

欄外見出　晴風木刀　……予かつて晴風氏にき、しには　鳥越明神之手前につまらぬ道具やあり　こ、の店のからくたのうちに徂来之木刀あ

りそれを求めてより　木刀をあつめし也と　今この中に徂来之ものハなき様也　……

十月　十日

虎の門村忠へよる　晴風さんの遺物ハ少々並はれり……

十月廿九日

欄外見出　晴風逸話

村忠之話に晴風君の知人或時村忠之父なる土橋の古塵亭にて短冊数葉を求めて晴風君に見するに　皆有名なる俳人のミ也　同君其出所をきゝて夜古塵亭へ尋ね来り　明朝見に来るべければ　とにかく其たむさくは売らぬ様にたのむとの事也　翌朝又来り見て全部にて何程にやとの事なれは　あまりに御熱心にて候ほとにいかほとにてもよろしく候一枚一銭位にていかゝやといへは　それにてハ勿体なしとて一円なにかしかに買ひて帰られ　それを花清之花兄なとにゆつりて　百金位になりし由にて

　同君一生この事をいひて喜ひ古塵亭ハ淡泊な男た　もとが安いからいくらてもよい　第一あなたの熱心を買ふと云つて　掘り出さしてくれたとて　正月はきつと来て初買をしてゆかれたといふ　然るに右は或偽筆師之家より出てしにて　双鉤にしたる薄葉之原本一束　外に右之たむさくありし故　店に一束に出したるを　人の何程ときく故一枚五銭より取といひゐたり　原価二十五銭故晴風君之かけつけしときは既にもうかつた揚句故　如何にてもよかりし也　後になりてかゝる事いはゝ晴風君迷

惑すへしとて何事もいはさりし也と

十一月五日　此間山中翁　晴風へよりたるよし　竹内久一君一人にて　晴風建碑之事を担当したる処　久一君歿して　其帳面見つからぬよし　右建碑は晴風の遺物を夫々の人に贈りて　多少之志を受け　それにて碑をたてくれとの故人の遺言也　多勢の友人によつてたかつて碑をたて、貰つたといふ事か　故人之ほこりなりしなるべし　然るに金を払こミし人もあり　未払の人もあるなれと　帳面なけれは分らす　此間古書陳列にて　安田君林君に向ひて　竹内が来て晴風の碑につき入用といふ故　三十金用立て置きしが　竹内死したれバ君に丈話して置くとの事なりし由　困つた事也　晴風家にてハともかくも碑は後へ下けたれと　周辺見くるしけれは此間之売立て（遺物処分の事）の金もあれば　そこらキレイにしたる由　来年四月十六日までには何とかしたしとの企望のよし　緩慢の人にも困ると翁と打語りし事也

十一月十一日　午前十一時　集古会　神田仲町青柳へ行く　此会は一年五回　一　三　五　九　十一にて　九月に限り第三土曜日　あとは第二の土曜日也　此日は多年之経験上必す晴天也と　晴風翁のいひし由にてきめたる也と……

十一月二十五日　欄外見出　健とん送別会　……文行堂店のもの健とんの送別会也　兼て古書の陳列をなし　後交換会をなす　其売上の歩合を贈る事とす

売高四百六十余円　弐十五円包ミて贈りあり　……晴風羽子板写生一冊
　林出　浅倉買三十円　廣重画稿　晴風鑑　林出　浅倉買　弐十八円
　抱一粉本写生一山燼余のもの浅倉出　幸田買二十七円…

十二月二四日　……夜村忠まて行く　晴風の遺書本箱四ッほと　或成金一ト口に求めたしとて　それへ売りしか　預りてありとて見せらる　絵ひら考　江戸名物百人一首なと　自画稿本にておもしろきもの也　武内桂舟自蔵の人形を画きし巻　廣重之下絵張こミ帖　いろ〳〵也　ゆかりなき人の手にわたる事　のこり多し

大正六年（一九一七）

一月二十四日　……村忠へよる　晴風遺書またうるといふ

三月　十日　……晴風の絵ひら考　百人一首之二冊　村忠より文行へ入る　五十円といふ　ゑひら考を分けれは三十五円と云ふ

三月二十日　……此間十八日の素人交換会は……晴風ゑひら考　百人一首にて八十円　同雛写生（これは林君出品）五十円　いつれも浅倉屋の買也　晴風生前に此珍価ならましかはと思はれたり……

四月　六日　午後清水仁兵衛氏来　晴風之息也　晴風記念碑来十六日除幕を兼ねて供養ある也

四月十六日　午前　丸山本妙寺　晴風翁建碑式　蛙の声をきく

清水晴風記念碑名簿

東京 巣鴨・本妙寺にある、清水晴風記念碑には、晴風ゆかりの人びとの自筆サインが彫られている。晴風の描いた涅槃図を取り囲んで、当初八十九名、その後五名（※印）が加わった。

（集・集古會参加者、供・大供会参加者の略）

刻まれた名前	号・本名	生 没	住 所	参加会	収集品	備 考
赤松範一	磐田	1870～1945	品川	集・供	古版籍	赤松則良海軍中尉嗣子。東京製綱専務、貴族院男爵
荒川一泉						
有山麓園						竹清日記の大正13年4月27日に登場する
生田可久	錬二郎		本所	集		大正14年刊の『版画礼賛』に遺稿掲載
池田金太郎	号天釣居		京橋	集・供		てんぷらの「天金」2代目。池田弥三郎の父
石井泰次郎	伊勢平民 魚身子 鯛二郎	1871～1953	京橋	集	有職故実	四條流包丁家元。料理作法教授
石倉米豊				供		大供會談話会1、2回出席
石田可村	喜之助	1852～1920	日本橋 →大阪		玩具	仮名垣魯文、幸田得知と遊食会を起こす
いせ万	大西浅次郎	1874～1925	神田多町	集		青物問屋。東都納札睦連
一松斎素朝	山岸豊寿郎		神田			梶井宮師流華道総家元13世。明治42年『活華千代廼松』を出版
伊藤富三郎			日本橋	集		改良演芸会会員
巌谷小波	季雄	1870～1933	芝	集・供		博文館編集員。児童文学に貢献。小説、後童話

刻まれた名前	号・本名	生　没	住　所	参加会	収集品	備　　考
内田　貢	魯庵	1868～1929	淀橋	集・供		評論家、小説家
江澤由三郎	菜魚		神田	集・供		明治34年の雛遊會に参加
大橋須磨子		1881～1949		供		芸妓。金色夜叉モデル、明治30年に大橋新太郎の後妻となる
大橋微笑	義三 正義	1823～？	浅草	集	硬軟古版籍	宮内省図書寮勤務
加賀豊三郎	翠渓 洗雲亭	1872～1944	麹町	集・供	黄表紙	東京株式取引所勤務。蒐集の蔵書は東京都立中央図書館へ加賀文庫として残る
柿本庄六	圭洲（書道）	1877～1938	世田谷			神田区旅籠町一丁目の、夜間診療所医師。晴風主治医
長谷川可同	治郎兵衛 餅舎	1868～1925	松坂	集・供	餅に関する物	木綿織物、綿糸、硝子商。大正末、板祐生へ晴風遺物を３点おくる
亀井万喜子		1855～1927				経営者。三省堂創業者。晴風が執筆に参加した「日本百科大辞典」刊行
亀田一恕	改名後・仁海		下谷	集	古銭 俳諧	
加山 道	加山道之助 可山	1877～1944	横浜	集・供	横浜資料 玩具	横浜市嘱託
川喜田久太夫	半泥子 政令 無茶法師 泥佛堂主人	1878～1963	伊勢	集・供	おもちゃの貯金玉	三重県津市、川喜田家16代。銀行頭取、木綿問屋、陶芸家

刻まれた名前	号・本名	生　没	住　所	参加会	収集品	備　　考
川辺旭陵						日本画家。川辺御楯の三男
菊池広重	歌川広重（4代）菊池貴一郎	1849〜1925				浮世絵師。明治44年、4代広重襲名
木村だるまや	且水 助次郎	1867〜 ？	大阪	集・供	肉筆達磨 絵葉書	出版社主。軟派古書籍、美術書専門、木版印刷発行元
久保佐四郎		1872〜1944	日本橋	集・供		人形作家。人形芸術運動参加。「白沢会」結成
久保田米𤭖	満明 米斎　米所	1874〜1937	京橋	集・供	犬に関する物	日本画家。舞台美術家
栗原素骨	金蔵		神田	集・供		かなめや(小間物屋)主人。家具指物美術品を商う
久留島武彦		1874〜1960	千駄ヶ谷	集・供	犬に関する物	児童文学者。口演童話家
黒川真道	汲古	1886〜1925	浅草	集	硬軟古版籍	国学者。父は黒川真頼。帝国博物館、東京帝大教授。
黒須一松				供		大供會世話人
小泉徳兵衛			神田			明治44年「東京勧業展覧会秀画帖」を出版。泰文堂社主？
小菅丸孝	孝次郎		日本橋	供		袋物商「丸孝」店主。「是真堂」と称す。書画骨董も扱う
古筆了信						古筆鑑定家。初代了佐(1572-1622)の第13代。太平洋戦争まで鑑定に携る

刻まれた名前	号・本名	生　没	住　所	参加会	収集品	備　　考
小山源治	暁杜　臣杜 天香園	1875～？	京都	集・供	玩具 軟派古版籍	京都の趣味家
斎藤富三郎			東京⇔名古屋			鍛冶屋。考古学への関心をもつ。『歌集 木曽川の歌』を出版。序文は小波
佐久間喜太郎						
佐嵜(崎)霞村※		1878～1939	東京			木彫家
澤　塵外	京次郎	1872～？	日本橋	集	藩札 富札 猿に因む物	雑貨商店主。刷子(ハケ)商を営む
関　保之助	波爾和 花郷・箙廼舎 加和羅廼舎	1868～1945	中野	集		有職故実(武器・武具)研究家。 帝室博物館学芸委員
世古桂濱		？～1921	松坂	集		享年41
素山人	橋田素山 繁彦	1879～1921	原宿	集・供		
高橋健自		1871～1929	下谷	集	発掘品	考古学者。東京帝室博物館歴史課長。「考古学雑誌」刊行
高橋藤	高橋長秋 長之助		日本橋	集・供		提灯屋。納札、絵は三世広重に師事。俳諧号は高眺菴
竹内麟也※						時事新報社員？
武内桂舟	鉦平	1861～1943	麹町	集・供	人形類	日本画家。 雑誌・新聞の挿絵
武田真一				供		三越児童用品研究会代表。大供會庶務
竹内久一	久遠	1857～1916	下谷	集・供		彫刻家。帝室技芸員

刻まれた名前	号・本名	生　没	住　所	参加会	収集品	備　　考
谷口喜作※	弥之助 寂　閑心亭？	1902～1948	東京・黒門町			俳人、15歳で菓子店「うさぎや」を継ぐ。昭和22年に「和菓子」寄稿？
竹清	三村清三郎	1876～1953	京橋	集・供	古版籍 短冊 印	江戸通三大人。集古會、玉屑會参加
角田真平	竹冷・聴雨窓	1856～1919	牛込	集	俳書類	政治家、俳人
豊泉益三		？～1951	日本橋	集・供		三越重役
豊春　冨田寛	月桂庵豊春		小石川	集・供		明治41年『七福人』刊行
鳥居清忠	斎藤長吉 南陵	1875～1941		集・供		鳥居派7代目宗家。 浮世絵師 鳥居清忠(4代目)
永井素岳		1852～1915	京橋	集		書家(松花堂流)。音楽を通じての作詞。劇評を行う
中澤澄男	須弥翁	1968～？	本郷	集・供	石器時代遺物 一枚摺 燐票 玩具	陸軍教授
中西新太郎	紫雲	1856～？	埼玉	集		考古学、名家の墓所掃苔。元陸軍属
長原止水	孝太郎	1864～1930	本郷	集	古版籍	洋画家。明治21年帝大助手。29年「白馬會」結成。東美教授。漫画、挿絵、装丁を手がける
中村明石		1873～1940	浅草			歌舞伎俳優。13代中村勘三郎実子。
中村　薫※			神田			神田公論社主。『神田の伝説』を出版

刻まれた名前	号・本名	生　没	住　所	参加会	収集品	備　　　考
奈良嘉十郎			京橋			明治22年『小説花籠』出版社主？
西澤仙湖	米次郎　雛舎 琵琶廼舎	1864～1914	本所	集・供	小さなる玩具	銀行員。趣味人、大供會を結成。人形収集家
貫井銀次郎	貞 青貸堂 滋園	1878～？	本郷	集	古銭 銭書	煙草商。元青物商、加賀屋を営む
野口彦兵衛	大彦		日本橋	集・供	古衣裳類	呉服店主
白念坊如電	大槻修二	1845～1931	浅草	集		在野の学者。大槻文彦は弟
羽柴雄輔		？～1921	本郷	集	古写本	享年71の記事あり
林　若樹	若吉	1875～1938	牛込	集・供	鳩に関する物 軟派古版籍	集古会の中心人物。蒐集書は『若樹文庫収得書目』に残る。川柳、狂歌に関心をもつ
原　安民	川崎安	1870～1929	本郷	集		鋳金家。雑誌『日本美術』を刊行
平田盛胤			小石川	集		神田明神社司。晴風葬式に出席。国学者平田篤胤の孫（養子）にあたる
廣瀬辰五郎	菊雄	1878～1946	神田	集・供	浮世絵	千代紙業店主 「伊勢辰」3代目
廣田華洲	伊兵衛		名古屋	集	楊枝入 小楊枝	画家
福田菱洲	源三郎	1857～1921	小石川	集	古写本	
福田又一		1864～1939	世田谷			衆議院議員、弁護士。大日本博覧会評議委員
藤間金太郎	松本幸四郎 （７代目）	1870～1949				歌舞伎俳優

刻まれた名前	号・本名	生　没	住　所	参加会	収集品	備　　考
へのへの一へチ						
堀内鶴雄	快堂	1872～？	伊勢	集・供	人形 郷土資料	林業を営む
堀越福三郎	市川団十郎（10代目）	1882～1956		供		歌舞伎俳優。大正6年、市川三升5代目を襲名
梵雲寒月	淡島寒月	1859～1926	本所	集・供		父は淡島椿岳。西鶴を紹介した人物。小説家、俳人、好事家
松原米山※	久造	1872～？	日本橋	集		日本画家。新潟生。明治36年の綺肴會に参加
水落露石	義弌 庄兵衛	1872～1919	大阪	集	俳書 金石銘	俳人。大阪船場商家主人。蕪村中心の俳諧史研究家
箕作元八	南亭	1862～1919	本郷	集		西洋史学の泰斗
水野桂雄			大阪	集	古銭、糸印、燐票、商標	
宮沢朱明	粂一郎	1886～1916		供		俳人、浅草銀行員。大供會庶務。人形蒐集・鑑定をした
村上忠太郎	咸亭堂		芝区	集・供		茶器骨董商
村田幸吉		？～1922	芝区	集・供	黄表紙	古書籍、古物商。享年75歳の記事
邨（村）松秀茂	文廼屋秀茂 村松熊次郎	1843～1923				狂歌師。上野伊香保温泉旅館主人？
矢嶋隆教	礫川	？～1923	小石川	集	落書類	
安田善之助	椎園	1879～1936	本所	集	古写経 古筆 古書籍	安田財閥、安田銀行頭取。善次郎2代目を襲名

刻まれた名前	号・本名	生　没	住　所	参加会	収集品	備　　考
山口福太郎	松香		京都	集	糸印 古銭 軟派古版籍	商工銀行員から書画屋を営む
山中笑	共古	1850～1928	牛込	集・供	宗教土俗品 古版籍 古銭	考古学者、民俗学者。幕臣の子で、大正８年青山学院図書館長。日記「共古日録」66冊を残す
横尾勇之助		1876～1949	下谷	集	蔵書印	文行堂書肆。古書籍、短冊
和田千吉	王堂	1871～1945	小石川	集・供	古墳經塚発掘品	考古学者。元帝室博物館勤務
渡邉勝三郎		1872～1940	芝	集	一中節 狂言	宮中顧問官、官僚。徳島県、内務省、新潟県、長崎県知事を歴任

清水晴風年譜

江戸時代に生まれ、幕末に16歳で11代仁兵衛を継いだ、生粋の神田っ子。変転した、明治時代を全て生きた人物の足跡を改めて年譜にまとめた。

※年譜は満年齢で表記、本文の「清水晴風の生涯」では当時の慣習に従って、数え年で表しました。

和暦	西暦	年齢	刊行・蒐玩	備考
嘉永4年正月10日	1851			神田旅籠町1丁目で誕生。 父は10代仁兵衛、母は9代仁兵衛養女いわ。
万延元年2月	1860	9		書道入門。先生は明神下に住む芳林堂。
文久2年3月	1862	11		能装束司・関岡長右衛門方に年期奉公。
慶応元年11月	1865	14		関岡家より戻り、家業の運送業を助ける。
明治3年2月	1870	19		11代清水仁兵衛を襲名。
明治3年2月	1870	19		俳号「車人」を名乗る。
明治6年2月	1873	22		雅号「芳華堂晴風」を名乗る。
明治7年8月	1874	23		家業を兼ねて、京阪地方を遊歴。
明治11年	1878	27		タツと結婚。
明治12年1月16日	1879	28		竹内梅月宅で開かれた第1回の遊食会「地獄会」に参加。
明治13年3月6日	1880	29	蒐玩	向島言問の植半で行われた、遊食会「竹馬会」に参加。 おもちゃの蒐集を開始。

明治15年7月	1882	31		富士登山
明治16年10月13日	1883	32		立正安国会へ入会する。
明治23年10月11日	1890	39	蒐玩	新橋より汽車で中京、名古屋、京阪、奈良(10日間)へ旅行。
明治24年	1891	40		運輸請負業の組合ができ、その頭取となる。
明治24年4月21日	1891	40	蒐玩	名古屋、伊勢、京都、大阪、奈良、山陽の一部(16日間)へ旅行。
明治24年10月	1891	40	刊行	『うなゐの友』初編　刊行
明治25年2月2日	1892	41		母・いわ没（65歳）
明治25年10月29日	1892	41		父・10代仁兵衛没(75歳)
明治28年	1895	44		運送業の株を従業員の堀部徳兵衛へ譲渡。
明治28年11月1日	1895	44	蒐玩	上野より、奥州白河、仙台、塩釜、盛岡、青森、室蘭、小樽、札幌(15日間)へ旅行。
明治29年4月26日	1896	45		第3回 集古会に初参加。
明治29年4月	1896	45		東京美術学校で催された、「元禄年間より文化に至る時代美術品展覧会」へ、所蔵の古美術品数種を出品。
明治32年8月	1899	48	蒐玩	上野より、日光、福島、仙台、塩竈、松島、山形、秋田、水戸(15日間)へ旅行。
明治33年3月	1900	49		大丸呉服店で催された、「時代服展覧会」へ所蔵品を出品。
明治34年7月	1901	50		松平伯爵家要請により、華族会館へ玩具各種及び雛に関する玩具を出品。講話を数回行う。
明治35年10月17日	1902	51		四谷小学校女子部第5回同窓会にて、婦女子に関する玩具について講話。
明治35年12月3日	1902	51	刊行	『うなゐの友』二編　刊行

明治36年4月10日	1903	52		讀売新聞に「手遊（おもちゃ）博士の吃驚」が掲載。「おもちゃ博士」の呼び名が登場。
明治36年7月28日	1903	52		「京都古美術品展覧会」へ所蔵品数点を出品。
明治38年	1905	54		日本女子大学校の同校紀念日へ所蔵の新古雛数種を出品。
明治39年5月	1906	55		上野で催された「帝室博物館展覧会」へ所蔵品数点を出品。
明治39年7月	1906	55		東京・芝公園紅葉館で催された甲冑展に協力。
明治39年11月1日~25日	1906	55		「京都こども博覧会」へ所蔵の玩具129点を出品。『風俗画報355号』出品目録に125点の玩具が掲載される。
明治39年11月10日	1906	55	刊行	『うなゐの友』三編　刊行
明治40年5月	1907	56		滋賀県彦根町で催された「こども博覧會」へ所蔵品数点を出品。
明治40年9月23日	1907	56	刊行	「玩具通」『通の話』に所収。
明治40年11月10日	1907	57	刊行	『うなゐの友』四編　刊行
明治41年1月29日	1908	57		「帝室博物館特別展覧会」へ嘉永以前の輸入に係わる西洋品及び参考品を出品。
明治42年	1909	58		神田教育會の懇望により、区内各学校で「通俗講話」を行う。
明治42年3月	1909	58	蒐玩	静岡、名古屋、伊勢、京都、大阪、奈良、須磨、明石、岐阜、飛騨高山、福井、金沢（31日間）へ旅行。
明治42年9月25日	1909	58		「日英連合博覧会」へ出品のため、文部省教育博物館依頼の「元禄式の弓破魔」を製作。
明治43年3月23日	1910	59		帝国大学依頼により、慶長以後の浄瑠璃および操り人形の古画や古屏風類を提出。
明治43年7月4日	1910	59		富山市教育会「児童博覧会」に、自筆諸国玩具の写生本他を出品。
明治44年	1911	60		神田区淡路学校で「郷校の歴史地理」の講話を行う。

明治44年	1911	60		第2回こども博覧会(富山)、第2回児童博覧会(三越)に所蔵品を出品。
明治44年3月6日	1911	60		独逸領事館職員・ドクトル・ミュルラーに、日本の凧の歴史を説明。
明治44年3月11日	1911	60		府立大阪博物館で催された「こども博覧会」へ所蔵の玩具数種を出品。
明治44年4月16日	1911	60		還暦の祝宴が催される。出席者は61人。 尺二絹本玩具写生の自画、干支亥の印材を引出物とする。
明治44年5月14日	1911	60		帝室博物館で催された、特別展覧会へ所蔵品を出品。
明治44年5月15日	1911	60	刊行	『うなゐの友』五編　刊行
明治44年6月	1911	60		三越呉服店で催された「第2回児童博覧会」へ所蔵品を出品。
明治45年5月	1912	61		岡山市で催された「児童博覧会」へ所蔵品を出品。
大正元年9月25日	1912	61	蒐玩	療養の為東北へ出掛ける。 飯坂温泉(25日間)、塩原温泉 (15日間) で湯治。
大正2年6月10日	1913	62	刊行	『うなゐの友』　六編　刊行
大正2年7月16日	1913	62		午前零時20分、自宅で逝去。 通夜は19日、葬儀は20日に行われた。
大正2年10月25日	1913		刊行	『神田の伝説』　神田公論社刊
大正6年4月16日	1917			記念碑　除幕式
大正11年	1922		刊行	『諸国羽子板』　だるまや書店刊
昭和34年6月15日	1959		刊行	『江戸名物部類』　江戸町名俚俗研究会刊
昭和58年5月	1983		刊行	『街の姿』　太平書屋刊
昭和61年6月10日	1986		刊行	『江戸明治世渡風俗図会』　国書刊行会刊

清水晴風著作一覧

晴風の著作を含め、新聞・雑誌でのインタビュー記事もリストに加えている。集古会に持ち寄った玩具絵帖は、今後発見される期待を込めてリストに加えた。浮世絵師としての清水重晴、俳人・車人の資料は見つかっていない。

★印は本文の参考文献

和　暦	西 暦	出 版 社	解　題　等	誌・紙名
明治24年10月	1891	大倉書店	『うなゐの友』初編	
明治29年1月20日	1896	集古会	「玩弄物達摩考」	集古會誌
明治29年12月	1896	考古學會	「人形時代の説」	考古學會雑誌1号
明治30年2月	1897	考古學會	「異形の人形」★	考古學會雑誌3号
明治30年8月	1897	考古學會	「飛人形　俗に飛んだりはねたり」	考古學會雑誌8号
明治30年8月20日	1897	東洋社	「奥州三春子育馬」	女子之友5号
明治30年9月10日	1897	東洋社	「鶉車、南部法華寺の御犬、御犬の香合」	女子之友6号
明治30年9月24日	1897	東洋社	「異製獅子頭の玩弄五種」	女子之友7号
明治30年11月24日	1897	東洋社	「肥後國木の葉猿　大隅國鯛車」	女子之友10号
明治31年3月10日	1898	東洋社	「御伽はいご尼兒の記」	女子之友18号
明治31年3月15日	1898	開発社	「徳川時代の児童玩具の変遷　上」	教育時論465号
明治31年4月	1898	考古學會	「うんすんかるた」	考古學會雑誌2編2号
明治31年4月20日	1898	集古会	「志道軒自畫自賛の像」	集古會誌
明治31年3月25日	1898	開発社	「徳川時代の児童玩具の変遷　下」	教育時論466号
明治32年6月16日	1899	集古会	「家蔵の大津絵」	集古會誌
明治33年12月30日	1900	肉筆	『玩弄圖彙　第五編』	
明治34年 夏	1901	肉筆	『玩具の図』	
明治35年12月3日	1902	芸艸堂	『うなゐの友』 二編 ★	
明治36年1月3日	1903	読売新聞社	談話「兎年の手遊」	読売新聞
明治36年5月5日	1903	集古会	「家蔵の繪幟」	集古會誌
明治36年5月5日	1903	読売新聞社	談話「五月幟と人形に就て」	読売新聞

明治37年3月11日	1904	集古会	「幸右衛門作人形考」	集古會誌
明治37年5月14日	1904	肉筆	『人形百種』★	
明治37年11月11日	1904	集古会	「丸〆の招猫」	集古會誌
明治38年1月2日	1905	読売新聞社	談話「巳年の玩具　其上」	読売新聞
明治38年1月3日	1905	読売新聞社	談話「巳年の玩具　　上」	読売新聞
明治38年5月	1905	集古会	「花歌留多考」	集古會誌
明治39年1月2日	1906	読売新聞社	談話「玩具の馬」	読売新聞
明治39年3月9日	1906	肉筆	『馬の種ゝ』	
明治39年5月20日	1906	同文館	「晴風出品玩具繪」	日本の家庭増刊 こども博覧会
明治39年9月	1906	集古会	「大津繪風俗考」	集古會誌
明治39年9月19日	1906	春陽堂	「玩具の今と昔」	唾玉集
明治39年11月10日	1906	芸艸堂	『うなゐの友』　三編	
明治40年1月2日	1907	読売新聞社	談話「羊の手遊」	読売新聞
明治40年9月23日	1907	敬文館	「玩具通」	通の話
明治40年10月19日	1907	朝日新聞社	談話「恵比寿について」	朝日新聞
明治40年11月10日	1907	芸艸堂	『うなゐの友』　四編	
明治41年1月1日	1908	朝日新聞社	談話「猿の玩具」	朝日新聞
明治41年2月1日	1908	書画骨董 雑誌社	「縁喜を祝ふ猿の玩具」	書画骨董雑誌16号
明治41年 夏	1908	肉筆	『繪比良圖考』	
明治41年 夏	1908	肉筆	『東京名物百人一首』	
明治41年10月23日	1908	肉筆	『諸国餅に関する玩具』	
明治42年1月1日	1909	読売新聞社	談話「鶏の玩具」	読売新聞
明治42年3月	1909	三越呉服店	「雛の今昔」	みつこしタイムス
明治42年6月4日	1909	肉筆	『諸国首人形図』	

明治42年9月8日	1909	肉筆	『鳥の関する玩具写本』	
明治43年12月6日	1910	三省堂書店	「おとぎはふこ」、「ぐわんぐ」、「こけしはふこ」★ 項目執筆	日本百科大辞典
明治44年5月15日	1911	芸艸堂	『うなゐの友』　五編 ★	
明治44年7月24日 ～30日	1911	時事新報社	講演「郷校の歴史地理」	時事新報
明治44年11月	1911	書画骨董 雑誌社	「玩具研究の動機及び蒐集苦心談」	書画骨董42号
明治45年2月10日	1912	書画骨董 雑誌社	「江戸の春の思出」	書画骨董45号
明治45年3月	1912	書画骨董 雑誌社	「五月人形と雛と白酒」	書画骨董46号
明治45年7月	1912	集古会	「力持ちの話」	集古會志
大正2年4月29日	1913	肉筆・貼込帖	『諸国神仏に関する玩具盡納札張込帖』一冊	
大正2年4月30日	1913	肉筆	『狐の玩具写本』	
大正2年6月10日	1913	芸艸堂	『うなゐの友』　六編 ★	
大正2年9月15日	1913	集古会	談話「会員談叢」	集古會誌
大正2年10月25日	1913	神田公論社	『神田の伝説』	
大正2年2月10日	1913	朝日新聞社	談話「憲法発布の追懐」	朝日新聞
	1913	肉筆	『雛の圖』	
	1913	貼込	『あつまの花』	
	1913	肉筆	『羽子板の図』	
大正3年5月11日	1914	肉筆	『諸国産羽子板写生帖』二冊	
大正4年10月21日	1915	肉筆	玩具寫生NO.1『虎の種々』	
大正6年3月	1917	家庭倶楽部	「雛の今昔」	家庭と趣味 第3巻2号
大正9年4月1日	1920	書画骨董 雑誌社	「花歌留多考(遺稿)」	書画骨董 雑誌 141号
大正9年2月	1920	肉筆	晴風翁筆玩具五十種之内NO.2『猿の種々』	
大正10年10月30日	1921	肉筆	玩具寫生NO.4『祭りに関する玩具』	
大正11年	1922	だるまや書店	『諸国羽子板』	

大正11年2月25日	1922	肉筆	玩具寫生NO.5『犬の部』一冊　NO.6『鶴亀』	
大正11年2月25日	1922	肉筆	『江戸名物部類』(明治30年如月誌) 玩具寫生NO.7『船』	
大正12年4月25日	1923	肉筆	玩具寫生NO.8『諸國児童人形』　NO.9『人形類』 NO.10『雛百種』　NO.11『新古風俗人形』	
大正13年2月25日	1924	肉筆	玩具寫生　NO.12『獣類に関する玩具帖』	
大正13年7月6日	1924	肉筆	『諸国亀の玩具絵本』	
大正13年7月6日	1924	肉筆	『桃太郎畫帳』	
大正13年7月6日	1924	肉筆	『犬盡し畫帖』	
大正13年7月6日	1924	肉筆	『達磨畫帖』	
大正14年2月25日	1925	肉筆	玩具寫生NO.13『牛』	
大正15年3月1日	1926	肉筆	玩具寫生NO.14『虎』	
大正15年5月1日	1926	肉筆	玩具寫生NO.15『猫』	
昭和3年9月17日	1928	江戸時代 文化研究会	江戸二無物番付追加	江戸文化2巻8号
昭和3年10月25日	1928	肉筆	玩具寫生NO.16『諸國出土人形』 NO.17『紙鳶の種々』　NO.18『玩具鳥の類』	
昭和8年11月1日	1933	肉筆	三村清三郎出品　晴風筆『江戸名物部類』　寫	
昭和10年3月25日	1935	雄山閣	「玩具図・書簡貼交屏風(玩具絵屏風壹双)」★ 一双	玩具叢書 日本玩具図編
昭和34年6月15日	1959	江戸町名俚俗 研究会	『江戸名物部類』	
昭和58年5月	1983	太平書屋	『街の姿』	
昭和61年6月10日	1986	国書刊行会	『江戸明治世渡風俗図会』	
平成14年6月25日	2002	明石書店	『神田の伝説』	都市民俗の生成

清水晴風関連資料

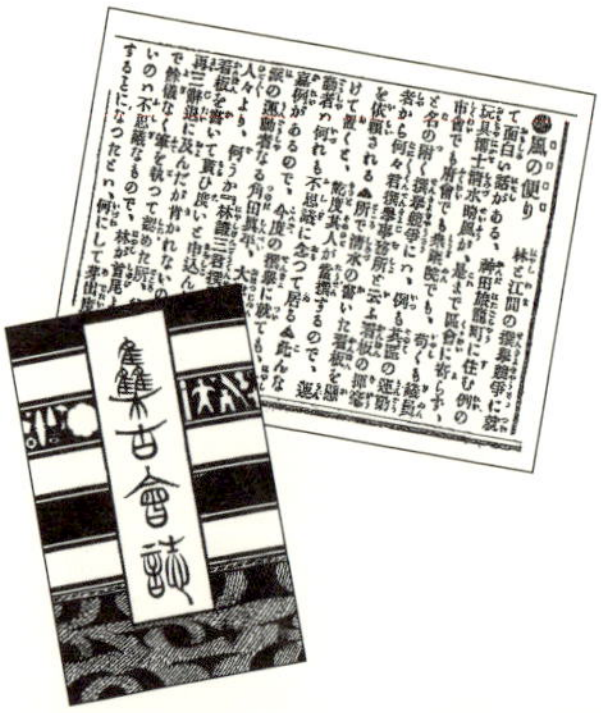

晴風について語られた文章が多く残されていることに驚く。この豊富な資料から、玩具を含めて古物蒐集をした晴風、玩具を作った晴風、玩具絵を描いた晴風、俳句に親しみ、絵ビラを描いた晴風が、同時代の人間にとってどれほど魅力的であったかを垣間見ることができる。

★印は本文の参考文献

和　　暦	西暦	版　元　名	書　　名	号数	掲載タイトル	著　者	備　　考
明治29年1月27日	1896	読売新聞社	読売新聞		車屋晴風		
明治29年2月1日	1896	読売新聞社	読売新聞		古代の双六		
明治29年11月20～昭和19年7月10日	1896	集古會	集古	全189冊			
明治33年8月9日～11日	1900	朝日新聞社	朝日新聞		おもちゃ癖 清水晴風氏		
明治34年4月23日	1901	朝日新聞社	朝日新聞		雛の婚礼		
明治35年2月20日	1902	読売新聞社	読売新聞		古代雛		
明治36年2月6日	1903	読売新聞社	読売新聞		神田青物市場紀年大懇親會の趣向		
明治36年4月10日	1903	読売新聞社	読売新聞		★ 手遊博士の吃驚		手遊（おもちゃ）博士の名称登場
明治36年4月26日	1903	読売新聞社	読売新聞		集古會展覧會		
明治37年2月1日	1904	朝日新聞社	朝日新聞		奇癖會の景況		

明治37年12月11日	1904	朝日新聞社	朝日新聞		時局 おもちゃ絵葉書		
明治38年5月15日	1905	朝日新聞社	朝日新聞		集古會の景況		
明治38年5月20日	1905	読売新聞社	読売新聞		選挙看板		
明治38年7月26日	1905	読売新聞社	読売新聞		元禄會雑感　下		
明治39年1月1日	1906	朝日新聞社	朝日新聞		春駒と馬の玩具		
明治39年1月30日	1906	読売新聞社	読売新聞		煙管の好者		
明治39年4月13日	1906	読売新聞社	読売新聞		明治古物集		
明治39年5月	1906	同文館	日本の家庭 こども博覧会	臨時 増刊			晴風出品目録、 出品玩具の絵、 写真 明治39年5月3日 ～16日　於上野公園
明治39年11月	1906	東洋堂	風俗画報	355	京都市教育会報 記念号 こども博覧会★	浜田如洗	晴風出品玩具目録 開催11月1日～25日
明治40年3月20日	1908	石敢堂	京都こども博覧會			京都市 教育会	晴風出品玩具 写真三枚掲載 開催11月1日～25日
明治40年5月9日	1907	朝日新聞社	朝日新聞		婦人博覧会彙報 一号館の 雛人形陳列		
明治40年5月24日	1907	朝日新聞社	朝日新聞		婦人博覧会彙報		
明治40年9月16日	1907	朝日新聞社	朝日新聞		神田明神の山車 (名物保存の倉庫)		
明治41年3月2日	1908	朝日新聞社	朝日新聞		東京の雛通 (上) 清水晴風翁所蔵の 珍雛		
明治42年3月5日	1909	東洋堂	風俗画報	394	玩具の話	筑水漁夫	晴風玩具 50種3千点分類

明治41年3月9日	1908	朝日新聞社	朝日新聞		好古社春季大会		
明治42年4月11日	1909	朝日新聞社	朝日新聞		がらくた界		
明治42年12月2日	1909	朝日新聞社	朝日新聞		泣かずに遊ぶ、人形家の大供会		
明治43年1月2日	1910	朝日新聞社	朝日新聞		物好銘々伝 広瀬菊雄		
明治44年1月15日	1911	読売新聞社	読売新聞		集古會の珍物		
明治44年4月3日	1911	大阪玩具協会	玩具世界	1	有馬筆		晴風翁の病褥氣焔
明治44年4月18日	1911	朝日新聞社	朝日新聞		玩具博士の還暦會		
明治44年4月18日	1911	読売新聞社	読売新聞		晴風翁のお祝い		
明治44年5月	1911	大阪玩具協会	玩具世界	2	有馬筆		晴風翁の賀會と畧歴
明治44年7月1日	1911	大阪玩具協会	玩具世界	4	有馬筆		うなゐの友第五編目録
大正2年1月	1913	三越	三越	3巻1号			
大正2年2月5日	1913	読売新聞社	読売新聞		珍な富札供養		
大正2年7月18日	1913	朝日新聞社	朝日新聞		清水晴風翁の死去		
大正2年7月21日	1913	朝日新聞社	朝日新聞		清水晴風翁の葬儀		
大正4年4月15日	1915	大供會	人形逸品集	第5集	故 晴風、坪井、仙湖三氏遺品陳列場写真		

大正4年9月1日	1915	書画骨董雑誌社	書画骨董雑誌	87	清水晴風翁の建碑	竹内久一	除幕式は大正6年4月16日に実施
大正4年10月1日	1915	書画骨董雑誌社	書画骨董雑誌	88	玩具博士 清水晴風翁の事ども	竹内久一	
大正7年11月	1918	柳屋書店	美術と文芸		うなゐの友に就いて	竹清	
大正13年5月10日	1924	郷土趣味社	郷土趣味	5巻5号	うなゐの友資料		
大正13年9月15日	1924	郷土趣味社	郷土趣味	5巻6号	★ 清水晴風翁遺作展観目録		
大正14年7月16日	1925	東都肉筆納札會	清風帖		★ 噫清水晴風翁 玩具博士の逸話		神田新報 大正2年8月15日 100号転載
大正14年9月1日	1925	東都肉筆納札會	御札博士		壽多有博士と納札	前橋半山	明治42年に来たとき…「故人の晴風先生が大いに説明に力めて呉れたのを覚えて居ります」
昭和3年1月10日	1928	郷土趣味會	『こけし這子の話』				
昭和4年1月1日	1929	集古会	集古		★ 課題 晴風翁を偲ぶもの		
昭和4年5月20日	1929	多納趣味会	多納趣味	第3巻2号	「うなゐの友」原稿料	座全堂且水	
昭和5年1月11日～5月11日	1930	楓文庫	あのな	1月号～5月号	故清水晴風翁筆 玩具十二支の内 午未申酉戌 ★		
昭和5年3月1日	1930	芸艸堂	浮世絵志	第15号	天童藩内の廣重肉筆（上）	小島烏水	
昭和6年6月10日	1931	武蔵野會	武蔵野	17巻1号	三十五年以前先輩の友人寫眞	鳥居龍蔵	晴風 群像写真掲載
昭和7年5月20日	1932	郷土秘玩社	郷土秘玩	1巻2号	「うなゐの友」第一回輪講	宮崎線外 木村仙秀 萬場米吉 有坂与太郎 松下正影	
昭和7年6月15日	1932	郷土秘玩社	郷土秘玩	1巻3号	「うなゐの友」第二回輪講	宮崎線外 木村仙秀 萬場米吉 有坂与太郎 松下正影	

昭和7年7月20日	1932	郷土秘玩社	郷土秘玩	1巻 4号	「うなゐの友」 第3回輪講	宮崎線外　木村仙秀 萬場米吉　有坂与太郎 松下正影	
昭和13年6月25日 ～15年5月24日	1938	吾八	これくしょん ★	15号 21号 22号 24号 33号 37号			晴風旧蔵品 頒布
昭和13年7月25日	1938	吾八	これくしょん	16	清水晴風翁	山内金三郎	
昭和17年1月30日	1942	吾八	玩具文献之栞 ★			川口栄三	
昭和17年3月5日	1942	集古會	集古會報		集古會昔話	三村清三郎	
昭和17年7月12日	1942	旅の趣味會	晴風小伝と印譜			伊藤喜久男 編	年譜は竹内久一作成、 東京府提出願書を 転載
昭和17年9月20日	1942	集古會	集古會報		晴風さんの 話をする前に	三村清三郎	
昭和17年11月10日	1942	集古會	集古會報		課題 ★ 清水晴風翁に 関するもの		
昭和17年11月10日	1942	集古會	集古會報		★ 清水晴風さんの話	三村清三郎	
昭和38年5月1日	1963	日本 郷土玩具の会	竹とんぼ	56	清水晴風 「うなゐの友」について 第1回		研究会
昭和38年7月1日	1963	日本 郷土玩具の会	竹とんぼ	57	清水晴風 「うなゐの友」について 第2回		研究会
昭和38年10月15日	1963	全国 郷土玩具友の会	おもちゃ	51	「うなゐの友」 研究	稲垣武雄	
昭和39年1月1日	1964	日本 郷土玩具の会	竹とんぼ	60	玩具博士のこと	西沢笛畝	
昭和39年1月31日	1964	全国 郷土玩具友の会	おもちゃ	52	続「うなゐの友」 研究	稲垣武雄	
昭和40年7月1日	1965	日本 郷土玩具の会	竹とんぼ	69	清風記念碑見学	北住孜	

昭和40年9月25日	1965	未来社	おもちゃと玩具		明治の玩具画集、「うなゐの友」のおもちゃ・ことば、玩具博士	斉藤良輔	
昭和41年5月1日	1966	日本郷土玩具の会	竹とんぼ	74	清水晴風翁の遺影と小伝		研究会
昭和43年1月1日	1968	日本郷土玩具の会	竹とんぼ	84	私観・郷玩人回想録「うなゐの友」と清水晴風翁の巻	安藤舜二	
昭和43年3月1日	1968	日本郷土玩具の会	竹とんぼ	85	36年前の「郷土玩具」論をめぐって		風車第2期1号
昭和44年11月1日	1969	日本郷土玩具の会	竹とんぼ	95	玩書蒐集こぼれ話	川口栄三	
昭和56年9月13日	1981	車偶庵文庫	郷玩小論		うなゐの友雑考	石井丑之助	
昭和56年11月1日	1981	暁教育図書	日本発見 郷土玩具		清水晴風と岡本綺堂	斉藤良輔	
昭和57年4月30日	1982	全国郷土玩具友の会	おもちゃ	102	「うなゐの友」小考	吉田慶二	
昭和57年9月15日	1982	全国郷土玩具友の会	おもちゃ	103	大倉版うなゐの友	植山利彦	
昭和57年9月15日	1982	全国郷土玩具友の会	おもちゃ	103	題名の反省	川口栄三	
昭和57年9月15日	1982	全国郷土玩具友の会	おもちゃ	103	うなゐの友資料	平田嘉一 編	
昭和57年9月15日	1982	全国郷土玩具友の会	おもちゃ	103	続「うなゐの友」小考	吉田慶二	
昭和57年9月15日	1982	全国郷土玩具友の会	おもちゃ	103	「うなゐの友」項目別索引	浅見素石 編	
昭和58年6月9日	1983	青裳堂書店	★日本書誌學大系29 若樹随筆			林若吉	
昭和58年6月19日	1983	青裳堂書店	★日本書誌學大系30 若樹文庫収得書目			林若吉	

昭和61年9月6日	1986	仙台 郷土玩具の会	★ 高橋胞吉 ー人とこけしー			高橋五郎	晴風こけし写真を 巡って
平成2年1月30日	1990	八木書店	★ 紙魚の昔かたり 明治大正編			反町茂雄 編	
平成2年6月	1990	書肆ひやね	★ 大沼甚四郎の追求			高橋五郎	晴風こけし写真を 巡って
平成5年3月30日 〜21年3月30日	1992	早稲田大学 演劇博物館	演劇研究	16号〜 32号 続刊中	★ 不秋草堂日暦	三村清三郎	三村竹清日記 翻刻
平成7年7月21日	1995	岩波書店	「敗者」の精神史			山口昌男	
平成11年8月29日	1999	青裳堂書店	★ 日本書誌學大系85 正本若樹文庫収得書目			林若吉	
平成12年2月21日	2000	平凡社	敗者学のすすめ			山口昌男	
平成13年1月10日	2001	晶文社	★ 内田魯庵山脈			山口昌男	
平成16年5月	2004	国立国会図書館	国立国会図書館月報	NO. 518号	稀本あれこれ435 「人形百種」	川本　勉	
平成17年3月	2005	鹿児島県 歴史資料センター 黎明館	★ 鹿児島県指定有形文化財 川邉コレクション 目録			菊野智美	黎明館 調査研究報告 第18集
平成17年6月	2005	国立国会図書館	国立国会図書館月報	NO. 531号	稀本あれこれ448 「繪比良圖考」	川本　勉	
平成18年10月16日	2006	中尾松泉堂書店	混沌	第30号	★ 水落露石聴蛙亭 来訪者名簿	水田紀久	
平成20年10月	2008	日本図書館協会	参考書誌研究	第69号	資料紹介 『東京名物百人一首』 清水晴風著	川本　勉	
平成21年5月24日	2009	芸艸堂	日本のおもちゃ			畑野栄三 林　直輝	
平成21年6月21日	2009	インターネット ホームページ 木人子室	木人子閑話	23	★ 浪江の怪	橋本正明	晴風の一関こけしは、 花筐コレクションと 紹介

「晴風と郷土玩具」を語る

おもちゃ博士の足跡は掘り起こされた。「凋落の江戸趣味」は晴風没後百年の今もなお、新たな魅力を発する。ここからは本書執筆陣に郷土玩具についてご教示願おう。いずれも収集のプロフェッショナルだ。

［取材　社会評論社・板垣誠一郎］

林 直輝さんと語る

ＪＲ浅草橋駅の改札を抜けると、すぐ目に入る大きな看板。「創業一七一一年　吉徳」。創業三百年を迎える老舗人形店・吉徳は、創業者の吉野屋治郎兵衛が浅草寺への参道に店をかまえて以来、同じ場所にある。テレビＣＭの「顔がいのちの吉徳」のキャッチフレーズでもおなじみだ。吉徳の先々代、十世・山田徳兵衛（一八九六～一九八三年）は人形に関する初の体系的な研究書『日本人形史』（一九四二年刊）を著した研究家でもあり、長年人形界の指導的立場にあった。多岐にわたる貴重な収集品は「吉徳これくしょん」として保存されている。その管理をする吉徳資料室学芸員の肩書きを持つ林直輝さん。本書「清水晴風の生涯」の執筆を担当。従来、晴風といえば「清水晴風翁小伝」（本書11～14頁）が伝わる程度。今回新たに発掘した資料を加え、清水晴風の実像に迫った。資料の掘り起こしについては近松義昭さんのお話を待つとして、新資料をもとに書いたご苦労をまずはお伝えしたい。

「近松さんから渡された資料を整理しながら、今まではっきりとは分からなかった部分が見えてきて、改めて晴風とその仲間たちはスゴかったと思いましたね。苦労といえば、同じ事柄について書かれた内容が、資料によって微妙に違っていたことでしょうか。そうした場合は、書いた人、記録した人がどういう人で、いつそれを書いているか、他の文脈を見たりもして、信憑性をはかりながら妥当なところを拾ってゆくわけです。集まったものを足して割って、このあたりが真実だろうというところで文章にする。それが大変でしたね。たとえば、向島での竹馬会にどういう玩具を持ち寄ったかについての資料がいくつかあるのですが、書いてあることがそれぞれ違うんですよ。」

淡々と書かれているその舞台裏では、学芸員の分析力なくしてはなしえない判断がなされている。読者には再度本文を味読されたい。

「資料の切り抜き、切り貼りにはちがいないけれど、もっと本当に必要なところ、真実が書かれていたところを落としてしまったり、逆にどうでもいいような話を取り上げてしまったところがあったら、晴風やその周りの人たち、まして読者に申し訳ないですね。」

晴風の人物像をどう思いましたか？

「私は、玩具や人形というモノの研究には実物こそが一次資料であり、玩具・人形そのものが最も重要だと考えています。どんなに精密な映像や画像でそのものを写しても、実物が残っていることの方がはるかに大事ですよ。実物の持つ非常に多くの情報は、実物からしか得られません。その意味で、モノに執着していない晴風の性格は、収集家として珍しいようにも思えます。もちろん、収集品を保管するための場所の問題はあったでしょうね。家はそれほど広くなかったという資料がありました。それに、経済的理由で収集品や自分の作品を売るという一面もありました。そのお金を次の活動資金に充てたのでしょうね。お金儲けというニュアンスではなく、趣味をうまく活かして、そこそこ生活できればよかった、ということでしょう。そうした点では、本当に玩具人生を楽しんでいるな、という印象です。

『うなゐの友』など、晴風の描いたものは、晴風の見方・主観・技術がどうしても反映してしまいますから、実物の玩具・人形と同等の価値があるとはいえません。しかし、当時は実物の姿をありのままに後世に残し伝える写真がまだ普及していなかった時代でもありますし、現在では晴風の描いた絵でしか得られない情報も少なからずあります。その事実は何をおいても評価しなければいけないし、努力に対して敬意を払うべきですね。」

『うなゐの友』が売れ出すのは、版元を芸艸堂に変えて以後のこと。第二編の刊行は、初編刊行から十年が過ぎていた。晴風は五十代に入っていた。今回の「生涯」を読み進めていくと、忠実な案内役に徹していた書き手の林さんが、時折ご自身の見解を披露する箇所がある。そのことを尋ねると、深い思い入れがあった。

「『うなゐの友』というタイトルが秀逸なのは、そこで〝これは玩具です、人形です〟とあえて限定していないことです。まさに今、郷土玩具といわれるものの本質的なところを見抜いているのですよ。私は、今の郷土玩具界の最大の問題点は、その呼称と内容が一致していないことだと思うのです。」

林直輝さんは昭和五十四年(一九七九年)、静岡県富士市出身。幼い頃から日本の伝統的な美術工芸品、とりわけ人形・玩具類に魅せられ、収集してきた。小学校高学年の頃には近所の銀行ギャラリーで自身のコレクションによる展覧会を行い、中学・高校時代には、博物館・美術館から展示への協力依頼があったほど。

「小学生の時から骨董市などで昔の玩具や人形を求めていましたが、好きが高じて、高校生の時には、母の経営していた薬局の一部を自分の骨董コーナーにしてしまいました。年齢の関

コレクションの達磨と並ぶ3歳当時の林さん

係で警察の古物商許可証（鑑札）は母に手続きしてもらいましたが。」

中学一年生で地元の静岡に本部を置く郷土玩具愛好会である日本雪だるまの会に入会。その後、東京の日本人形玩具学会にも入会する。

「日本人形玩具学会には、電話で入会のための問い合わせをしましてね。会員は正会員と学生会員とに分かれるんですが、対応してくれた女性が尋ねるわけです。大学生ですか？……いいえ。じゃあ、大学院生？……いいえ、中学生です（笑）。」

この時電話で対応した女性こそ、後に林さんの上司となる小林すみ江さんだ。日本人形玩具学会は一九八九年発足。小林さんはその創立メンバーであり、一九八〇年から始まる吉徳資料室の室長であり、十世・山田徳兵衛のご長女。

さて、大学生の頃には、林さんは親戚の所有するビルを借りて骨董店を開いた。事業の代表は母、店長は姉。自身は静岡を離れ、埼玉県岩槻市（現・さいたま市岩槻区）にある目白大学人文学部地域文化学科に進学。そこで学芸員資格を取得した。

「私が学芸員の資格を取ろうと決めたのは中学生の時でした。それは、将来、学芸員としてどこかの博物館に勤めたいと思ったからではなく、いずれ自分のコレクションで展示施設をつくることを考えていたからです。少年時代から、自分のコレクションや愛好会での活動を通して学芸員の方々とのお付き合いがありましたので、その仕事が具体的にどういうものかを知る機会もありました。

目白大学には地域文化学科という、珍しい学科がありました。伝統文化を研究するには、既存の学問のように歴史・美術・民俗などとタテに分けられた学科では総合的に把握するのがなかなか難しいわけです。私は自分の研究テーマが決まっていましたので、浅くとも幅広い分野を学べるこの大学がとても合っていましたね。

なにより、岩槻といえば〝人形のまち・岩槻〟ですから、それが目白大学を選ぶ決め手になりました。」

卒業後は古美術商になるべく、着々と準備をすすめていたが、卒業が目前となる頃、転機は訪れる。小林すみ江さんからの連絡。それは吉徳資料室学芸員という仕事の誘いだった。

「私が小学生の頃から知っていた〝人形界の神様〟である十世・山田徳兵衞。その人の集めた貴重な資料が膨大にあるところ＝吉徳資料室、と認識していましたから。それに日本人形玩具学会で小林さんのお人柄にも接していましたので、この方の下で自分の好きなことを学ばせていただけるのなら、これは非常にありがたいと思いました。」

林さんはただちに古美術商への計画の軌道修正をする。

「吉徳これくしょんの資料は閉架式ですから、誰でも自由に見られるわけではありません。それをいつでも好きなように見ることができ、その上、月々お金ももらえるんですから（笑）。」

林さんは仕事の日も休みの日もしていることは同じだという。生活のすべてが玩具・人形を中心に回っているといっても過言ではない。

さて、静岡にある郷土玩具愛好会・日本雪だるまの会。その創立四十周年を記念して、二〇〇六年、藤枝市郷土博物館で「日本の古玩」展が開かれた。その時の図録に寄稿した文章を手がかりに、郷土玩具について語ってもらう。

「こんにちでもなお広い意味での郷土玩具はわずかながら製作が続けられています。ただし、そのほとんどは地元の人々の需要に基づくものではなく、まして子どもたちのおもちゃではありません。ごく限られた収集家・愛好家相手のもの、あるいは観光土産品なのです。もちろん、製法・材料に昔と大きな違いがあるわけではなく、一見する限り、昔の郷土玩具そのままといってよいものもあります。しかし、郷土玩具を郷土玩具たらしめた〝こころ〟が作者の側にも求める側にもない以上、それは〝本来の郷土玩具のおもかげを伝えるもの〟とでもいうべきだろうと考えます。」

参加する日本郷土玩具の会をはじめ、「郷土玩具」をつきつめて真剣に考える場を、林さんは求めているように感じる。本書が抱える問題提起のひとつは、実はこのあたりにある。今も地方のお土産品として売られる「郷土玩具」。清水晴風が魅せられたおもちゃと、こんにち、お土産品として売られているおもちゃとでは、根本的な「違い」があるらしい。

「郷土玩具は、生まれるべくした土壌で、そういう時代であってこそ生み出されたものです。他のものでも言えると思いますが、必要だから作られて、それを買う人がいて、商売として成り立っていた。それが必要でなくなれば、作られなくなってしまう。消えてゆくのは当り前でしょう。そうしたなかで、世の人の多くが本当に残さねばならないと思ってきたものは、現に残ってきたわけだし、これからも残っていくだろうし。しかし、だからこそ、これまでの時代のなかで残念ながら世間がその存在価値を認めずに廃れてしまったもので、今もわずかに残っているものを大切にしたいのです。廃れてはしまったが、こういう素晴しいものがかつてあったと伝えてゆくことが大切なのではないかと思います。」

かつて庶民に親しまれた玩具・人形の多くは、そもそも長く保存するために作られてはいない。残っていること自体が奇跡に近い。清水晴風はじめ、収集家の存在がそこで際立つ。晴風のいた集古会。そこで同じ活動をしていたメンバーが別の会をつくり、またそこから他の人と別の会がつくられ、後に日本郷土玩具の会が発足する。直接ではないにしろ、会の系譜は今もなお続いている。その事実を郷土玩具界内外のどれだけの人が知っているのだろうか。

すこし話題を和らげよう。林さん、最も魅せられた郷土玩具は何ですか？

「ちょうど中学に入った頃に見た本に載っていたものですね。いずれも郷土人形といったほうがよいものです。その写真に写っている三点に惚れたというか……。ひとつは幕末頃の愛知・犬山の土人形「塩冶判官《えんやはんがん》」、もうひとつは明治初期頃の長野・松本の張子「鯛抱き狐」、そして江戸後期の福島・三春の張子「女暫《おんなしばらく》」です。実は、すでに先の二つは入手しました。残るひとつは公立の美術館が所蔵していますので、入手は絶対に無理です（笑）。」

ところで、林さんは生活の中で伝統的な年中行事を大切に続けている。

「マスコミなどの影響もあると思いますが、江戸からの伝統をことさら〝過去〟の物にしてほしくないのです。我々の先祖がしてきたことを当たり前に続けるだけ。特別視するほど、大層なことなのでしょうかね？」

左から林 直輝さん、中村浩訳さん、近松義昭さん（吉徳資料室にて）

近松 義昭さんと語る

一九一三年に没した清水晴風。その後に建てられた記念碑には、九十四名の名が刻まれている。それらの人名を分析したリストを本書には収録している。作成者の近松義昭さんには、まずそこから伺おう。

「晴風関係者の生業を調べようと、国会図書館でまずは著作をあたり、一件一件つぶして行きました。すると、人名の約七割くらいは出版物を出していたり、人名辞典に出てくるんです。政治家から文学者……、今の感覚では〝おもちゃ〟につながらない人が沢山登場する。もちろん、晴風とは〝おもちゃ〟を介在していたかもしれないが、それ以外のつながりがいっぱいあった人。それが晴風だとよく分かった。結局、型にはなまらなかったんですね。当時、学問はあまり分化していなくて総合的教養を持つ人たちが集まれた。〝専門だけやっていればいい〟といった世界ではない。色々なことにも取り組み、自分の専門も育てたと思う。その中の一人が、晴風だった。

記念碑の人たちのことが詳らかになれば、また新たな晴風像が見えてくると思います。晴風がおもちゃを集めることで、三村竹清などにも影響を与える。当時の〝おもちゃ〟は広く共有できるものだったのでしょうね。それに比べると、今はごく一部の人たちの関心事です。

その三村竹清が書いていますが、集古会では会場や日取りを晴風が率先して決めたようです。晴風の決めた日は晴れが多かったとある(笑)。晴風の人柄は想像していて楽しい。十代で独立して、人を抱えて、車人だったことで旧大名のお屋敷にも出入りしていたんでしょう。

神田生まれのチャキチャキの江戸っ子。内にこもらず、どんどん出て行くような人。人間関係の基礎は若いうちにできていたでしょうね。

自己流で絵を学んでもいますね。型にはまらず、自分の直感で何かを選び決めて行く。そんな日常を送っていたのではないでしょうか。竹馬会で玩具に魅せられ、自分の人生をそこに見いだした。」

明治期に刊行された晴風関係の文献を拾い出し、データ化して本書「清水晴風文献集」として収録。この文献集なくては、「清水晴風の生涯」は出来上がらない。そうした文献収集に労を惜しまず、むしろ生き甲斐を見出している。

近松さんは一九四七年生まれ。三十歳の新婚旅行がきっかけとなり、こけし収集が始まる。数年後に東京こけし友の会に入会。年に数回の旅行で東北を訪ねて、こけしは増えて行く。およそ二十年後の一九九九年、転機は訪れる。日本橋の東急デパートで催されていた「全国郷土玩具展」。そこで見つけたのがこけしに関する古書だった。

「こけしを最初から追っかけて行くには、玩具の本・雑誌も入手しないと始まらないと思いましたね。それまでも雑誌などから、関連記事を抜く作業をぽつぽつとはやっていました。」

例えば、東京こけし友の会が毎月発行する会誌『こけし手帖（一九五五年創刊）』の文献ページを一覧表にして私家版「こけし手帖　記事・文献目録」（十五部限定）にまとめていた。

「おもしろいことにですね、こけしの会の活動では、昔の本などの情報は入りにくかった。それで「全国郷土玩具展」でこけし関連の古書が手に入った。主催する日本郷土玩具の会では、玩具収集家が手放した本、不要になった本が出てくることを知ったわけです。こけしは、もともと〝玩具〟の一部だから、当然なのでしょうね。」

日本郷土玩具の会に入会し、中村浩訳さん、林直輝さんとも交流が生まれる。こけし収集も継続しているが、次第に文献収集にシフトして行く。

「今は年金生活に入って、お金に余裕がないので、使える分があれば文献に行くという具合。こけしを買わないわけではないが、現物の収集から遠ざかっていきますね。本を読んでいくと、紹介文献として出てきます。その〝文献リスト〟を作って行くと、自分が持っていない本というのが分かる。手元にないとまずいかなという強迫観念がありまして……。」

この取材時、ちょうど『竹とんぼ』(日本郷土玩具の会会誌)の原稿用に作った斎藤良輔の年譜を見せてもらった。古書店で、斎藤良輔の郷土玩具本をよく見かけたのを思い出す。

「年譜がないとその人が分からない。僕は作るときに経歴だけじゃなくて、何を出版したかとか、玩具の産地訪問だとかの備考をその人にあわせて作っている。」

その人が何歳の時に何をしたか。同じ事柄でも、年齢によって意味合いは違ってくるのだろう。

書棚の前の近松さん

「斎藤良輔の仕事を鳥瞰してみたら、例えば『日本人形玩具辞典』『郷土玩具辞典』を一人で作っている。恐ろしい人ですよ……。若い記者時代に〝自分の専門を持ちなさい〟と言われた。それで自分は玩具をやると言ったら、周りは笑い出したそうだけれど、その時からの蓄積が五十代に花開く。すごいなあ。」

斎藤良輔は五十一歳から五十八歳まで『竹とんぼ』の編集をした。斎藤は一九九六年に八十五歳で亡くなるまで郷土玩具について筆を走らせ続けた。

「四十歳前に病気療養のため朝日新聞出版局・

雑誌編集室員の仕事を休職している。どうもね、自分のいのちの限界を考えたんじゃないのかなあ。今はほら、人生は六十歳からだとかと か言われて、色々なことをのんびり構えてて、〝自分〟が決まらないですよね。僕は五十歳になるまで自分を決められなくて、六十歳からが自分の人生だと考えていた。時代が早熟な人を作らないですよ。昔は、十代で元服すれば社会的に大人扱い。世間のまなざしが全然違ったのでしょう。武士であれば戦での死を覚悟したり、戦争の時代もまたそうですよね。いのちの覚悟をした。今は社会が人に覚悟を求めていないのではないのかな。」

出版取次会社に勤めながら、五十歳でようやく自分を決めたという近松さん。文献収集と情報分析に力を入れ出す時期に重なる。断片的な情報を拾い集め、時にそれがつながる瞬間。それはたまらないという。そうした過去への郷愁は机上の出来事ではなかった。近松さんの個人的な深い思い入れで貫かれた活動なのだ。

「肉親に重ねているのだと思う。親父はね、頑固者で手堅くて、極端に言えば石橋をたたいても渡らないような人。自分の意見をしっかり持っていて、世間の意見より自分優先。子供の話なんてとんでもない。近所付き合いもなかった。」

近松さんは母親の実家で生まれる。それは戦争の疎開先だった。父親は単身東京で米屋を営んでいた。

「僕は、バブルの時期を経験してきて、それこそ一日でどれだけ利益が出たとかいう経験をした。のんべんたらりと生きてきたわけです。あのおやじがね、うまく立ち回っていれば、財産だって何倍にもなっただろうし、全然違った人生を送ったのだろうと思うの。明治の人だからなのか、どうしてああいう風だったのだろうって考えた。

で、玩具について色々調べて行くと、〝消長〟がありますね。収集家の消長、物の消長、震災による焼失、戦争による変異。そういうことを知ると、親父の姿が重なってくるのです。僕の子供時代の玩具っていうと、羽子板や独楽、凧だとかいくつもない。ところが収集家の持っている郷土玩具は自分の子供時代に親しんだものとは違うわけです。親しんだものではないけれども、話をしていると子供時代が甦ってくるのです。つながるわけです。親父の姿も甦って、親父が若い頃、何を考えていたのか……玩具を通して明治の人の暮らしを考えるのは、喜びです。」

本書制作の中で、「清水晴風文献集」の校正のため、原文資料との読み合わせを近松さんと行った。字面だけだと難しく感じられるが、声に出してみると、不思議に明治の頃へタイムスリップした錯覚を味わえる。

「晴風さんのしゃべりっぷりはぜひ聞いてみたいですね。江戸っ子のリズム。瞬間的に体でぱっと物事をとらえ判断し言葉を発する。想像すると楽しいです。

『うなゐの友』は晴風の旅行先での収集品がその都度反映した内容ですね。中には現物よりも色彩感覚の優れたものもあったかも知れません。絵の配列はアトランダムですが、百科全書的な側面もあったのでしょう。第六編には続編の意欲を示していましたね。死により西澤笛畝が引き継ぐわけですが、絵については、晴風の絵を笛畝が書き直したかどうかは分かりません。少なくとも、第六編を作る頃には、すでに続編の絵は相当あったとは思われます。」

収集した文献には、明治四十年代の晴風の筆跡があった。近松さん曰く「力強くスピード感がある」そうだ。すでに晴風は晩年にさしかかっていたが、旺盛な活動をしていた証拠と言えそうだ。

ところで、『うなゐの友』でのこけしについて聞いてみた。

「それ以前の別の文献で、江戸時代の肉筆の下書きは確認できますが、第三者に見せるためのものではない。こけしの絵が公刊物として世に出た最初が『うなゐの友』です。名称は〝人形〟と表記されています。」

こけしの名称については、本書近松さんの寄稿を参照されたい。ここでは、『うなゐの友』に描かれたこけしそのものについての質問に絞る。

「実物のこけしに描く模様と、『うなゐの友』のとではスピード感が違います。ビンカザリは左右の数が一つ違うことは実際にあると工人（こけし制作者）が言っていましたが、晴風の絵では二つ三つ違う。色についても言えまして、実際の工人が使う赤が、『うなゐの友』では朱色に近い。写実の正確さよりも筆の勢い、雰囲気の方に重きが置かれていますね。独特のデフォルメがある。それは『うなゐの友』の魅力と言えるでしょう。」

こけしは、子どもがおんぶして遊ぶ玩具だったし、時にはとんかちや肩たたきにも使われる存在だった。時には薪にもなった。お椀や柄杓、お盆といった東北地方の木地産業の余技として生まれた。明治時代、雛祭りの雛壇用に蔵王温泉の工人が作った特殊な事例があるが、現在まで残るのは稀だ。やはり晴風たち収集家の存在はこうした場面で自然と意味合いを増す。

「江戸時代や明治時代からの玩具は、ごく限られた人が作っています。昭和六十年に百二歳で亡くなるまで現役の職人だった宮内フサさんの例があります。ただ、生業としてやって行けるかといえば、ほとんどの人が食べていけない。新しい玩具とか古い玩具とか、特に意識してはいないですが、文献をあたることで由緒ある玩具があれば関心は向きます。こけしに限れば、その昔は木地産業の余技であって、こけしだけ作る人というのはだいぶ立ってからのことです。こけし一本がウン十万円で売れた時代もあったがそれも今ではまれです。」

昭和六年（一九三一）に、こけし収集のために大阪から出掛けた橘文策という人の東北旅行記が残っている。その際に、言葉が通じず会話が成立しなかった逸話があるという。近松さん自身のこけし収集旅行はどうだったのだろう。

「世田谷住まいの文具店を営んでいらした、こけし仲間がお元気だった頃は、頻繁に会の仲間で工人のところへ出かけて行くことがありました。その方が亡くなってからは、私は妻の運転で出かけることがもっぱらです。こけしはまとめて買うと重たいですからね。車が最適です。」

最近のこけしの流行は津軽こけしに移っているそうだ。工人・盛秀太郎が戦前に作った〝味わい〟が、素朴で巧まない、きれいというより泥臭いような印象を持っているそうだ。工人の多い鳴子のこけしは、きらびやかさ、達筆さを持つという。「こけしについて〝鳴子のに始まり、鳴子に終わる〟と名言を残した深澤要(一九〇四〜一九五七)。童話をやっていたがこけしに入り込んだ。僕より若くして入り込んで、僕より若くして亡くなっている。戦争の時代、軍人にならない道を選んで、こけしに自分の表現をまとめていった。記録をよく残していて、版画や和歌の文献にもすでにあたりました。深澤のこけし愛好家に与えた影響は未だにあると思う。」

深澤要について、近松さんが記録をまとめる日が来るのを願う。奇しくも、深澤の没年と、近松さんの生まれ年は、いずれも昭和三二年だった。「一年以上晴風の姿を追いかけてきたが、今でも晴風の書いた文字が半分ほどしか判読できない。晴風像は靄にかかったままです。何事にも真剣で遊びや道楽ではなかった晴風の魅力が、集古会に集う政治家や学者、画家、好事家をおもちゃ好きにさせた印象がある。晴風の古物蒐集は、蒐集だけに止まらず生きる物差しの役目を果たしている」

晴風の魅力は、玩具絵からはもちろん、晴風を知る人の著作からも聞こえてくると、近松さんは深沢要の追跡とともに、さらなる晴風の生き様に情熱を燃やしている。

中村 浩訳さんと語る

自分の手元に置いた瞬間、物欲の大半は果たされてしまう。見ているだけで十分で、肩ひじ張らずにいてもいいと思う。——中村浩訳さんからうかがったのは実に単純な話だ。しかし単純であるほど実際の現場、玩具収集の世界は複雑だった。

「民俗学の柳田国男。あの人も要するに伝説・説話・民話を収集して、世の中にこんなものがあるんだぞって、持ってきたんですよね。それを後世の人が研究しているわけですけど、どこか清水晴風に通じるでしょ。

晴風の『うなゐの友』は、自分の美的感覚で玩具《おもちゃ》をチョイスして描いた画集だと思う。絵のモチーフとしておもちゃを視た。だから、ことさらこれがどうしたっていうのは、ないんじゃないかと思うね。これが珍重すべき玩具で、いわれはこうこうで云々とか……それよりも、今回はこれをやりますよ、地方にばらけたものをまとめましたよっていう感覚だと思うなあ。画集ですよ。『うなゐの友』は。」

玩具収集のバイブル『うなゐの友』を十編まで刊行した版元・芸艸堂は、そもそも羽織や帯など着物のデザインソースを提供することが主眼にあった。後には玩具収集家たち、もしくは研究家のバイブルとされたものの、刊行時点では画集の意味合いが強かったのだ。

「玩具のいわれを事細かに書いている訳じゃないですよ。玩具それ自体の造形の魅力を、伝えているよね。レイアウトだってこっていますよ。」

パソコンで自由気ままにデザインを変更修正できる今とは違った時代ならではの技術的な秀逸さが、『うなゐの友』のレイアウトに注目すると見えてくる。

「職人が版木を起こすわけだから、原画とはどうしても微妙に違ってくる。表現がかたくなってくるよね。実際の原画の筆勢は、もっとよかったんじゃないかなあ……。

鑑賞して描いてしまったら、実物の役目は終わっていたかも知れないね。食べ尽くしたっていう感じで…。」

後に郷土玩具と呼ばれるおもちゃたちが、まだ現役のおもちゃであった時代。単純にその造形、デザインの魅力を晴風の感性が絵にした。版元・芸艸堂が着物のデザイン素材としてその絵に商機を見出す——。そんな想像ができそうだ。

「郷土玩具のね、一種のデフォルメというのか、少しくずれたところが好きなわけですよ。九州の福岡県に津屋崎《つやざき》人形という土人形が作られてますが、あれは博多人形の流れを汲んでいる。もととなった博多人形は郷土玩具とはちょっと趣が異なる精巧なもの。ところが津屋崎人形は、土俗的というか、ひなびた「美」というのか……。」

江戸を懐かしむように、書画や骨董の伝統的な美について語り合う場。晴風たち趣味人の集う場に、突如、庶民的なおもちゃが現れた。晴風を魅了した玩具・人形には、どこかちっぽけながらも書画や骨董では味わえない「美」があったに違いない。

「郷土玩具という名前があるために、後付けではあるのだけれど、特定の地域で連綿と百年とか百五十年とか、要するに二代、三代とつづけられて作られてきたものだけを郷土玩具と呼ぶように、私達はしばっているわけですよ。

もともとはおもちゃですよね、江戸時代から明治にかけての。今のプラスチック、もっと言えばゲーム機と同じで「おもちゃ」（玩具、トーイ）なわけじゃないですか。その昔は今と比べて交通の便が悪いものだから、特定の地域から出なかったわけですよ。それで非常にこう、地域性に豊んだおもちゃになったんだけど、その地域、あの頃は「国」でしたから、「そのお国のおもちゃ」だったわけですよ。

　いま普通に「日本のおもちゃ」と呼ぶ感覚を考えると、そう大それたことを「郷土玩具」に求めなくともいいような気がするんですよね。それをね、もっともらしく「この歴史がどうで…」と成り立ちに目を向けるのもおもしろいけれど、所詮おもちゃだから……。もうちょっと気楽にやりたいなぁという気もする。

　ところが、いざ自分で文章を書くときや、しゃべるときは、「この黄色い所が僕にはとっても響く」と書いたり、しゃべったりしても誰にも感動してもらえないから、どうしても「このおもちゃはこうした歴史があって、こうこうこうで、何年まで誰それが作って…」となるのだけど（笑）、もうちょっと単純に、鑑賞の材料として、絵の題材としてとらえても、それはそれでいいんじゃないかと。

　昔の郷土玩具の本は、各地の代表的なおもしろいおもちゃの写真があって、巻末を見ると住所一覧が載っていて、写真集的なものが多かったね。カタログではないけれど、要するに収集の手引き書ですよ。そうした本がたくさん出てたよね。文章は二の次（笑）。あの頃は研究といっても、おもちゃを買うと付いてくる栞《しおり》に「うちのおもちゃはこういう伝説がある」と簡単に書いてある、その程度でよかったんじゃないかな。難しく考える必要がないっていうところが、いいとこ。」

　昭和十八年（一九四三）生まれの中村さんが高校生の頃に古本屋で見つけた『郷土玩具展望』（有坂与太郎著、昭和十五年刊）。表紙が欠損していて十円で売られていた。開くと「山下」と蔵書印が押され、昭和二十年購入と書かれていた。

「この山下っていう人、きっと自分と同じ浜松市内の人だったでしょうね。チェックがしてあるわけ。持っている玩具にね。すでに廃絶した玩具を含めた戦前のものがいっぱい載っていてね。この本は今も大切にしています。」

　この本が、郷土玩具へのめり込む、一冊となったという。

　そして本格的な玩具収集の道のりが始まる。同じ頃に芸艸堂が『うなゐの友』を復刊。そのデザイン性に魅せられる様子は本書冒頭の序文「清水晴風はイラストレーターだった」にある通りだ。

　一九六二年、十九歳の中村さんは上京し、グラフィックデザイナー・大智浩に師事。その後はプロダクションで経験を積み重ね、やがて独立、デザイン事務所「(株)スプーン」を設立。

蒐玩旅行で。高校時代の中村さん（右から2人目）

中村さんが二十代の後半になる頃というと、国鉄の長期キャンペーン「ディスカバー・ジャパン」が展開されたいた（一九七〇～一九七六）。すでに地元・浜松の時代から兄とともに「独楽の会」に在籍。この当時、日本郷土玩具の会の会員は七〇〇名を数え、全国に支部があった。独楽の会は当時その浜松支部だった。

　中村さんが日本郷土玩具の会での積極的な活動を始めるのは四十代前後（再入会だった）。その後、全日本だるま研究会に所属。すでにだるまは集めていたが、この会ではだるまを創作する実作の場もあり、「デザイナー心をくすぐられた」。作家・京極夏彦の文庫作品のカバーで怪しくも親しみのある妖怪張子の作者として有名な張子造形作家・荒井良氏、江戸時代からの和紙の産地として知られる埼玉県の比企郡小川町で今も張子用の和紙を漉く嶋田重夫氏も当時のメンバーだ。その時知り合ったのが、この本を作るきっかけとなった、晴風のお孫さんのK夫人だった。

全日本だるま研究会では、年一回の旅行がある。半年前から中村さんが下調べをし、郷土だるまの「復活」を作者に依頼する。

「選別の基準は、まず自分がほしいこと。直系のこの人にもう一度作ってほしいとお願いする。それを手元に置き、仲間にも配りたいわけ。そうした熱意で作者を訪ねる。『勘弁してくれ』という方が多いよ。そこはとにかく口説く。わりとそういうのうまいんだよ(笑)。経験というか、もしくは企業秘密みたいなものでね。」

この準備期間を経て、会員へは会報『だるま』を編集発行して事前注文を受け付ける。それらの注文が集まったところで、だるま作者訪問の旅が実現する。

エピソードを紹介しよう。仙台には、ガラスの目を入れた松川だるまがある。その作者に旅行の企画を提案したところ、予想以上の数のガラス眼入りのだるまを作ってくれた。企画のために復活した数十個のだるま。中村さんたちは訪問中にすべてを購入した。後日、作者の娘さんから便りが届く。

「そこの作者、お母さんなんだけど、一度は張子屋を廃業しようとしていたらしいんだよね。そこにうちらが行って、また作ってもらったでしょ。それが仕事を続ける励みになったって。娘さんの手紙だったけど……。でもね、一瞬でも続ける気になったっていうのは、嬉しいよね。小さなお手伝いができたってね。それから一年した頃、娘さんから、お母さんが亡くなったって。そして私のために、お母さんが作っておいてくれただるまを送ってきてくれたんだ。たまらないよね、こういったお付き合いは。」

戦後、「創作玩具」と呼ばれる一連の玩具が各地に現れた。復員兵が行商の中で作った九州・文字ヶ関人形や千葉の下総人形など、従来にないマンガチックな絵柄の作品で人気を呼ぶが、一部の郷土玩具ファンには、伝統玩具ではないという差別をうけ、後継者がなく廃絶する。しかしそれらは、現在ではコレクター間で高値がつく貴重品になっている。

「趣味としての単純な動機だけでやってはいますが、郷土玩具の生き残る道というのは、われわれが買うこと。とにかく買わなければ、伝統はなくなるよね。

いま作られている郷土玩具っていうのは、昔のおもちゃもどきのもの。当時のニーズに合わしたものではない。材料もほとんどが土地のものじゃない。」

昭和四十年代に登場する水性絵の具・ネオカラーは、耐水性で非常に利便性が高い。それは「郷土玩具」にも利用される。昔の染料は時間の経過とともに色に深みが現れるが、現代の塗料は作った時、原色のまま変化は生じない。趣を感じないと、中村さんは言う。

ことし二〇一〇年三月、中村さんは中国山東省の農村まで玩具収集仲間とともに出かけた。年一回の縁日で売られる「不倒翁」を求める旅である。不倒翁は、日本の張子だるまのルーツ。農閑期の内職として、文化大革命をくぐりぬけ今も作られるその人形作者を訪問し交流もしている。こうした活動は中国のメディアにも紹介された。

玩具収集の道は一方でお金がかかる。なかなか道楽の道は、生半可にできることではない。

自宅から少し離れた平屋二軒に、中村コレクションを収蔵する「だるま部屋」と「郷土玩具部屋」がある。ＮＨＫの番組をはじめ、その存在は各メディアで有名。今回、拝見する機会を得た。無数にあるだるまはすでにデジカメで一点ずつ記録してあるそうだ。それらは、ご自身の編著で『開運だるま大百科』や『十二支の郷土玩具』としてまとめられた。部屋はとても静かで、だるまやおもちゃたちは訪問者などまったく興味のない「無の境地」にいるかのようだった。中村さんご自身、収蔵の苦労（スペースが無くなってゆくこと）を少し話すだけで、むしろ訪問者の様子を楽しんでいる節さえある。

「収集家のみなさんの、こころの一番底には、きっと自分の博物館・施設を作りたいというのがある。でも経済的にむずかしい。じゃあ、公共の博物館に寄贈しようとすると、向こうにそういう知識がない。根本には理解がないともいえる。それに収蔵庫に余裕もない。郷土の博物館だと、地元のものだけほしいだろうし。寄贈する方としては全部もらってもらい、展示もしてほしい。それならお互いにお断り……となる。収集家が亡くなると、場所を食うだけの玩具は、遺族が片づけようと古本と同じようにして二束三文で手放す。郷土玩具の会などを知っていれば相談にくるけれど。極端なときは捨てられてしまいますね。置き場所や売り場所がなければ、遺族にとってゴミですよ。

　僕なんか、自分一代で楽しんだからあとはネットオークションで売っちゃえと、倅《せがれ》には言っている。現金は残さないがそれ以上に高いものだぞと（笑）。理想は元気なときに高値で売ってしまえばいいんだろうけどね。値段は自分が分かっているわけだから…。売った金で自由に遊べば……でも収集が大事でね。そんなこんなでとんでもない状況になっちゃう（笑）。実家にあった、兄と集めた十万余点の玩具を置き場所の関係で処分した時の金額なんて、実際に収集で費やしたのを考えたら情けなかったけれど、価値を知らない姉嫁は『こんなにもらっていいの？』って言ってたなあ。これは、高く買ってしまった郷土玩具の値段を家人に言いそびれてしまうからだけどね。」

　ところで、「だるま部屋」を訪れるメディアが決まって先ず質問するのは「何点、お持ちですか？」だそうだ。中村さんもかつては何百、何千点と持っていることが大切と信じて疑わなかったが、最近では心境に少し変化が起きた。その変化については、どうぞ読者ご自身が郷土玩具の世界へ入ってたしかめられてはいかが――。

あとがき

郷土玩具と呼ばれる、その昔江戸~明治時代に生まれた「おもちゃ」が、現代社会においても存在することは、清水晴風が著した『うなゐの友』に端を発しているといっても過言ではありません。

その晴風の生涯にいささかでもスポットを当てることで、郷土玩具界に小さいながらも恩返しができたかと自負しています。

本文では、〝郷土玩具には滅びゆく美しさがある〟と述べましたが、郷土玩具が昔日のようにきらめいてくれることを祈るばかりです。

本書を制作していて、晴風について多くの発見がありました。そのひとつは、「だるま博士」とも呼ばれる木戸忠太郎（木戸孝允の養子）におくった、晴風が達磨を描いた掛軸です。達磨愛好家の私にとって望外の喜びでした。これは、木戸達磨コレクションを管理している京都市の担当者のご協力があってのことでした。このように、『うなゐの友』版元の芸艸堂をはじめ、博物館や図書館等にお勤めの皆様の多大なご協力をあおぎました。厚く御礼申し上げます。

なお、参考文献は、巻末の「著書一覧」と「晴風関連資料」のページで紹介させていただきました。

中村 浩訳

以下の機関および個人の皆様に多大なご協力をいただきました。
謹んで御礼申し上げます。

（五十音順・敬称略）

稲田セツ子（前 祐生出会いの館 館長）
奥主泰司
川本 勉（国立国会図書館 司書）
きのう屋 postcard collection
京都市役所
国立国会図書館
小橋よね
小林すみ江（吉徳資料室 室長）
鈴木雄也
東京都立中央図書館
中島芳美
西尾市岩瀬文庫
日本こけし館
原郷のこけし群　西田記念館
美術書出版株式会社 芸艸堂
宮城県図書館
祐生出会いの館
吉徳資料室

●参考文献は、「著作一覧」「晴風関連資料」に★印で表しています。

おもちゃ博士《はかせ》・清水晴風《しみずせいふう》
郷土玩具《きょうどがんぐ》の美《び》を発見《はっけん》した男《おとこ》の生涯《しょうがい》

2010年6月10日　初版第1刷発行

著　者　林　直輝
　　　　近松義昭
　　　　中村浩訳

発行者　松田健二
発行所　株式会社 社会評論社
　　　　〒113-0033　東京都文京区本郷2-3-10
　　　　電話　03(3814)3861
　　　　FAX　03(3818)2808
　　　　http://www.shahyo.com/
装幀・組版　株式会社スプーン
印刷製本　株式会社技秀堂